한국광복군의 일상과 기억

독립기념관 학술연구총서 03

한국광복군의 일상과 기억

초판 1쇄 발행 2021년 12월 5일

엮은이 | 독립기념관 한국독립운동사연구소
기　획 | 신주백 배영미 남기현
교정교열 | 최우석 구병준

펴낸이 | 윤관백
펴낸곳 | 도서출판 선인

등　록 | 제5-77호(1998.11.4)
주　소 | 서울시 마포구 마포대로 4다길 4 곶마루 B/D 1층
전　화 | 02) 718-6252 / 6257
팩　스 | 02) 718-6253
E-mail | sunin72@chol.com

정가 31,000원

ISBN 979-11-6068-647-0 93900

· 잘못된 책은 바꿔 드립니다.
· www.suninbook.com

독립기념관 학술연구총서 03

한국광복군의 일상과 기억

한국독립운동사연구소 편

도서출판 선인

▌차 례

제2부 한국광복군의 기억

총론

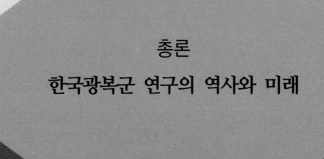

한국광복군 연구의 역사와 미래

한국광복군 연구의 역사와 미래

신주백

Ⅰ. 국군으로서 한국광복군과 독립전쟁

한국광복군은 1940년 9월 17일 중화민국의 임시수도 충칭에서 대한민국임시정부 관계자들이 주도한 총사령부 결성식을 계기로 창군되었다. 백범 김구는 한국광복군을 "한국 국군"이라 하였다.[1] 만주에서 결성된 조선혁명당의 조선혁명군, 한국독립당의 한국독립군은 스스로를 당의 군대라는 뜻의 '당군(黨軍)'이라 했듯이, 한국광복군은 '대한민국임시정부의 국군'임을 표방한 것이다.

국군으로서 한국광복군이라는 이해는 대한민국임시정부 참가자들의 역사의식을 반영한 규정이었다. 이를 확인할 수 있는 수많은 언급 가운데 「한국광복군소사(1943.3.1.)」에 나오는 다음과 같은 내용도 그중 하나이다.

---

1) 김구 지음, 도진순 탈초 · 교감, 『정본 백범일지』, 돌베개, 2016, 448쪽.

> 경성의 한군이(대한제국 시위보병대가－인용자) 일으킨 기의는 실패로 마감되었습니다. 그렇다고 한군의 대일투쟁이 이것으로 끝난 것은 아니라 오히려 더욱 확대되고 격렬해졌습니다. 경성 한군의 비장한 희생을 전해들은 각지의 한군들은 분분히 들고 일어나 무장항일운동을 개시하였습니다. 곧 '의병운동' 혹은 '광복군운동'이 바로 그것입니다. 고로 한국혁명자들은 8월 1일을 **한국독립전쟁기념일**로 삼고 있습니다. 이 날은 또한 **한국광복군이 정식으로 탄생한 날**이기도 합니다.[2] (강조－인용자)

한국광복군 제2지대가 이해하고 있는 8월 1일의 의미에서 필자의 시선을 붙잡는 언급은 8월 1일을 '한국광복군이 정식으로 탄생한 날'이라고 의미를 뜻깊게 부여한 표현과 더불어 '한국독립전쟁기념일'이라고 의미를 부여한 표현이다.

전자의 의미는 이미 여러 연구에서 언급해 왔으므로 새삼스러울 언급이 아니다. 그래도 조금 아쉬운 점은 있다. 왜 그날을 창립일로 했느냐에 관해 설명이 좀 부족하다고 느끼고 있기 때문이다. 그래서 이를 우선 보충해보자.

한국광복군 관계자들이 작성한 문서들을 보면 공통되게 매우 자연스럽고 당연하게 대한제국의 군대를 계승한 국군으로서 한국광복군을 말하고 있음을 쉽게 확인할 수 있다. 그렇다면 그들이 사람과 사람의 연계성과 조직의 계보성이 부족함에도 33년이란 시간차를 무시하고 그렇게 당당하게 말하는 저변에는 어떠한 시대인식이 깔린 것일까.

필자는 1917년 「대동단결선언」에 주목해야 한다고 본다. 주지하듯이 대동단결선언은 '융희황제가 토지 인민 정치를 포기한 8월 29일'을 '우리 민족운동자들이 이를 계승한 8월 29일'이라고 강조하였다. 그리고

---

2) 「韓國光復軍小史(1943. 3. 1)」, 『대한민국임시정부자료집 11－한국광복군 Ⅱ』, 국사편찬위원회, 2006. (한국사데이터베이스 : http://db.history.go.kr/id/ij_011_0030_00010)

그날을 황제권이 소멸한 날이자 민권이 발생한 날로 규정하고 '구한국 최후의 날'이자 '신한국 최초의 날'이라고 의미를 부여하였다. 선언에 참가한 사람들은 제국이 민국으로 바뀌었다는 창조적 계승성을 말하고 있으며, 그들은 1919년 대한민국임시정부를 설립하는데 주도적으로 참가하였다. 따라서 한국광복군 관계자들이 보기에 대한민국임시정부가 대한제국을 계승한 정통 정부이듯이, 민국의 군대 역시 제국의 군대가 해산당하자 일본제국주의에 대한 대항체로 창설된 계승 조직이었다.

한국광복군은 「한국광복군소사」에서 8월 1일을 한국독립전쟁기념일로도 규정하였다. 이전과 무엇이 다르기에 자신들의 행위를 '독립전쟁'이라 규정했을까. 국방을 책임지는 군대가 해산당했다는 의미를 일본이 한반도를 지배할 날이 머지않았다는 의미로 받아들인 결과일 것이다. 실제 군대가 해산당한 후 일본의 침략에 맞서 싸우는 우리 민족의 행위를 어떤 용어로 성격을 규정해야 할지를 놓고 당시 사람들은 고민하였다. 그 지점은 1789년 바스티유감옥습격사건으로 상징되는 프랑스의 사회대혁명처럼 혁명전쟁이라 불러야 할지, 아니면 미국의 반영국(反英國) 식민지 무장독립투쟁을 가리킨 독립전쟁이라 불러야 할지였다. 결론은 후자였다. 우리의 항일투쟁을 '독립전쟁'이라 불러야 한다는 주장은 군대가 해산된 직후부터 공공연하게 제기되었다.[3] 결국 한국광복군 관계자들은 8월 1일을 독립전쟁기념일로 간주함으로써 제국의 군대를 계승한 민국의 군대가 벌인 항일무장투쟁을 독립전쟁의 역사 속에서 바라보고 자리매김하는 역사인식을 드러냈다고 볼 수 있다.

그런데 여기에서 주의해야 할 사항이 하나 있다. 8월 1일을 독립전쟁기념일로도 간주했던 한국광복군의 인식은 독립전쟁을 무장투쟁의 최고 형식인 '전쟁'으로 인식했음을 시사해준다. 달리 말하면 전쟁은 독립

---

3) 장기찬, 「독립전쟁 시작하세」, 『共立新報』, 1907년 8월 9일.

의 한 과정이자 방법이지 민족운동 과정의 총체성을 담아내는 용어가 아니라는 점을 고려할 때, 독립전쟁의 의미를 조금 좁게 받아들인 측면도 있지 않았는가 하는 점이다. 왜냐하면 이와 다른 맥락, 곧 종합적이고 전략단위로서 독립전쟁의 내포를 이해하고 있는 경우는 민족운동사 전 과정에서 자주 확인할 수 있기 때문이다.

가령 1920년 1월 대한민국임시정부의 신년하례식 때 도산 안창호는 '금년은 독립전쟁의 해 인가 하오'라는 제목으로 연설하면서 독립전쟁을 벌이기 위해 군사 이외에 외교 재정 등 다섯 가지 준비 과제를 더 언급하였다.[4] 여기에서 시사받을 수 있듯이, 독립전쟁이란 말에 내포한 의미를 전술차원이나 투쟁방법의 수준으로 국한해 보아서는 당시 운동가들의 언행을 제대로 납득할 수 없다. 한국광복군도 마찬가지이다. 대한민국임시정부의 국군이었으므로 독립전쟁의 전략적 의미를 이해하기 위해서는 대한민국임시정부의 독립전쟁론을 제대로 이해할 필요가 있다. 한국광복군의 군사전략을 군사학의 측면 그리고 독립운동사라는 역사성의 측면에서도 제대로 분석할 필요가 있다.

II. 한국광복군 연구 50여 년

한국광복군에 관한 연구 50여 년을 되짚어보면 사실에 관한 이해의 차이에서 발생한 논점은 없었다. 사실을 재구성하는데 부족한 부분을 메우는 방향에서 연구가 주로 이루어져 왔다. 그러다 보니 해석을 둘러싼 논쟁도 없었다. 식민지기 민족운동사에 관한 여러 연구주제와 비교

[4] 『독립신문』 1920년 1월 8일, 「임시정부신년축하회」.

할 때 한국광복군에 관한 연구경향이 드러낸 특징이 여기에 있다. 그래서 50여 년이 흐르는 동안 발표된 한국광복군에 관한 연구는 역사적 사실을 확장적으로 해명하는 과정이었다고도 말할 수 있다.

필자는 한국광복군 연구경향의 이러한 특징을 고려하여 어떤 연구와 저서가 있었는지를 하나하나 소개하는 방식으로 연구동향을 짚어보지 않겠다. 대신에 한국광복군 연구를 크게 세 시기로 나누어 살피겠다. 관점이 정착한 1960·70년대 시기, 1987년 6.10민주화운동과 사회주의권의 개혁 개방 이후 본격적인 연구가 진행된 시기, 그리고 한국광복군 창설 80주년을 맞는 2020년 전후로 시기로 나눌 수 있다. 각 시기별로 한국광복군 연구에 영향을 미친 사회적 분위기를 압축적으로 짚어보면서 그것이 연구와 어떤 연관성이 있는지를 검토해 보겠다.

한국광복군 연구는 1967년 박성수가 「한국광복군에 대하여」를 발표하며 시작되었다.[5] 이즈음은 한일기본조약 체결을 둘러싸고 한국사회가 큰 갈등을 겪고 난 후였다. 박정희 정부는 여론의 강한 비판을 의식하며 이를 만회할 역사정책의 하나로 국난극복의 역사를 강조하기 시작하였다. 지식인을 포함해 한국사회는 자유수호만을 생각하면 되는 줄 알았는데 '이제 비로소 민족 또는 민족문화의 수호를 생각'하고 '우리 민족 스스로의 판단과 결정으로 살길을 찾아야겠다는 절박한 현실을 직감'하며 민족적 위기의식이 팽배해져 가고 있던 때였다.[6] 한국사학계는 일본의 식민주의 역사학을 비판하는 한편에서 '관점과 태도로서 주체적이고 내재적인 한국사'를 연구하고 가르쳐야 한다는 움직임을 활발하게 전개하였다.[7]

---

5) 『白山學報』 3, 1967.

6) 李佑成, 「1969~70年度 韓國 史學界의 回顧와 展望, 國史－總說」, 『歷史學報』 44, 1971, 1~2쪽.

7) 자세한 사항은 신주백, 『한국 역사학의 전환－주체적·내재적 발전의 시선으로 본

이때 민족운동사를 확장적으로 재해석하며 인식을 체계화하려는 움직임도 일어났다. 가령 대한민국임시정부의 정통성을 차분하게 제시한 글이 발표되었고,[8] 의병에서 한국군까지 무장조직의 계보화를 시도한 기획도 이즈음 있었다. 특히 후자와 관련한 기획을 주도한 편집진은 만주독립군이 "일제의 강점 기간 만주에서 항전하던 민족의 군대"인데, 그 연원은 구한국군과 의병이며, 한국광복군은 이를 계승했고 "건국 후의 국군으로 이어진다"고 보았다.[9] 그래서 편집진은 우선 만주독립군만 기획하여 전후를 이어주는 계보성을 탐구하고자 하였다.[10] 요컨대 1960년대 후반 시점에 한국광복군을 비롯해 독립운동에 관한 연구가 시작되자마자 구한국군－의병－만주독립군－한국광복군－건국 후의 국군으로 이어지는 정통적 계보성에 대한 시야가 등장한 것이다.

독립운동의 계보화를 독립전쟁이란 이름으로 완성한 책이 독립운동사편찬위원회 이름으로 간행된 『독립운동사』 5, 6권(1973, 1975)이다. 제5권의 부제(副題)는 '독립군전투사(상)'이고 제6권의 부제는 '독립군전투사(하)'인데, 두 권은 독립전쟁이란 이름과 시각으로 의병투쟁에서부터 한국광복군의 활동까지를 전부 체계화하였다. 이 책에서는 독립전쟁의 배경과 기반, 그리고 역사를 다음과 같이 보았다.

> **독립 전쟁은 이미 을미 의병의 항일전부터 시작되어** 을사 조약 체결과

한국사 연구의 역사』, 휴머니스트, 2021, '제2부 3장' 참조.

8) 洪淳鈺, 「上海臨時政府의 正統化過程－漢城政府와의 一體化作業을 中心으로」, 『新東亞』, 1968.3.

9) 「編輯後記」, 『新東亞』, 1969.6, 480쪽.

10) 『신동아』 1969년 6월호 '특집 : 3·1운동 50주년을 시리즈 光復의 證言 ④－滿州獨立軍의 活動'에는 다음 4편의 글이 수록되었다. 尹秉奭, 「滿洲獨立軍의 編成」; 李種奭, 「日軍大隊를 殲滅한 鳳梧洞의 決戰」; 李範奭, 「屍山血河의 靑山里戰役」; 元義常, 「新興武官學校」.

1907년 군대 해산을 계기로 하여 전국적인 항일전으로 전개되어 **1908년·1909년에 이르러서는 전 민족적인 무력전의 성격을 띠었다.**…(점선－인용자)

그러나 일제의 우월한 병력과 야만적 초토 작전으로 의병의 항전은 1909년 말부터 약화되어 1910년 이후로는 국내에서의 집단적인 큰 활동은 일단락을 짓게 되었다. 그러나 의병의 무장 항쟁은 온 겨레에게 독립 정신을 고취하고 무장 독립 전쟁의 정신적 배경을 이루었다.…

3·1운동은 독립 운동에 큰 전환기를 가져 오게 하였다.…

해외의 독립 전쟁은 그 지역적 조건에 따라 활동의 양상을 달리 하였다. 만주·연해주는 국내 진격을 위한 군사 기지로 성장하고 **중국의 임시 정부는** 모든 독립 운동의 상징으로서 중추적 역할을 하였으며, **미주와 하와이는** 군자금 지원과 외교 활동의 중요 역할을 하였다.[11] (강조－인용자)

『독립운동사』 제5권과 제6권은 독립전쟁을 투쟁방법과 전술차원의 영역에 국한하지 않고 종합적이고 전략적인 차원에서도 접근하였다. 그 정점에 독립운동의 '상징'이자 '중추적' 존재로서 임시정부를 위치 지웠다. 『독립운동사』 제5권과 제6권의 독립운동사 인식은 실제 당시 역사교과서에서 대한민국임시정부가 항일운동을 "총지휘"했다는 표현으로도 드러났다.[12] 임시정부 총지휘론은 1970년대 초반부터 본격화한 북한과의 매우 치열한 체제우월경쟁, 곧 김일성 중심의 항일무장투쟁론에 대응하여 박정희 정부가 제기한 임시정부 중심의 주체적 민족사관과 국난극복사관을 표현한 역사인식이었다.[13]

한국광복군에 대해서만 언급한 『독립운동사 제6권－독립군전투사(하)』

---

11) 독립운동사편찬위원회, 『독립운동사 5－독립군전투사(상)』, 독립유공자사업기금운용위원회, 1973, 33~34쪽.

12) 문교부, 『중학교 국사』, 1975, 230쪽.

13) 신주백, 『한국 역사학의 전환－주체적·내재적 발전의 시선으로 본 한국사 연구의 역사』, '제3부 1장' 참조.

는 한국광복군을 '독립군 투쟁의 최후를 담당'한 존재로 규정하였다. 제6권은 의병전쟁, 독립군의 항일투쟁을 이어받은 독립전쟁의 귀결점이 한국광복군이었다는 의미를 특별히 내세우고자 한 권의 단행본으로 기획된 결과물이었다. 이러한 기획은 불과 몇 년 전까지만 해도 1931년 만주사변 이후 민족운동이 끝났다고 기술한 역사교과서가 있을 정도였음을 고려할 때 매우 획기적인 독립운동사인식의 전환을 반영한 움직임이었다.

『독립운동사 제6권-독립군전투사(하)』는 이후 한국광복군 연구에 매우 큰 우산을 제공하였다. 독립전쟁이란 말은 1980년대 독립운동사 연구에서 독립운동의 한 유형으로 분류하는 학술용어로 정착되었다. 물론 이때의 독립전쟁이란 전략론으로서 독립전쟁론이란 측면보다 전술단위 또는 투쟁방식으로서 독립전쟁이었다. 그래서 이즈음부터 진행된 독립전쟁에 관한 연구는 만주지역 독립군 분석에 집중되었다. 독립운동사연구자들이 제5, 6권의 독립전쟁사 인식을 제대로 흡수하지 못한 것이다.

만주지역 독립운동에 쏠리는 연구경향은 1980년대 후반 경부터 중국과 러시아에서 들어오는 새로운 정보에다 사람 간 학술교류가 가능해지면서 더욱 가속화하였다. 그런 가운데서도 한국광복군의 계보성을 해명할 수 있는 정보가 새롭게 알려지기도 하였다. 더구나 중국과 소련이 개혁개방에 나서면서 독립운동의 현장을 다녀볼 수 있는 기회도 열렸다. 연구자들은 봉오동전투와 청산리전투 현장을 답사했듯이 충칭 등지의 한국광복군 관련 유적지 조사를 1991년에 실시하였다. 이때 조사단원의 일원으로 참가한 한시준은 1993년 『한국광복군연구』(일조각)를 간행하였다.

『한국광복군연구』는 한국광복군의 창설 배경과 과정, 부대편제, 활동으로 나누어 매우 폭넓게 실증함으로써 지금까지 연구와 질적으로 다른 궤도에 다다른 성과였다. 이후 한국광복군 연구는 크게 보면 이 연구서에서 언급하지 못한 사실을 새로운 자료의 등장에 힘입어 해명하는 경우가 대부분이었다. 인면전구(印緬戰區)공작, OSS와의 합작과 국내진입작전 준비, 중국 국민당 정부와의 관계 등에 관한 새로운 연구가 여기에 해당된다고 볼 수 있겠다.

그럼에도 한국광복군 자체를 언급하거나 한국광복군과 다른 조직과의 관계를 해명하는 방향에서 이루어진 지금까지의 연구는 한국사회가 스스로 부여한 한국광복군이 역사적 위상에 비해 활발한 편이었다고 말하기 어렵다. 광복회가 광복 50주년을 기념해 '한국의 민족독립운동과 광복 50주년'이란 주제로 주최한 국제학술회의에서조차 한국광복군은 발표논문 여섯 편에 포함되지 않았다. 이후 한국광복군동지회에서 주최한 학술회의에서 '한국광복군의 창군과 역할'(1999), '광복군의 역사적 정통성'(2000), '한국광복군의 민족사적 의의'(2001), '한국광복군의 역사적 재조명'(2003)이란 주제로 한국광복군을 다루면서 그나마 사회적 관심이 이어질 수 있었다. 이때 한국군과의 연계성에 관한 글도 본격적으로 발표되었다.[14] 1945년 이후 한국광복군의 역사성에 대한 해명이 시도되기 시작한 것이다. 하지만 사회적 이목, 내지는 관련 분야 연구자들의 시선을 끌어 모을 정도는 아니었다. 뒤에서 다시 언급하겠지만, 그러한 현상은 한국군의 창군과정과 연관지어서만 이해할 수 있다.

한국광복군에 대한 연구는 2005년 광복 60주년을 기념하여 기획된

---

14) 김행복, 「한국광복군이 국군창설에 미친 영향」(1999); 한시준, 「한국광복군 정통성의 국군계승 문제」(2000); 김삼웅, 「일본의 군사대국화와 광복군의 위상」(2001). 이 가운데 학술논문으로 발표된 글도 있었다. 김행복, 「광복군이 국군창설에 미친 영향」, 『군사논단』 20-1, 1999; 한시준, 「韓國光復軍 正統性의 國軍 계승 문제」, 『軍史』 43, 2001.

이후 '대한민국임시정부자료집'이 7년간 간행되면서 새로운 전기를 맞이하고 있다. 자료집의 제10권~제15권에는 한국광복군의 성립과정, 중국 국민당 정부와의 관계, 구성인원과 편제의 변화, 잡지 『광복』과 『한국청년』까지 망라되어 있다.[15] 여기에 수록된 자료를 연구자들이 곧바로 적극 참조했다고 말할 수는 없지만, 2020년 한국광복군 창설 80주년을 기념하여 독립기념관 한국독립운동사연구소와 한국근현대사학회에서 각각 기획한 학술회의 때 발표된 글들은 모두 이 자료집에 의존하였다.[16]

두 학술회의에서 발표된 글들은 한국광복군에 관한 선행연구와 중복되어 반복된다는 이미지보다는 내용적으로 명확히 차별성을 띠는 주제를 설정하고 분석을 시도했다는 특징이 있다. 그것은 일상과 기억이라는 주제로 접근한 기획의 측면에서도 그렇고, 새로운 분석을 내놓은 글들에서도 확인할 수 있다. 관련 글들을 하나하나 언급하면, 충칭이라는 장소를 일상의 측면에서 본 조건의 글이나, 의복의 측면에서 한국광복군의 생활에 주목한 김정민의 연구가 있다.[17] 위에서 언급한 자료집에 크게 의존하면서 한국광복군 자체를 새롭게 해명하려 시도한 손염홍, 류동연, 황선익의 글도 있다.[18] 또 한국광복군 연구에서 전혀 시도해

15) 이러한 자료들을 개인들의 일기, 회고록 그리고 구술자료와 함께 활용한다면 한국광복군 내부를 좀 더 다양하고 실질적으로 들여다볼 수 있을 것이다. 개인의 회고록으로는 朴海根의 『끝없는 抗戰－韓國光復軍抗日戰祕話』(學友社, 1959)을 시작으로 1990년대 이후 여러 사람의 것이 있으며, 구술자료로는 『독립유공자 구술자료집 2－우리는 광복군 조국의 영원한 용사』(국가보훈처, 2015) 등이 있다.

16) 독립기념관 한국독립운동사연구소는 2020년 8월 13일 광복절 기념학술심포지엄으로 『한국광복군의 일상과 기억』을, 한국근현대사학회는 9월 17일 학술회의로 『제2차 세계대전과 한국광복군의 독립전쟁』을 각각 진행한 바 있다. 이번 독립기념관 학술연구총서 3집은 한국독립운동사연구소의 심포지엄 때 발표된 글과 한국근현대사학회 학술회의 발표글 가운데 동북아역사재단 조건 연구위원의 글을 수록하였다.

17) 충징에서 독립운동가와 그 가족이 겪은 일상과 관련한 선구적인 연구는 김성은, 「중경임시정부시기 중경한인교포사회의 생활상」, 『역사와 경계』 70, 2009 참조.

보지 않은 분야인 기억과 관련해 중국인 문학작품 속에서의 기억을 분석한 김재욱과 한국현대사의 진행과정에서 드러난 기념행위를 분석하여 기억문제를 다룬 정호기의 글도 있다.[19]

Ⅲ. 담론과 현실의 균열을 극복하고 당위론을 넘어서기 위해

50여 년의 연구가 진행되어 오는 동안 한국광복군에 대한 모습을 확장적으로 이해할 수 있었다. 그것은 사실 자료 발굴에 힘입은 바가 절대적이었다. 달리 말하면 새로운 자료가 나오지 않으면 한국광복군 연구는 또 다시 침체의 늪에 빠질 우려가 있다.

한국광복군 연구를 새롭게 확장하기 위해서는 각 부대가 주둔했던 지역과 전쟁의 연관성을 구체적으로 분석할 필요가 있다. 지금까지는 한국광복군의 움직임만 언급해 왔다고 말해도 지나치지 않다. 의도하지 않았겠지만 부조적 수법이 적용됨으로써 한국광복군이 절대 고도(孤島)에서 홀로 활동하는 존재처럼 비춰질 우려도 있기 때문이다.

하지만 전선에도 일상은 있었다. 하물며 군사훈련과 선전 관련 활동을 주로 한 경우는 도심의 일상과 연관이 있었을 것이니 더 말할 필요도 없다.

---

18) 류동연, 「한국광복군 인면전구공작대의 파견 배경과 성격」, 『한국근현대사연구』 95, 2020; 손염홍, 「한국광복군의 자주권 확보와 한중교섭」, 『한국근현대사연구』 95; 황선익, 「한국광복군의 병력 증강과 편제 개편」, 『한국근현대사연구』 95.

19) 한국광복군 연구에서 새로운 개척 분야를 찾는다면 최근에 밝혀진 예술활동에 관한 연구도 빼놓을 수 없다. 오은아 「한국광복진선청년공작대의 결성과 항일공연예술 활동」 『한국근현대사연구』 87, 2018; 반혜성, 「『광복군가집 제1집』(1943)의 특징과 의의」, 『한국음악연구』 68, 2020 참조. 이번 학술연구총서 3집에 수록된 왕메이, 푸위안의 공동연구도 이러한 흐름에 있다고 볼 수 있겠다.

가령 한국광복군은 일본의 항복을 언제 알았을까. 학병 출신의 김유길이 필자에게 한 회고에 따르면 시안에서 OSS훈련을 받던 대원들은 1945년 8월 10일 밤에 이 소식을 미군장교들에게 들었다.[20] 충칭의 총사령부와 임시정부 관계자들도 그날 알았다. 아래 사진은 필자가 미국의 매릴랜드에 있는 국립문서보관소(NARA, (National Archives and Records Administration)에서 스캔한 사진이다.[21]

사진의 뒷면에 타자로 기록되어 있는 내용에 따르면, 8월 10일 밤 일본이 항복했다는 비공식 첫 보도를 접한 충칭의 시민들이 거리를 가득

20) 〈김유길증언자료(2003.11.19, 23)〉, 광복회 사무실.

21) SC 212981.

메우고 카메라를 향해 열렬히 환호하고 있는 장면이다.

대한민국임시정부와 한국광복군 관계자들에게 8.15해방은 8월 15일이 아니라 8월 10일이었다. 이는 국내 대부분의 한국인과 달랐다. 그렇다면 11일부터 공식 항복선언이 있었던 15일까지 독립운동 관계자들은 무엇을 했을까. 충칭에 모여 살던 가족들은 어떤 심정이었을까.

또한 한국광복군 연구를 새롭게 확장하기 위해서는 지역사와 비교의 시선을 적극 도입할 필요가 있다. 가령 일본군의 공습은 임시정부의 이동시기, 그리고 충칭에 정착한 이후에도 1941년경까지 일상생활에 불편을 느낄 정도로 위협적이고 빈번하였다. 1941년 들어 임시정부는 답보상태에 빠진 한국광복군의 부대를 편성하는 문제와 중국 국민당 측의 군사지원 문제를 가지고 김구 주석과 장제스 위원장 단독회담을 추진했지만, 약속한 날에도 때마침 공습으로 만남이 성사되지 못하는 등 세 차례나 약속된 접견에 실패할 정도였다.[22] 그런데 일본군의 충칭 공습은 1942년 들어 이전과 확연히 다르게 잠잠해졌다. 그것은 조건이 밝힌 대로 태평양방면에 전력을 집중하려는 전략과 관련이 있었다.

필자는 여기에 하나 더 추가해야 한다고 본다. 소련과의 전쟁 준비문제가 당면한 현안으로 이미 제기되어 있었다는 점이다. 사실 일본군은 1939년 노몬한전투에서 소련군에 대패하였다. 일본 육군으로서는 충격적이고 치욕적인 패배였다. 이에 육군 지휘부는 소련과의 전쟁에 더 적극적으로 대비하고자 관동군의 전력을 매우 급속히 강화하기로 결정하였다.[23] 하지만 경제력과 병력의 측면에서 준비에 어려움을 겪을 수밖

22) 「한국광복군 성립 경과사실(1943.9.)」, 『대한민국임시정부자료집 10－한국광복군 Ⅰ』, 국사편찬위원회, 2006. (한국사데이터베이스 : http://db.history.go.kr/id/ij_010_0010_00580); 「광복군에 관한 보고(1941.10.29)」, 『대한민국임시정부자료집 11－한국광복군 Ⅱ』. (한국사데이터베이스 : http://db.history.go.kr/id/ij_011_0010_00030); 「광복군의 성립 경과 등을 보고하는 書函(1942.7.17)」, 『대한민국임시정부자료집 11－한국광복군 Ⅱ』. (한국사데이터베이스 : http://db.history.go.kr/id/ij_011_0010_00260)

에 없었던 육군 지휘부는 중일전쟁에 참전하고 있던 상당수의 육군병력과 항공전력을 관동군 예하로 재편하면서 이를 해결한다. 식민지 조선에 있던 조선군사령부 예하의 항공전력도 모두 관동군 소속으로 재편할 정도였다.

이렇듯 1940년대 전반기 시점에 동아시아 지역사는 곧 아시아태평양 지역의 전쟁사였다. 중국전선에서의 전쟁 양상만이 아니라 이 지역에서의 구체적인 전쟁 과정을 우선 정확히 이해할 필요가 있는 것이다.

또 한 가지는 비교의 방법을 적극 도입해야 한다는 점이다. 지역사 연구 자체가 연관과 비교를 기본으로 해야 하므로 필자가 말하는 비교의 시선이 당연할 수도 있을 것이다. 하지만 필자는 지역사의 맥락이 아니더라도 비교의 관점이 필요하다는 점을 강조하고자 별도로 언급하겠다.

가령 한국광복군의 지휘권문제를 놓고 임시정부와 국민당 정부 사이에 논란이 벌어지고 있을 때인 1941년 6, 7월, 임시정부는 한국이 중국의 1개 성(省)일 수 없고 한국광복군도 주권체라면서 "영국 경내의 각국 민족군(民族軍)의 상황에 비추어 처리할 수 있을 것이다"고 말하였다.[24) 여기 말하는 영국 경내란 인도와 같은 영국의 식민지를 가리킨다. 영국 정부는 식민지 인도에 영국인이 지휘하는 인도인만으로 구성된 군대를 편성하고 운영하였다.[25) 물론 식민지와 피식민자의 관계 속에 있는 인도인부대와 한국광복군을 비교하는 접근이 적절한지는 또 짚어야 할

---

23) 1941년 군사훈련이란 명목으로 관동군 병력을 40만에서 70만 명으로 늘린 관동군 특종연습, 곧 관특연도 이 맥락에서 이해해야 한다.

24) 「한국광복군 문제 節略(1941)」, 『대한민국임시정부자료집 10－한국광복군 Ⅰ』. (한국사데이터베이스 : http://db.history.go.kr/id/ij_010_0020_00750)

25) 참고로 덧붙이면, 인도인 부대는 1945년 8월 일본이 항복한 이후 동남아지역에서 일본군의 항복을 접수하는 임무를 담당한 영국군 지휘자들을 따라 진출하여 항복 접수와 관련한 대부분의 실무를 처리하였다.

점이 있겠다. 이것이 어렵다면 레지스탕스의 활동과 한국광복군을 비교하거나, 조선의용군 및 동북항일연군교도려 내 조선인 대원과 한국광복군을 병렬하며 살펴볼 수도 있다. 또 비교를 통해 한국광복군 연구를 심화할 수 있는 또 다른 주제가 OSS훈련이다. OSS의 군사교육 등 중국에 주둔한 미군은 국민당 소속 장교와 같이 중국인 또는 소수민족도 훈련하였다. 이를 비교해 봄으로써 한국광복군의 존재방식에 대한 새로운 이해를 습득할 수 있을 것이다.[26] 연관과 비교를 시도하면, 한국광복군이 처한 객관적 조건을 다시 음미해 보고 대원이라는 주체를 보다 깊이 탐색해 볼 여지를 넓혀갈 수 있을 것이다.

이렇듯 접근방법 또는 프레임을 달리하면 해석의 영역에서 한국광복군에 대한 역사인식에 새로운 밑바탕을 확인할 수 있을 것이다. 그런데 해석의 영역보다 실증과 담론의 영역에서 새로운 접근을 요구받고 있는 주제가 한국광복군과 한국군의 계승성 문제이다.

앞서도 보았듯이 한국광복군과 국군의 역사적 계승성을 말하는 시각은 한국광복군 연구가 시작된 즈음부터 존재하였다. 드러내놓고 그러한 역사인식을 말하는 경우도 있었다. 하지만 현실은 녹록하지 않았다. 한국군 창군을 기념하는 국군의 날은 2021년 현재도 9월 17일이 아니라 10월 1일이라는 현실이 압축적이고 단순명쾌하게 보여준다. 10월 1일이라는 견고한 장벽을 지탱하는 튼실한 지반이 분단체제의 폭발점이었던 한국전쟁에 있기 때문이다. 달리 보면 한국광복군의 국군 계승성 문제는 당위적 담론의 영역에 머물면서 대한민국의 현실에 균열을 일으키며 현실정치에 논쟁점을 제공하고 있을 뿐이다.

이러한 장벽이 존재하고 균열이 지속되는 결정적인 이유로 한국전쟁

---

26) 필자는 2017년과 2018년 미국 NARA에 갔을 때, 그곳에 소장된 사진에서 관련한 군사훈련이나 군사교육이 실시되었음을 여러 차례 확인하였다.

이란 외적 요인만을 들 수 없다. 오히려 내적인 맥락을 찾는데 소홀히 한 영향이 더 클 수 있다. 앞서도 언급했듯이 독립을 향한 군사전략이란 측면에서 의병－독립군－한국광복군으로 이어지는 과정에서 어떤 일치점이 있고 차이가 있는지 한국사 학계는 제대로 연구한 적이 없다. 이들 무장대가 받은 군사교육의 내용과 군사교재 자체도 명확히 분석한 적이 없다. 굳이 말한다면 군사문화에 더하여 정신적인 측면 또는 군사이론분야의 연구는 사실상 여전히 척박한 상태라고 말해도 지나치지 않다.[27]

계승과 변용 그리고 단절이란 측면에서 역사성을 다룬 성과를 축적하는 과정은 한국군과의 연계성을 자연스럽게 논의하는 자리로 이어질 수 있다. 이때 인적인 측면에 관한 연구를 새롭게 시도해야 한다. 한국군에 입대한 한국광복군 출신자들의 신상을 정리하고, 한국군 명부와 대비할 필요가 있을 뿐 아니라, 창군에 참여한 한국군의 이력표를 통계화하고 분석할 필요가 있다. 이쯤에 이르면 인적인 연계성 문제는 객관적 사실에 근거하여 쉽게 결론을 내릴 수 있을 것이다.

결국 두 측면의 연구가 제대로 이루어진다면 한국광복군의 역사성 및 국군과의 계승성 문제를 언어의 마술로 포장하지 않고 당위적인 차원의 주장에 머물지 않게 할 수 있을 것이다.

---

27) 한국광복군 제2지대 선전부가 1946년 1월에 창간한 『友戰』(1~4호)는, 비록 1945년 8월 이후이지만 대원들의 여러 생각을 이해하는데 큰 도움이 자료이다. 또 한국광복군 총사령부 정훈처에서 1945년 5월 발행한 『한국광복군 훈련교재 정훈대강』은 한국광복군의 목표와 군사교육의 기본방향을 이해하는데 꼭 필요한 자료이다.

참고문헌

국가보훈처, 『독립유공자 구술자료집 2－우리는 광복군 조국의 영원한 용사』, 국가보훈처, 2015.

국사편찬위원회, 『대한민국임시정부자료집 10－한국광복군 Ⅰ』, 국사편찬위원회, 2006.

국사편찬위원회, 『대한민국임시정부자료집 11－한국광복군 Ⅱ』, 국사편찬위원회, 2006.

김구 지음, 도진순 탈초 · 교감, 『정본 백범일지』, 돌베개, 2016.

문교부, 『중학교 국사』, 문교부 1975.

朴海根, 『끝없는 抗戰－韓國光復軍抗日戰秘話』, 學友社, 1959.

장기찬, 「독립전쟁 시작하세」, 『共立新報』, 1907년 8월 9일.

『한국광복군 훈련교재 정훈대강』, 한국광복군총사령부 정훈처, 1945.5(독립기념관 소장: 1-000267-000. 등록문화재 제817호).

〈김유길증언자료(2003.11.19, 23)〉, 광복회 사무실.

사진(1945.8.10. NARA SC 212981)

「編輯後記」, 『新東亞』, 1969.6.

「특집 : 3 · 1운동 50주년을 시리즈 光復의 證言 ④ －滿州獨立軍의 活動」, 『新東亞』, 1969.6.

독립운동사편찬위원회, 『독립운동사 5－독립군전투사(상)』, 독립유공자사업기금운용위원회, 1973.

신주백, 『한국 역사학의 전환－주체적 · 내재적 발전의 시선으로 본 한국사 연구의 역사』, 휴머니스트, 2021.

한시준, 『韓國光復軍硏究』, 一潮閣, 1993.

김성은, 「중경임시정부시기 중경한인교포사회의 생활상」, 『역사와 경계』 70, 2009.

김행복, 「광복군이 국군창설에 미친 영향」, 『군사논단』 20-1, 1999.

류동연,「한국광복군 인면전구공작대의 파견 배경과 성격」,『한국근현대사연구』 95, 2020.
박성수,「한국광복군에 대하여」,『白山學報』 3, 1967.
반혜성,「『광복군가집 제1집』(1943)의 특징과 의의」,『한국음악연구』 68, 2020.
손염홍,「한국광복군의 자주권 확보와 한중교섭」,『한국근현대사연구』 95, 2020.
오은아「한국광복진선청년공작대의 결성과 항일공연예술 활동」,『한국근현대사연구』 87, 2018.
李佑成,「1969~70年度 韓國 史學界의 回顧와 展望, 國史－總說」,『歷史學報』 44, 1971.
洪淳鈺,「上海臨時政府의 正統化過程－漢城政府와의 一體化作業을 中心으로」,『新東亞』, 1968.3.
한시준,「韓國光復軍 正統性의 國軍 계승 문제」,『軍史』 43, 2001.
황선익,「한국광복군의 병력 증강과 편제 개편」,『한국근현대사연구』 95, 2020.

제1부
한국광복군의 일상

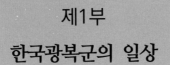

일본군의 중국 공습과 대한민국임시정부 방공 항전의 일상사

조 건

Ⅰ. 머리말

1930년대 이후 대한민국임시정부는 일본군의 중국 공습에 맞선 방공 항전의 투쟁을 거듭하였다. 비록 제대로 된 공군력과 방공부대를 가지지 못했으나 일본 육군과 해군의 폭격기에 맞서 가까스로 공습을 피해 가며 항전의 희망을 이어갔다. 그리고 결국 일본군 폭격기가 쏟아내는 화염과 연기를 걷어내고 해방의 기쁨을 얻을 수 있었다. 견디고 참아낸 인고의 승리였다.

대한민국임시정부는 1932년 상하이를 떠난 이후부터 해방될 때까지 일본군 폭격기의 '무차별 공습(無差別 空襲)'[1)]에 노출되어 있었다.[2)] 무

---

1) 무차별 공습이란 군사지역과 민간지역 및 거점을 구분하지 않은 채 분별없이 행해지는 공습을 일컫는다. 제1차 세계대전을 기점으로 국가 간 전쟁의 양상이 총력전화 한 것과 더불어 군인이 아닌 민간인에게 공습을 가함으로써 상대국 국민의 전쟁 의지를 약화시키기 위한 방편으로 사용되었다. 무차별 공습은 전시국제법에 규정된 '軍事目標主義'를 위반하는 것이며 空戰規則에서도 금지하는 행위였다. 전시국제법 및 공전규칙 등에서 금하는 공습 행위의 구체적인 내용에 대해서는 요시다

려 8년여에 이르는 임시정부의 이동시기는 일본군의 공습에 따른 피난길에 다름 아니었다. 그러나 충칭에 정착한 이후에도 그 피해는 끊이지 않았다.[3] 충칭 임시정부 당시 청사를 세 차례나 이전해야 했던 주요한 이유도 일본군의 공습 때문이었다. 임시정부 요인들은 일본군 비행기의 기총소사와 공중 폭격이 쏟아지는 죽음의 전장을 맨몸으로 이겨내며 조국의 독립을 위한 투쟁을 이어갔던 것이다.

임시정부의 독립운동사 면면에는 이러한 공습에 따른 곡절과 피해 실태가 함께 점철되어 있다. 따라서 당시의 공습 실태와 피해, 그리고 극복 과정은 그 자체로 임정 독립 투쟁의 일부라고 할 수 있다. 아울러 요인들과 동포들의 고단한 생활상을 적나라하게 보여준다는 점에서도 꼭 기억해야 하는 역사적 사실이다.

임시정부 요인과 동포들이 일본군의 공습에 의해 입은 피해는 임정 요인들의 자서전과 관련자들의 증언집, 그리고 그들의 활동을 기록한 수많은 저서와 자료집에 단편적으로 드러나 있다.[4] 그러나 이러한 사

도시히로의 책을 참조할 수 있다(요시다 도시히로 지음, 안해룡·김해경 옮김, 『공습』, 휴머니스트, 2008).

2) 실제 일본군의 공습이 극심했던 시기는 1937년부터 1941년 사이였다. 구체적으로 난징침공이 시작되는 1937년 말부터 일본군 항공대의 남방 이동이 본격화하는 1941년 중반까지 일본군의 중국 주요 도시에 대한 무차별 공습이 자행되었다. 1941년 말부터는 동남아시아를 비롯한 남방 침략을 위해 많은 수의 항공부대가 이동했으며, 태평양전쟁 개전 이후에는 대부분의 항공전력이 대미전 수행에 집중되었기 때문이다. 아울러 쿤밍(昆明)에 주둔했던 중화민국 공군 제1 미국인 의용대대의 활약으로 인해 일본군 항공기의 활동이 크게 위축된 것도 공습이 감소한 원인 중 하나이다.

3) 충칭에는 일본 육군의 직접적인 침공은 없었다. 중국 국민당 정부도 충칭을 마지막 보루로 결사 항전했기 때문에 충칭 임시정부는 최소한의 안위를 유지할 수 있었다.

4) 임정 요인들의 활동상을 보여주는 자료들은 다수 존재한다. 그중 공습 피해 실태를 보여주는 자전 또는 회고록으로는 다음의 것들을 들 수 있다.
太倫基, 『回想의 黃河』, 갑인출판사, 1975; 조경한, 『臨政叢書 白岡回顧錄 國外編』, 한국종교협의회, 1979; 이범석, 『우둥불』, 1986; 김준엽, 『장정－나의 광복군 시절』, 나남, 1987; 백범정신선양회 엮음, 『백범일지』, 하나미디어, 1992; 장준하, 『돌베개』,

례들은 그저 어려움 속에 힘든 투쟁을 이어간 흔적의 일부로 흩어진 채 남아 있을 뿐이다. 즉 임시정부가 겪었던 공습 피해의 실태가 총체적으로 정리·분석된 사례는 없었다.[5] 언제, 어디서, 누구에 의해 어느 정도의 공습이 시행되었으며 그 피해가 구체적으로 어느 정도였는지에 대해 거의 규명되지 않았던 것이다.

일본군의 중국 공습에 대해서는 중국 연구자들에 의해 적지 않은 성과가 발표되었는데, 특히 '충칭대공습(重慶大空襲)'에 대한 연구가 많이 진행되었다.[6] 그러나 이들 연구는 중국 내 한인이나 대한민국 임시정부의 피해 상황에 관해서는 기술하고 있지 않다. 예를 들어 펑칭하오(馮慶豪)는 「중경무차별폭격(重慶無差別爆擊)이 외국대사관·영사관 및 기타 중국주재 기구에 끼친 상해 상황에 대한 초보적 연구」에서 일본군의 충칭 공습으로 피해를 입은 중국 주재 외교관헌과 기타 기구의 피해 실

세계사, 1992; 김구, 도진순 주해, 『백범일지』, 돌베개, 1997; 정정화, 『여자 독립군 정정화의 낮은 목소리, 녹두꽃』, 미완, 1987; 정정화, 『장강일기』, 학민사, 1998; 양우조·최선화, 『제시의 일기』, 혜윰, 1998. 그밖에 국사편찬위원회 한국사데이터베이스를 통해 확인할 수 있는 『趙素昂日記』와 김구가 지인들에게 보낸 편지들에도 공습과 관련한 기록이 확인된다.

5) 김성은도 충칭 임시정부 시기 한인교포들의 생활상을 규명한 글에서 임시정부와 동포들이 일본군의 공습에 많은 위협과 피해를 입고 있음을 소략하게 언급한 바 있다(김성은, 「중경임시정부시기 중경한인교포사회의 생활상」, 『역사와경계』 70, 2009, 45~48쪽). 다만 공습과 관련한 기술들을 여러 문헌에서 발췌하여 서술한 까닭에 사실관계에 다소 오류를 보인다. 예를 들면 일본군의 공습이 잦아든 이유를 1944년 미군 제14항공대가 쿤밍에 진주했기 때문으로 서술하고 있다. 그러나 일본군의 공습은 이미 1941년 후반에 이르러 줄어들기 시작한 것으로 파악된다. 더불어 이러한 오류 탓인지 김준엽의 회고를 공습에 따른 일화 중의 하나로 열거했는데, 김준엽은 1944년 1월 학병으로 일본군에 입대했다가 탈출하여 광복군에 투신했으며, 충칭에 도착한 것은 1945년 1월이었다(김준엽, 『장정－나의 광복군 시절』, 292쪽).

6) 일본군의 중국 공습에 대한 중국 측 연구 성과 및 자료는 東京大空襲·戰災資料センター 戰爭災害研究室에서 2008년에 발간한 『シンポジウム "無差別爆擊の源流－ゲルニカ·中國都市爆擊を檢證する－" 報告書』 중 山本唯人의 「アジア·太平洋地域における都市空襲地圖の作成と中國調査報告」와 伊香俊哉의 「'重慶大爆擊'硏究及び資料狀況について」의 내용을 참조할 수 있다.

태를 조사했다.[7] 그의 연구대상에는 영국 · 소련 · 미국 · 프랑스 · 벨기에 · 독일 대사관을 비롯하여 프랑스 · 독일 및 전 일본 영사관이 포함되었으며, 그 외 언론기관과 외국교회, 그리고 외국상업 · 무역 기관들의 피폭 상황도 언급되어 있다. 그러나 대한민국 임시정부의 피해 상황은 보이지 않는다. 1940년 9월부터 1945년 8월까지 만 5년간에 걸쳐 국민당 정부의 후원 아래 항일 투쟁을 전개했던 임시정부의 공습 피해는 무시된 것이다.

그리하여 이 글에서는 중일전쟁기 이후부터 해방될 때까지 임시정부에 가해졌던 공습의 피해 실상을 일본군이 자행한 중국 공습의 전체상 속에서 밝혀보고자 한다. 이를 위해 『매일신보(每日新報)』 등 당시 신문자료를 비롯하여 일본군 측 전사 자료와 중국 국민당 측 자료, 그리고 임정 요인들의 자전과 회고록 등을 이용하였다.[8]

II. 1920~30년대 일본군의 중국 공습과 임시정부의 피해

1. 일본군의 항공작전과 초기 중국 공습

일본군이 공중 폭격의 파괴력과 실효를 인지한 것은 제1차 세계대전의 경험을 통해서였다. 제1차 세계대전 중 독일의 조차지였던 칭다오를

---

7) 馮慶豪, 「重慶無差別爆撃が外國大使館 · 領事館及びその他の中國駐在機構に與えた傷害狀況についての初步的硏究」, 『國制シンポジウム "世界の被災都市は空襲をどう傳えてきたのか" 報告書』, 東京大空襲 · 戰災資料センター, 2009.3.

8) 일본군의 공습 실태는 중국에 주둔하고 있던 현지 항공부대가 '「작전요무령」에 따른 전투상보와 전투요보' 보고에 따라 작성한 『航空兵團戰鬪要報』를 통해 대체적으로 파악할 수 있다. 다만 아직 검토 · 분석이 미진하여 이번에는 적극적으로 활용치 못했다.

공격할 당시 처음으로 비행기를 이용한 공습을 감행했던 것이다. 이른바 칭다오 공략전으로 불리는 이때의 공방에서 일본은 당시 다른 열강과 마찬가지로 공중 공격의 파괴력을 인식하게 된다.[9] 그러나 칭다오 공략전의 공습은 매우 초보적인 단계에 머물렀으며 승패 자체를 좌우할 만큼 영향력을 지닌 것은 아니었다.

제1차 세계대전 이래 항공기를 이용한 공격은 점차 확대되는 경향을 보인다. 시베리아 간섭전쟁 당시 연해주에 대한 공략에 항공부대가 참전했고, 1920년대 두 차례에 걸친 이른바 일본군의 '산둥출병(山東出兵)'에서도 공습을 통한 침략행위가 확인된다. 특히 시베리아 간섭전쟁 중에 있었던 일본군의 간도 침공에도 한반도 주둔 일본군의 항공부대가 포함되어 있었는데, 이는 간도참변에 공습이 시행되었을 개연성을 말해준다.

실제 간도참변 당시 육군성 군사과에서 한반도 주둔 일본군에게 하달한 문건에는 항공기를 이용하여 독립군을 정찰·폭격할 것을 지시하고 있다. 이를 위해 일본 현지의 항공대를 나남의 제19사단에 배속시키고 회령에 비행장을 건설토록 했다. 더불어 일반 한국인들에게 공포감을 주기 위해 한국 내에서도 비행하도록 명령을 하달했다고 한다.[10]

---

9) 일본군은 칭다오 공략전에서 공중 공격뿐만 아니라 만일의 공습에 대응하기 위해 최초의 지상방공부대를 편성하여 운용하기도 했다. 이 시기 이미 공습의 위력을 충분히 인식하고 있었던 것이다. 일본군의 방공부대 초기 편성 및 운용에 대해서는 조건, 「전시체제기 조선 주둔 일본군의 방공조직과 활동」(수요역사연구회 편, 『제국 일본의 하늘과 방공, 동원 1』, 선인, 2012)을 참조.

10) 「間島事件ニ關シ朝鮮軍參謀へ指示事項」(1920.10.11. 陸軍省 軍事課→大野參謀), 『間島事件關係書類(Ⅱ)』, 국가보훈처, 2004.5. 채영국은 자료집 해제에서 일본군이 항공대까지 동원한 까닭을 "서북간도의 하늘을 날며 한국 독립군 및 한인사회를 초토화시킬 업무를 수행할 목적이었다"고 평가했다.

〈그림 1〉 일본 육군의 87식 중폭격기
(野原茂 著, 淺井太輔 編, 『日本軍用機事典 陸軍編』, 東京イカロス出版, 2018)

1931년 '만주사변' 이후 계속된 중국 침략에서 공습은 점차 일본군의 주요 침공 수단이 되어갔다. '만주사변'이 일어난 지 20일 후인 10월 8일 일본 관동군은 진저우(錦州)에서 첫 폭격을 수행했다. 이 폭격을 수행한 비행대는 평양에 주둔하고 있던 제19사단 예하 비행 제6연대에서 편성된 독립비행 제8중대와 제10중대였다. 그리고 다음 달인 11월 일본 하마마쓰(浜松)의 육군항공기지에서 비행 제7대대 제3중대(경폭격기)가 편성되었고, 이듬해 6월에는 역시 하마마쓰에서 비행 제12대대(중폭격기 포함)가 추가로 편성되어 만주로 향했다.[11]

이들 비행대들은 '비적(匪賊)토벌'을 구실로 1933년까지 만주 전역에 걸쳐 무차별 폭격을 가했다. 당시 중국 동북부는 전장이 아니었고, 더욱이 한인을 포함한 수많은 민간인이 거주하고 있었다. '비적토벌'은 전쟁 상황이 아닌 당시 만주에서 일본군의 무력 도발과 침략 행위를 합리화하는 방편일 뿐이었다. 더욱이 87식 중폭격기[12]를 동원한 무차별 폭

11) 竹內康人, 『日本陸軍のアジア空襲』, 社會評論社, 2016, 15~24쪽.

12) 87식중폭기(87式重爆機)는 일본 중폭격기의 원조에 해당하는 기종으로 만주 침략 당시 본격적으로 운용되었다. 엔진이 동체와 날개 위에 얹혀있는 형상을 하고 있었다. 독일에서 기체를 설계했으며 가와사키중공업(川崎重工業)이 제작을 맡았다. 전장 18미터, 전고 약 5미터, 전폭은 26.80미터였으며 최대 속도는 시속 180km, 최대 고도는 5,000m였다. 탑승원은 6명으로 6시간 동안 비행할 수 있었고, 폭탄은

격은 애초 일본군의 무력 행사가 만주 전반에 대한 폭압적 지배를 위한 것이었음을 의미했다.

일본 육군 비행 제12대대가 1931년 말부터 1933년 5월까지 만주와 러허성(熱河省) 일대에서 자행한 공습은 50여 차례가 넘었고, 이 중 1933년 3월과 4월 두 달 사이에만 14차례 공습을 한 것으로 확인된다.[13] 평양의 비행 제6연대 제1중대는 국경 너머 서간도와 북간도 일대의 항일무장세력을 공습하여 큰 타격을 입히기도 했다. 평양의 비행대는 관동군에 파견되지 않은 채 조선 사단 내 병력과 함께 국경을 넘어 침공을 감행하였다.[14]

2. 1930년대 임시정부의 이동과 공습 피해

임시정부는 1932년 4월 일본군이 상하이 침공을 기념하기 위해 거행한 상하이전승기념식장에 윤봉길 의사를 파견하여 폭탄 의거를 성공시켰다. 그러나 이 의거로 인해 더 이상 프랑스 조계 내의 안전이 보장받을 수 없게 되자 일본군의 침탈을 피해 기나긴 장정을 시작한다. 1932년 5월 항저우(杭州)로 청사를 이전하고, 1935년 11월 전장(鎭江), 1937년 11월에는 창사(長沙)를 거쳐 이듬해 7월에는 광저우(廣州)로, 같은 해 10월 류저우(柳州), 그리고 1939년 3월 충칭 인근의 치장(綦江)으로 이동을 계속해야 했다. 치장을 떠나 충칭에 안착한 것은 1940년 9월의 일이었다.

〈표 1〉은 상하이를 떠나 충칭 인근의 치장에 도착할 때까지 임시정

1,000kg까지 탑재 가능했다.

13) 竹内康人, 『日本陸軍のアジア空襲』, 29~30쪽.

14) 竹内康人, 『日本陸軍のアジア空襲』, 44~45쪽.

부의 체류지별 기간을 나타낸 것이다. 중일전쟁 개전 이후에는 1년 이상 한 곳에 체류할 수 없었을 정도로 일본군의 공습과 침탈이 극심했는데, 임정 요인들의 기록에는 당시 공습으로 인한 피해와 고초가 고스란히 담겨있다.

〈표 1〉 임시정부 장정 당시 주요 거점

지 역	체 류 기 간
상하이	1919. 4~1932. 5
항저우	1932. 5~1935.11
전장(난징)	1935.11~1937.11
창 사	1937.11~1938. 7
광저우	1938. 7~1938. 9
포 산	1938. 9~1938.10
류저우	1938.11~1939. 4
치 장	1939. 4~1940. 9

장정 초기였던 항저우와 전장[15] 시절만 해도 일본군의 직접적인 공습은 피할 수 있었다. 그러나 중일전쟁이 시작되고 1937년 8월부터 난징에 일본군의 폭격이 시작되면서 임정은 공습을 피해 이동하지 않으면 안 되었다. 백범이 목격한 난징 공습의 피해 상황은 그야말로 아비규환이었다. 거리에는 폭탄으로 난자된 시체가 즐비했으며 각처에 화염이 가득했다. 임정 요인들과 동포들의 피해는 거의 없었던 것으로 알려졌지만 구체적인 조사는 애초에 불가능했다. 다만 연락이 닿는 동포들을 규합하여 부랴부랴 창사로 피난할 수 있었던 것은 다행이었다.

창사에서도 일본군의 공습은 계속되었다. 특히 창사에서 백범은 현익철 · 유동열 · 지청천과 함께 피습을 당해 중상을 입었다. 그야말로 설상가상, 고투의 연속이었다. 창사에서 임정 식구들이 입었던 공습의 경험은 임시정부 '안살림꾼' 정정화의 회고에 자세히 기록되어 있다.

> 장사에 있을 때 겪었던 일의 하나로 지금도 끔찍하게 생각나는 것은 바로 그 악록산에서 처음으로 공습당한 일이다. (중략) 우리 식구와 일파 및 석린

---

15) 당시 임정 요인들의 숙소는 주로 난징에 있었다. 전장에는 중국 정부가 함께 자리하고 있었다.

(민필호)의 식구 등 10여 명은 성엄의 안내로 악록산으로 산행을 갔었다. 일파와 석린도 함께 가기로 했었는데 임시 의정원의 회의가 있어 취소하고, 성엄은 여자들만 보낼 수 없어 동행했던 것이다.(중략)

그날 일요일에 바로 일본 비행기의 악록산 공습이 있었던 것이다. 일본 비행기가 악록산 상공을 비행하며 폭탄을 퍼붓고 기관총을 난사하였다. 그곳에는 중·고등학교와 대학교가 있을 뿐 아무런 군사 시설이 없었다. 그런데 그곳에다 집중 공격을 가한 것이다. 우리 일행은 아무도 다치지 않았으나 산에 왔던 사람들 중 상당수의 희생자가 발생하였다. 산중이라 부상자를 신속히 병원으로 옮길 수도 없어 그야말로 아비규환의 수라장이었다. 일본 공습의 목적이 단순한 민간인 살상이라는 것이 명백하였다. 참으로 가증스런 일이다.[16]

정정화는 창사에서 겪었던 공습의 실상을 상세하게 기억했다. 특히 일본 비행기가 군사시설이 아닌 학교를 향해 공습했다는 사실을 적시하면서, 일제의 공습 목적이 '민간인 살상'이고 '가증스런 일'이라고 일갈하였다.

임정은 창사에서 1938년 7월까지 체류했다. 체류 기간 내내 일본군의 침탈에 전전긍긍해야 했으며 결국 또다시 광저우로 이동하게 되었다. 이 시기는 그야말로 '고난의 행군'에 다름 아니었다. 체류 기간의 길고 짧음과 관계없이 임정의 정상적인 활동은 불가능했다. 임시정부의 요인들과 가족들, 그리고 이들을 정처 없이 따라나선 동포들의 생존을 궁리하는 것만으로도 고달픈 나날들이었다. 비교적 오래 머물렀던 체류지에서만 공습 피해를 입은 것이 아니었다. 피난하는 도중에 기약 없이 날아오는 일본군 비행기의 엔진 소리는 그 자체로 공포였다. 도보나 차편, 열차편, 또는 배편으로 이동하는 중 하늘로부터 쏟아질지 모르는

---

16) 정정화, 『여자 독립군 정정화의 낮은 목소리, 녹두꽃』, 118~119쪽.

일본군의 폭탄은 감내하기 힘든 정신적 압박을 가했다.

> 기차를 타고 가던 중에는 갑작스런 일본기의 공습도 만났다. 공습이 오자 기차가 멈추었고, 사람들은 기차에서 내려와 주변의 수풀 속에 숨어 적기가 사라지기를 기다렸다. (중략) 모두들 숨죽이며 숨어 있다가 비행기가 사라지자 다시 기차에 올랐다. 그러자 기차는 다시 숨을 몰아 달리기 시작했다. 기차는 그렇게 멈췄다 섰다를 반복했다. 그때마다 우리는 수풀 속에서, 시냇가에서, 나무 밑에서 가만히 몸을 눕히고 있었다.[17]

젖먹이 딸, 제시를 강보에 싸고 창사에서 광저우로 이동하던 중에 만났던 일본군 비행기들을 양우조는 위와 같이 회고 했다. 폭탄이 쏟아지지 않더라도 비행기의 그림자는 그 자체로 공포의 대상이었다. 양우조가 가족과 함께 광저우에 도착한 1938년 7월 22일 아침에도 광저우시 남단 황샤(黃沙) 정거장에서 그들을 맞은 것은 일본군 비행기의 공습이었다.[18] 그나마 광저우에서의 생활은 오래가지 못했다. 채 3개월을 넘기지 못하고 일본군의 침공을 피해 피난하지 않을 수 없었다. 다시 광저우를 떠나 피난처로 정해진 곳은 인근의 포산(佛山)이었다.

> 그러던 차에 장사가 또 위험하게 되매 우리 3당의 백여 명 가족은 또 광주로 이전하였으니, 호남의 장치중 주석이 광동성 주석 오칠성에게 소개하여 준 것이었다. 광주에서는 중국 군대에 있는 동포 이준식, 채원개 두 사람의 알선으로 동산백원을 임시정부 청사로, 아세아 여관을 전부 우리 대가족의 숙사로 쓰게 되었다.
>
> 이렇게 정부와 가족을 안돈하고, 나는 안 의사 미망인과 그 가족을 상해에서 나오게 할 계획으로 다시 홍콩으로 가서 안정근, 안공근 형제를 만나

---

17) 양우조 · 최선화, 『제시의 일기』, 33쪽.

18) 양우조 · 최선화, 『제시의 일기』, 34쪽.

강경하게 그 일을 주장하였으나, 그들은 교통이 어렵다는 이유로 듣지 아니하였다. (중략)

홍콩에서 이틀을 묵고서 광주로 돌아오니 거기도 왜의 폭격이 시작되었으므로, 또 나는 어머님과 우리 대가족을 불산으로 이접하게 하였다. 이것은 오철성 주석의 호의와 주선에 의함이었다.[19]

그러나 일본군이 광둥성에 상륙하자 광저우는 물론이고 포산도 풍전등화에 놓이게 되었다. 결국 포산에서도 2달을 넘기지 못했다. 다음 피난처는 류저우로 정해졌다. 포산을 탈출하여 류저우로 가는 길은 기차를 이용할 요량이었다. 정정화는 기차를 타고 포산을 떠나 이동하던 중 다시 한 번 일본군 비행기의 공습을 당했다.

불산 역내는 기차를 타지 못한 사람들도 들끓고 있었다. 새벽 두 시에 기차는 삼수(三水)를 향해 불산역을 출발했다. (중략) 삼수역을 바로 눈앞에 두고 짐들을 챙기느라 또 한 번 객차 안이 어수선해지기 시작할 즈음에 갑자기 바깥에서 요란한 총소리가 연이어 났다. 일본 비행기의 공습이었다. 기차는 멈췄고 차에서 내려 길가로 피하라는 군인들의 고함소리가 들렸다. (중략)

여자들의 날카로운 비명이 여기저기서 터져나왔고 어린아이들은 울고불고 그런 난리가 없었다. 그때 국무위원 중에서 누군가가 호통을 치며 침착하라고 타이르자, 성엄과 일파 등 청장년들이 나서서 일행을 차례로 차 밖으로 인도했다. 차에서 사탕수수 밭까지는 불과 몇 걸음 사이였지만 하늘에서는 요란한 소리와 함께 계속해서 총알이 쏟아져 내리고 있었다. 무슨 정신으로 기차에서 내려 밭까지 뛰어가 몸을 숨겼는지 모르겠다.[20]

---

19) 백범정신선양회 엮음, 『백범일지』, 231~232쪽.

20) 정정화, 『여자 독립군 정정화의 낮은 목소리, 녹두꽃』, 122~123쪽.

기차에 타고 이동하던 중 일본군 비행기가 나타났고, 이를 피해 근처 사탕수수 밭까지 숨기 위해 내달렸는데 그 와중에 계속해서 기총소사가 이어졌다. 임정 식구들은 포산을 떠나 싼수이(三水)·가오야오(高要)·우저우(吾州)·구이핑(桂平) 등을 지나 11월 30일 류저우에 도착했다. 포산에서 류저우까지는 배편을 이용했는데 자그마치 한 달 열흘 동안의 일정이었다. 중국 정부가 배편을 제공하여 그나마 수고를 덜 수 있었으나 이동하는 중에도 공습은 연일 계속되었다.[21] 그리고 끝없이 이어지던 공습은 류저우까지 쫓아와 도착하던 날 오전 나절은 내내 공습경보에 떨어야 했다.[22]

류저우에 도착한지 며칠 지나지 않은 12월 5일 대규모 공습이 있었다.[23] 당시 일본군은 류저우시 허난(河南)일대에 공습을 감행했는데 허난에는 임정요인들의 거처가 밀집해 있었다. 허난에는 천연동굴이 99개나 있어서 공습경보가 나면 이곳을 임시 방공호로 사용했다고 한다. 최선화는 이날의 공습 상황을 다음과 같이 기록했다.

> 들어가자마자 일본 비행기가 작탄을 수없이 떨어뜨리는 모양이었다. 석굴이 심히 흔들리며 당장 무너지는 듯하고, 동굴안의 상태는 천둥번개 치듯 불빛이 번쩍이며 천장이 내려앉는 듯 작은 돌 부스러기가 자꾸 떨어져 나는 허리를 꾸부려 제시의 몸을 방어하며 폭탄투하가 멈춰지기만을 기다릴 뿐이었다.
>
> 몇 십 분이 지나자, 폭파하는 소리가 끊어지더니 십여 분 후에 解驚이 되었다. 겁에 질린 일행이 머뭇거리며 굴 밖으로 나왔더니 처참한 광경이었다.

---

21) 양우조·최선화, 『제시의 일기』, 42~50쪽.

22) 양우조·최선화, 『제시의 일기』, 51쪽.

23) 12월 5일의 공습은 여러 자료에서 확인되는데 조소앙도 일기에 "하남에 대공습이 있었다"고 기록했다(『趙素昂日記』, 1938.12.5. 국사편찬위원회 한국사데이터베이스). 조소앙은 5일 외에도 7·8·9·10·11일 계속하여 공습으로 대피했다고 적었다.

> 우리가 들어 있었던 집 앞뒤, 오른쪽, 왼쪽이 불바다를 이루고 있었고, 동굴 문 밖의 넓은 밭에는 작탄이 떨어져 패인 웅덩이가 헤아릴 수 없이 많았고, 참혹하게 된 시신도 많이 눈에 띄었다.(중략)
> 1938년 12월 5일, 이날의 왜놈의 잔인한 행동은 인류 역사가 생긴 후, 세계 처음으로 꼽히는 참사였다고 한다. 동굴이 오히려 위험하다고 산 주위 숲속, 나무 밑에 은신하고 있던 피난민들은 왜놈의 저비행으로 기관총을 난사당하여 거의 다 죽었다고 한다.[24]

이후에도 일본군의 공습은 끊이지 않았다. 공습경보가 울릴 때마다 방공호로 들판으로 숲속으로 은신처를 찾아 숨는 일상이 반복되었다. 다행히 동포들의 피해는 크지 않은 듯 했지만 경보가 해제되고 은신처를 나설 때면 수많은 시체들이 공습의 참혹함을 웅변하고 있었다.

류저우에서의 생활은 결코 안온하지 않았다. 날씨가 좋은 날은 어김없이 일본군 비행기가 날아들었다. 임정의 장정 기간 중 가장 고달팠던 체류지였을 류저우를 떠난 것은 중일전쟁도 만 2년째를 바라보는 때인 1939년 4월이었다. 또다시 긴 장정 길에 오른 임정 요인들은 같은 달 말 충칭 인근인 치장에 자리 잡았다. 치장에 도착한 이후에는 전쟁이 소강상태에 빠진 덕에 임시정부는 다소간의 안정을 찾는다. 그러나 1939년 말부터 다시 공습 빈도가 잦아지면서 적지 않은 피해를 남겼다.[25]

---

24) 양우조 · 최선화, 『제시의 일기』, 53쪽.

25) 임시정부가 치장에 체류할 당시 공습 상황을 알 수 있는 자료가 치장현 당안관에 소장되어 있다는 연구가 발표되었다. 이에 따르면 치장현 당안관에는 「7월 5일 적기의 치장현 정부 소재지 폭격 실상(1940년 7월)」, 「한교 조사 자료가 일본 비행기 폭격 때 분실 되었다는 보고(1940년 8월 21일)」 등의 자료가 확인되었다고 한다(김광재, 「국사편찬위원회의 중국지역 수집 독립운동자료 현황과 과제」, 『중국지역 한국독립운동사료 수집의 성과와 과제』, 한국근현대사학회 한중수교 20주년 기념 학술회의 발표집, 2012.9).

〈표 2〉 장정시기 공습 피해 상황

연번	일시	지역	공습 내용	출전
1	19380722	창사〉광저우	열차 이동 중 공습	제시 33
2	19381022	싼수이	싼수이역에서공습	제시 42
3	19381024	가오야오〉우저우	공습	제시 44
4	19381025	가오야오〉우저우	공습	제시 44
5	19381130	류저우	공습경보	제시 51
6	19381205	류저우허난	류저우 허난 대규모 공습	조소앙 제시 52~53
7	19381207	류저우	대피	조소앙
8	19381208	류저우	대피	조소앙
9	19381209	류저우	대피	조소앙
10	19381227	류저우	공습경보,기총소사	제시 55
11	19381227	구이린	공습	제시 56
12	19390406	류저우	공습경보	제시 66
13	19390408	류저우	공습경보3차례	제시 67
14	19391105	치장	공습경보	조소앙
15	19391121	치장	공습경보	조소앙
16	19391218	치장	공습경보	조소앙
17	19391219	치장	공습경보	조소앙
18	19391220	치장	공습경보	조소앙
19	19391223	치장	공습경보	조소앙
20	19400428	치장	날씨에 따라 공습 빈번	제시 114
21	19400527	치장	공습경보	제시 120
22	19400629	치장	공습경보	제시 122
23	19400705	치장	대폭격	조소앙 제시 123
24	19400716	치장	공습경보	제시 124
25	19400723	치장	대폭격	조소앙
26	19400731	치장	공습경보	제시 125
27	19400803	치장	공습경보 2차례	제시 126
28	19400817	치장	공습경보	조소앙
29	19400818	치장	공습경보	조소앙
30	19400820	충칭	대규모공습	제시 126
31	19400904	치장	공습경보	제시 128
32	19400912	치장	공습경보	제시 130
33	19400913	치장	공습경보	제시 130
34	19401026	치장	공습경보	제시 133

* 『제시의 일기』와 『조소앙 일기』에 보이는 공습 관련 일시를 정리한 것이다. 『제시의 일기』는 '제시'로 『조소앙 일기』는 '조소앙'으로 표기했다.

〈표 2〉는 장정 기간 중 지역별 공습 상황을 일시별로 알 수 있는 자료를 바탕으로 정리한 것이다. 다만 실제 공습은 이보다 훨씬 많았는데 자료에는 일부만이 수록되어 있다. 이는 공습이 일상화되면서 단순 공습경보나 소규모 피해 등을 기록에 남기지 않았기 때문이었다. 즉 〈표 2〉는 직접 명시된 사례만 열거한 것으로 실제로는 기상 상태가 원만했던 대부분의 날들이 공습과 관련되어 있었다고 볼 수 있다.

Ⅲ. 일본군의 난징 및 충칭 공습과 임시정부의 피해

1. 일본군의 난징 공습 양상과 특징

일본군은 중일전쟁 직후부터 중국지역에 대한 본격적인 공습을 개시하였다. 널리 알려져 있는 일제의 난징대학살은 사실상 난징 공습으로부터 비롯되었다고 할 수 있다. 그런데 일본군의 난징 공습에서 주목할 점은 공습을 위한 핵심 침공기지가 제주도였다는 사실이다. 제주도에서 출격한 일본군 해군 폭격기의 난징 공습은 총 36회로 연 600기의 항공기가 약 300톤의 폭탄을 투하했다고 한다.[26]

1937년 8월 일본군의 난징 공습 당시 제주도에 주둔하고 있던 부대는 기사라즈(木更津) 해군항공대였다. 기사라즈 해군항공대는 일본군 최초의 육상공격기부대로 중일전쟁을 시작으로 전쟁 말기까지 중국에 대한 무차별 폭격을 자행하였으며, 96식 육상공격기를 주력으로 하고 있었다. 당시 일본군 해군항공대는 이른바 도양폭격(渡洋爆擊), 즉 바다를 건너 중국을 폭격하는 방침을 세우고 제주도와 규슈, 그리고 대만 타이페이

26) 조성윤, 「일제 말기 제주도 주둔 일본군과 전적지」, 65쪽.

〈그림 2〉 일본 해군의 96식 육상공격기
(『南海の海鷲たち 南西方面の日本海軍航空隊』, 大日本繪畵, 2014)

등에 주둔하고 있었는데 난징을 중심으로 한 쑤저우(蘇州) · 항저우 · 난샹(南翔) 등을 폭격하고 있었다.

그런데 제주도에서 출격한 일본 해군 폭격기의 난징 공습에 관해서는 일본 방위성 방위연구소에 구체적인 문건이 적지 않게 확인된다. 이 중에서 난징 공습 초기인 1937년 8월 22일자 「난징공격전투상보(南京攻擊戰鬪詳報)」에는 다음과 같은 내용이 있다.[27]

8월 22일 난징공격전투상보

기사라즈 해군항공대

1. 형세

(1) 소재: 제주도 기지

(2) 사용가능병력: 96식 육상공격기(96式 陸上攻擊機) 10기

(3) 공격명령:

제1연합항공대 명령 제1

---

27) 「南京攻擊戦闘詳報 木更津海軍航空隊(昭和12.8.22)」, 『第1連合航空隊戰鬪詳報 昭和12.8~12.10』(방위성 방위연구소, 해군일반사료 ②戰史－支那事變－33, アジア歴史資料センター C14120255500) 기사라즈 해군항공대의 난징공격 전투상보는 8월 15일자부터 확인된다.

본 22일 각 부대는 대체로 그 반수의 병력으로 다음에 의거 폭격을 결행할 것.

1) 목공부대(木空部隊)는 목표 난징 중앙당부. 공격시기는 사령의 소신에 일임함.

2) 녹공부대(鹿空部隊)는 薄暮時(해질 녘－필자) 난창(南昌)비행장

제1연합항공대 명령 제2

본일 폭격 목표를 병기창(화약창) 남방신비행장(南方新飛行場)으로 변경함.

위에 따르면, 제주도에 소재한 기사라즈 해군항공대 소속 96식 육상공격기 10기가 1937년 8월 22일 중국 난징 공습을 자행했으며, 그 목표는 난징에 소재한 국민당 중앙당부와 인근 비행장이었음을 알 수 있다. 물론 공습 목표는 남방의 비행장으로 변경되었지만, 애초 난징 시내가 주요 폭격 대상지역이었다는 점은 변함이 없다.

실제 며칠 전인 8월 19일자 전투상보에는 난징 시내가 주요 공습 대상이었으며 이로 인해 극심한 피해가 발생했음을 알 수 있다.[28)]

8월 19일 난징공격전투상보

1. 형세

(1) 소재: 제1기지

(2) 날씨: (생략－필자)

(3) 사용가능병력: 96식 육상공격기 16기

(4) 제1연합항공대명령(8월 19일)

1) 정황은 제3함대 기밀 제15번 전신을 통함.

2) 본 19일 각 부대는 전력을 다하여 다음에 의거 난징을 공습할 것.

---

28) 「南京攻撃戦闘詳報 木更津海軍航空隊(昭和12.8.19)」(アジア歴史資料センター C14120254700)

녹공부대(鹿空部隊)는 오후 2시경 화약창을 폭파할 것.

목경진부대(木更津部隊)는 대체로 일몰경 군관학교를 폭파할 것.

3) 공습은 고고도 기밀 공격으로 하고, 기후가 불량하여 기습이 적절치 않은 경우에는 취소해야 함.

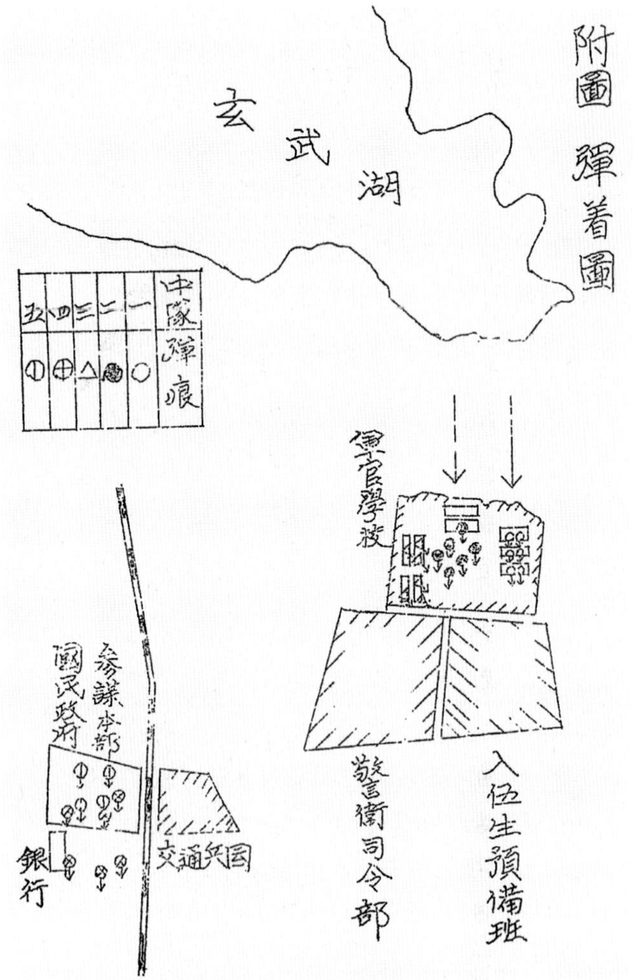

〈그림 3〉 탄착도

8월 19일의 공습은 96식 육상공격기 16기가 동원되었으며 난징 시내의 군관학교와 국민정부 및 참모본부를 공격하여 큰 피해를 입혔다. 당시 전투상보에는 공습 실태는 물론 〈표 3〉과 같이 그 성과를 기재해 놓았다.

〈표 3〉 1937년 8월 19일 공습 성과표

목 표	효 과	폭격중대	기 사
난징군관학교	병사 3개동 폭파	제1중대	6개 탄 명중, 화염을 일으킴
	병사 1개동 폭파	제2중대	1개 탄 명중, 화염을 일으킴
	병사 4개동 폭파	제3중대	6개 탄 명중, 화염을 일으킴
난징국민정부 및 참모본부	건축물 2개동 폭파	제4중대	국민정부, 참모본부 내 3개 탄 명중
	건축물 3개동 폭파	제5중대	위 건물에 4개 탄 명중

일본군의 전투상보에는 난징의 민간인 피해 실상은 전혀 언급되어 있지 않다. 〈표 3〉에 기재되어 있듯 일본군 폭격기들은 난징군관학교와 난징국민정부 등을 목표로 했고 그에 따른 성과가 있었다는 사실만 보고하였다. 그러나 전투상보에 보고되는 '성과'에 드러나는 것과는 달리 난징 시내에 있었던 민간인들의 피해는 실로 극심했다. 특히 당시 난징에 있었던 대한민국임시정부 요인들에게 많은 피해를 입혔다. 김구는 『백범일지』에서 다음과 같이 말한 바 있다.

> 중일전쟁은 강남에까지 미쳐서 상해의 전투가 날로 중국에 불리하였다. 일본 공군[29]의 남경 폭격도 갈수록 우심하여 회청교의 내가 들어 있는 집도 폭격에 무너졌으나, 나와 주애보는 간신히 죽기를 면하고 이웃에는 시체가 수두룩하였다. 나와 보니 남경 각처에는 불이 일어나서 밤하늘은 붉은 모전

29) 아시아태평양전쟁기 일본군에는 공군이 존재하지 않았다. 공습을 시행한 비행대는 일본 육군이나 해군 소속의 항공대였을 것이다.

과 같았다. 날이 밝기를 기다려 무너진 집과 흩어진 시체 사이로 마로가에 어머님 계신 집을 찾아갔더니 어머님이 친히 문을 열으시며, 내가 놀라셨겠다는 말에 어머님은,

"놀라기는 무얼 놀라, 침대가 들썩들썩 하더군."

하시고

"우리 사람은 상하지 않았나?"

하고 물으셨다.

나는 그 길로 동포 사는 데를 돌아보았으나 남기가에 많이 있는 학생들도 다 무고하였다.

남경의 정세가 위험하여 정부 각 기관도 중경으로 옮기게 되므로, 우리 광복전선 3당의 백여 명 대가족은 물가가 싼 장사로 피난하기로 정하고 상해, 항주에 있는 동지들에게 남경에 모이라는 지시를 하였다.[30]

난징 시내에 머물고 있던 김구를 비롯한 임시정부 요인들은 1937년 8월부터 창사로 이동하는 11월까지 연일 계속되는 일본군의 공습으로 인한 포화에 전전긍긍하고 있었다. 일본군 폭격기들은 무차별 공습으로 난징에 있었던 수많은 민간인들을 위협했다.[31] 그 속에는 임시정부의 독립운동가들을 비롯한 우리 동포들이 포함되어 있었다. 아이러니한 점은 폭탄을 떨구던 일본의 폭격기 중 상당수가 조국의 영토, 제주에서 날아온 것이었다는 사실이다.

〈그림 4〉의 지도에는 제주 남서부 항공기지에서 출발한 일본군 폭격기의 경로가 잘 그려져 있다. 제주에서 출발한 일본군 폭격기는 거의 수직으로 중국을 향해 날아가 남하하면서 난징을 공습한 뒤 빠져나와

30) 백범정신선양회 엮음, 『백범일지』, 224쪽.

31) 난징 공습은 1937년 8월부터 12월까지 계속되었으며 공습회수 약 100여회, 참여한 비행기 연 600기, 그리고 300여 톤의 폭탄이 투하되었다. 일본군이 저지른 대표적인 무차별 공습으로 국제연맹 총회에서도 비난의 대상이 되었다(戰爭と空爆問題研究會, 『重慶爆擊とは何だったのか』, 高文硏, 2009, 34~35쪽).

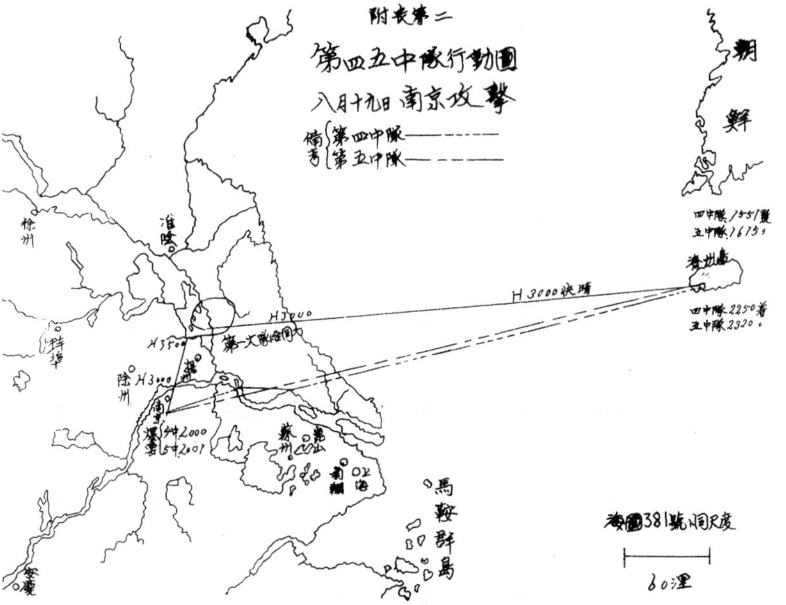

〈그림 4〉 1937년 8월 19일 난징 공습 상황도
(「南京攻擊戦闘詳報 木更津海軍航空隊(昭和12.8.19)」)

동북방향의 제주로 귀환하였다.

난징 공습을 비롯하여 중국의 도시와 인민들을 향해 수많은 피해를 입힌 일제의 무차별 폭격은 충칭대공습을 정점으로 극에 달했다.[32] 임시정부는 충칭에서도 일본군의 공습으로 여러 번 청사를 옮겨야만 했다.[33] 요컨대 일본군이 제주도를 기점으로 중국을 대상으로 자행한 공습 지역의 모든 곳에는 임정의 요인들과 우리 동포들이 살고 있었던 것

[32] 충칭대공습의 경우 1939년 5월 3일과 4일에 걸쳐 있었던 폭격이 가장 많은 피해를 냈는데, 이틀간 일본군의 공습으로 사망자만 4,000명에 달했다고 한다(戰爭と空爆問題硏究會, 『重慶爆擊とは何だったのか』, 61쪽).

[33] 임시정부는 충칭에서도 처음 양류가(楊柳歌) 청사에서 스반가(石板街)로 다시 우스예항(吳師爺巷)으로 종국에는 롄화츠(蓮花池) 청사로 옮겨 다녀야 했다. 이는 직간접적으로 일본군의 공습에 따른 것이었다.

이다. 새삼 제국주의의 잔혹함과 식민지의 참혹함을 동시에 생각하지 않을 수 없게 한다.

2. 충칭대공습의 진상과 임시정부의 고투

일본군의 중국 공습은 중일전쟁 직후부터 시작되었으며 1938년부터 그 횟수와 투입된 비행기, 그리고 폭탄 투하 수 모두 급증하였다. 가장 공습이 격심했던 때는 1939년으로 중국 국민정부 항공위원회 방공총감부에서 작성한 통계에 따르면, 공습 회수가 2603회, 투입된 비행기는 14138기, 그리고 폭탄 투하 수는 5만 8,412기에 이른다.[34] 1937년부터 1945년까지 일본군의 중국 공습 실태는 〈표 4〉와 같다.[35]

아시아태평양전쟁기 일본군이 충칭을 공습한 시기는 1938년 2월부터 1943년 8월까지로 알려져 있다. 일본군은 이 기간 중 충칭 시가지에 대한 무차별 폭격을 감행하여 많은 인명을 살상하였다. 당시 폭격으로 약 1만 1,900명이 사망하고, 1만 4,000여 명이 부상당했다고 한다.[36] 다른 한편 1939년부터 1941년까지 자행된 일본군의 충칭 공습으로 인한 피해가 사망자 10,499명, 부상자 14,901명, 가옥피해 9,570동에 달했다는 연구도 있다.[37] 다만 충칭에 본격적으로 공습이 시행된 것은 1939년 초부터였으며 이를 위해 우한(武漢)에 항공기지가 건설되기도 했다.

---

34) 荒井信一, 『空爆の歴史－終わらない大量虐殺－』, 岩波書店, 2008, 53쪽. 아라이 신이치는 이 통계의 출전을 국민정부 항공위원회 방공총감부에서 작성한 「抗戰期間敵機空襲損害統計表」로 밝혔다.

35) 〈표 3〉의 폭탄 투하 수에는 전체 투하 개수 중 소이탄 규모를 확인할 수 있다. 주목할 점은 1938년 13,623개의 소이탄이 투하되어 전체 대비 30%가 넘었던 소이탄 투하 비중이 이듬해부터 대폭 줄어들고 있는 점이다. 일본이 소이탄 사용에 대한 국제적 비난을 감안한 조치였을 것으로 판단된다.

36) 竹內康人, 『日本陸軍のｱｼﾞｱ空襲』, 123쪽.

37) 戰爭と空爆問題硏究會, 『重慶爆擊とは何だったのか』, 151쪽.

〈표 4〉 아시아태평양전쟁기 일본군의 중국 공습 실태

연도	공습 회수	비행기 수	폭탄 투하 수
1937	1,269	2,254	10,740
1938	2,335	12,512	36,124(13,623)
1939	2,603	14,138	58,412(1,762)
1940	2,069	12,767	47,566(2,552)
1941	1,858	12,211	43,308
1942	828	3,279	12,435
1943	664	3,543	12,349(1,293)
1944	917	2,071	16,652(614)
1945	49	131	3,718
합 계	12,592	62,906	241,304(19,844)

* 荒井信一, 『空爆の歴史－終わらない大量虐殺－』, 岩波書店, 2008, 53쪽에서 재인용.
** 폭탄 투하 수의 ( ) 안 숫자는 소이탄을 나타냄.

〈표 5〉는 충칭방공사령부(重慶防空司令部)가 제작한 공습 피해 통계표를 월별로 표시한 것이다.[38] 1938년 10월부터 집계된 피해 통계는 1943년 8월까지 정리되어 있는데 인명피해는 1939년이 가장 극심했으며, 가옥피해는 1940년에 절정에 달했던 것으로 확인된다. 이 통계는 충칭방공사령부가 공식적으로 공습 피해 실태를 집계한 자료라는 점에서 의미가 있다. 물론 공식 집계를 시작하기 전 피해와 확인되지 않은 것은 누락되었을 것으로 보인다.

일본군의 충칭 공습은 1939년에 본격화되어 1940년에는 최고조에 달했으며 이후 점차 감소하였다. 1939년 인명피해가 가장 컸던 것은 공습에 대비한 방공시설과 훈련이 미비했던 탓으로 여겨진다. 다행히 방공

38) 자료에는 1942년 통계가 존재하지 않는다. 中央檔案館 · 中國第2歷史檔案館 · 吉林省社會科學院 合編, 『日本帝國主義侵華 檔案資料選編 19－日軍對抗戰后方的轟炸－』, 中華書局, 140~144쪽.

〈표 5〉 1938~43년 충칭 공습에 따른 피해

연도	월	인명피해		가옥피해	
		부상	사망	칸	동
1938	10	3	3	3	
	소계	3	3	3	
1939	1	166	119	54	38
	5	3,608	3,162	1,585	3,812
	6	191	94	126	90
	7	134	77	156	139
	8	164	96	77	49
	소계	4,102	3,455	1,924	4,079
1940	5	470	267	372	69
	6	1,190	780	3,508	1,869
	7	226	146	1,174	474
	8	553	582	7,201	2,678
	9	50	23	344	146
	10	262	138	467	605
	소계	6,591	5,253	14,523	9,315
1941	1	2	4	40	
	3	1		12	
	5	46	28	454	235
	6	602	1,362	1,676	1,680
	7	398	180	2,322	2,492
	8	764	531	3,674	1,044
	소계	7,640	6,827	19,027	13,722
1943	8	18	21	99	
	소계	18	21	99	
총 계		8,848	7,613	23,344	15,420

* 中央檔案館 · 中國第2歷史檔案館 · 吉林省社會科學院 合編, 『日本帝國主義侵華 檔案資料選編 19－日軍對抗戰后方的轟炸－』, 中華書局, 140~144쪽.

시설이 갖춰지기 시작하면서 인명피해는 폭격 빈도에 비해서는 조금씩 줄어들었음을 알 수 있다. 그러나 폭격이 잦아질수록 급증하는 가옥 피해는 어찔 수 없었다. 1940년과 1941년 가옥피해가 급증한 것은 이러한 까닭이었다.

충칭 공습 당시 일본군은 소이탄(燒夷彈)[39]과 세열폭탄(細裂爆彈)[40]을 사용한 무차별 공습을 자행했는데 군사 목적과 무관한 민간지역에까지 광범위하게 폭탄을 투하하여 많은 희생자가 발생했다.[41] 특히 1939년 5월 3일부터 5일까지 연이어 있었던 공습은 공습 초기 가장 많은 피해를 유발한 것으로 악명 높다. 이틀간의 공습으로 무려 4,000명에 달하는 사망자가 발생했던 것이다.[42] 충칭방공사령부는 〈표 4〉에서 보듯 1939년 5월 한 달에 3,608명의 사망자가 발생했다고 집계했다.

이때의 피해는 너무도 극심하여 국민당 정부는 사망자를 제대로 수습할 겨를도 없이 배에 실어 도시 외곽의 집단 매장지로 옮기기에 급급했다고 한다.[43] 당시 일본군의 공습은 국민당의 5·4운동 20주년 기념행사를 파괴할 목적이었던 듯하다.[44] 국민당 정부의 군사적·경제적

---

39) 폭탄 속에 인화성이 강한 소이제를 넣은 것으로 가옥 등 건축물을 태워서 파괴한다. 충칭 공습 당시 일본 육군항공대는 '力四弾'이라는 소이탄을 개발하여 사용했다(竹内康人, 『日本陸軍のアジア空襲』, 124쪽).

40) 폭발할 때 작은 금속 파편을 사방으로 퍼뜨려 피해를 입히는 폭탄이다.

41) 일본군이 자행한 무차별공습은 공전규칙에 위배될 뿐만 아니라 이로 인해 수많은 민간인 희생자가 발생한 만큼 전후 국제전범재판에서 위법성 여부가 추궁되었어야 한다. 그러나 일본군의 공습 행위가 미군의 일본 본토에 대한 그것과 크게 다르지 않았던 까닭에 일본군의 위법성을 부각시키면 자동적으로 미군의 행위도 규탄의 대상이 될 수밖에 없었다. 난징과 충칭을 주요 대상으로 한 일본군의 무차별공습이 당시는 물론 지금까지 관심에서 벗어나게 된 것은 이러한 이유가 있었다고 한다(戰爭と空爆問題硏究會, 『重慶爆擊とは何だったのか』, 56~57쪽).

42) 戰爭と空爆問題硏究會, 『重慶爆擊とは何だったのか』, 61쪽.

43) 래너 미터 지음, 기세찬·권성욱 옮김, 『중일전쟁』, 글항아리, 2020, 372쪽.

44) 래너 미터 지음, 기세찬·권성욱 옮김, 『중일전쟁』, 210쪽.

파괴는 물론 상징적이고 심리적인 파괴까지 염두에 두었던 것이다.

그러나 충칭은 그야말로 국민당 정부의 최후 수도이자 '항전의 심장부'였다. 충칭에서 더 물러설 곳이란 없어 보였다. 장제스가 충칭을 최후 수도로 정한 것은 일단 내륙 깊숙한 위치에 의한 것도 있었지만, 안개가 많은 자연 환경상 일본군의 공습 피해를 줄일 수 있을 것이라는 예측 때문이었다. 강으로 둘러싸여 안개가 잦은 자연 환경이 일본군 비행기의 공습을 막는 천혜의 요건으로 여겨졌던 것이다. 실제 일본군은 특히 안개가 자욱하게 끼는 겨울에는 공습을 하지 못했다고 전하기도 한다.[45)]

그런데 과연 충칭의 지리적 입지는 일본군의 공습을 곤란하게 했을까. 일본군이 정밀 폭격을 시도했다면 안개는 커다란 장애물일 수 있었다. 그러나 애초 일본군 비행대는 정밀 폭격이 아닌 무차별 폭격, 그것도 저고도 폭격을 주로 감행했다. 군사적 요충에 공습하는 것이 우선이겠지만 사실상 충칭 시내 모든 곳이 폭격 대상이었다면 안개를 크게 문제 삼지 않았을 수도 있다는 것이다. 실제 일본군을 탈출해 충칭에 처음 도착했던 장준하는 다음과 같은 인상을 남겼다.

> 중경은 양쯔강 본류와 자링강(嘉綾江)이 만나는 삼각주에 끼어 있는 도시다. 일본군이 **달밤마다 중경공습을 하여**(강조–필자) 폭격이 삼백 몇 십 차까지 감행되었다는 일본군 보도의 근거를 어느 정도 이해할 수 있는 입지적 지형임을 대번에 알 수 있었다. 그것은 그저 하류로부터 강물 위로 올라와 두 개의 강줄기가 갈라지는 곳에 폭탄을 퍼붓기만 하면 되는 아주 쉬운 공격작전이요, 또 공격목표였다.[46)]

---

45) 정정화, 『여자 독립군 정정화의 낮은 목소리, 녹두꽃』, 148쪽.
46) 장준하, 『돌베개』, 232쪽.

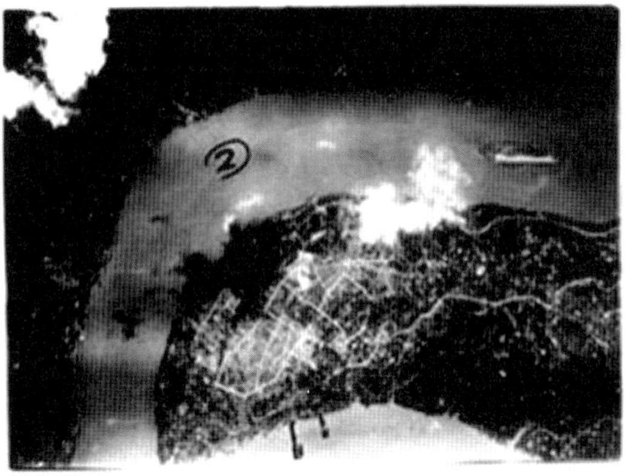

〈그림 5〉 충칭 시가지에 투하되고 있는 폭탄
(1941.8.22. 支那方面艦隊報道部 撮影, 朝日新聞歷史寫眞アーカイブ－アジア · 戰前戰中編－)

장준하가 충칭에 도착한 것은 1945년 1월이었다. 그때는 충칭에 더 이상 일본군 비행기가 날아들지 않던 때였다. 따라서 장준하는 일본군 비행대의 공습을 직접 목격하지 못한 상태에서 충칭의 지리적인 위치만으로 위와 같이 판단했을 가능성이 있다. 정말 장준하는 이른바 안개 효과를 몰랐을까. 장준하가 말한 대로 충칭을 흐르는 두 강은 안개로 공습을 막은 것이 아니라 오히려 그 지리적 특징으로 공습을 쉽게 부른 측면이 있는 것일까.

장준하의 충칭 인상 중 눈에 띄는 대목이 있다. 바로 "일본군이 달밤마다 충칭 공습을 하여 폭격이 삼백 몇 십 차까지 감행되었다는 일본군 보도"를 언급한 곳이다. 장준하는 일본군 비행기가 달밤마다 공습을 시행하여 삼백 회가 넘는 공습을 시행했다는 보도를 보았다고 했다. 장준하가 본 보도 내용은 아마 다음과 유사한 것이었을 것으로 추정된다.

적 항전 수도 중경의 철저한 분쇄에 전념하고 있는 우리 해군 항공대는 31일 밤 때마침 **밝은 달빛을 받으며 대거 중경 공습을 감행**(강조－필자), 시 동쪽의 店陽場 비행장에 맹폭을 가하여 붕괴시킴으로써 적 항전 진영에 일대 동요를 일으켰다. 실로 본년 제10차 폭격 시행이었다.[47]

〈그림 6〉 공습에 나선 일본 해군항공대 '해취'
(1941.5.11. 朝日新聞歴史寫眞アーカイブ－アジア・戰前戰中編－)

〈그림 7〉 폭격당하고 있는 충칭 시가지
(1941.7.29. 朝日新聞歴史寫眞アーカイブ－アジア・戰前戰中編－)

이 신문 기사의 제목은 「달빛을 받으며 대거 충칭 공습. 海鷲 제10회의 폭격행」이었다. 기사 제목과 내용 중 달빛을 받으며 공습을 감행했다는 내용이 장준하의 회고와 함께 겹쳐진다. '해취'는 해군항공대를 가리키는 말이었다. 기사가 게재된 1939년 초부터 7월 말까지 일본군 해군항공대 소속의 비행대가 충칭을 공습한 것이 10회째라는 뜻이었다.

당연하게도 신문에는 일본군의 성공적인 충칭 공습 상황이 적지 않게 게재되었다. 이들 비행대가 안개의 영향을 얼마나 받았는지는 정확히 알 수 없으나 그에 아랑곳하지 않고 수많은 일본군 폭격기가 충칭에 날아든 것만은 사실이었다. 충칭의 안개가 일본군 비행대의 정부 기관

---

47) 『釜山日報』 1939년 8월 2일, 「月光を浴びて 大擧重慶空襲 海鷲第十回の爆擊行」.

이나 군사시설에 대한 정밀 타격은 막을 수 있었겠지만, 무차별 폭격에는 크게 소용이 없었을 지도 모른다.

장준하가 보았던 공습 보도는 일본과 조선에서 광범위하게 신문의 각 면을 장식하고 있었다. 『매일신보』에 게재된 최초의 충칭 공습은 1938년 10월이었다.

> 重慶을 空襲
>
> (香港 5일발 同盟) 중경 래전에 의하면 아 공습 부대는 4일 오전 9시 반 사변 이래 3회째의 중경 공습을 감행하야 중경 교외에서 비행장에 수십 개의 폭탄을 투하하야 다대한 손해를 주었다.[48]

기사에 따르면 공습은 10월 4일 오전에 시행되었다. 충칭 교외에 있는 비행장이 목표였으며 '다대한 손해'를 주었다고 하나 비교적 소규모였던 것으로 보인다. 기사는 중일전쟁 개전 이래 3번째 충칭에 대한 공습이라고 알렸다. 아마도 본격적인 공습에 앞서 정찰을 겸한 폭탄 투하였을 것으로 판단된다. 다만 이때까지의 공습은 해군항공대에 의한 것이었다. 육군항공대의 최초 공습은 1938년 12월부터였다.[49] 바야흐로 충칭에 대한 일본군의 대규모 공습이 본격적으로 시작하는 시점이었다.

이듬해 1939년 봄부터 공습은 급증했다. 38년 한 해 동안 다섯 차례 게재되었던 공습 기사는 39년 4월부터 6월 사이에만 아홉 차례를 기록했다. 공습 규모도 훨씬 커졌다. 1939년 5월 25일에는 하루에 세 차례나 공습을 감행하기도 했다.

---

48) 『每日新報』 1938년 10월 6일, 「重慶을 空襲」.

49) 『每日新報』 1938년 12월 27일, 「數十機의 編隊로 大擧! 重慶 空襲」; 『每日新報』 1938년 12월 28일, 「敵都上空制壓 重慶의 最初 空襲詳報」. 기사에 따르면 육군항공대의 최초 공습일시는 1938년 12월 26일 오전 10시 반이었다.

(香港 26일발 同盟) 중경(UP) 래전에 의하건데 25일 오후 7시부터의 항공대의 중경 폭격은 때마침 月明을 이용해서 행하였는데 지상에서도 機影이 확실히 보이었다. 일본기는 ○○기 편대로 내습하야 지나전투기 6기가 비상해서 집요하게 공격을 가하였으나 일본군은 교묘하게 빠져서 중경 상공에 출현하야 지난 5월 5일 폭격으로 파괴된 지대인 동측 지구에 다수 폭탄을 투하하였다. 폭탄은 외교부 청사 주위에 낙하하얐고 그 외에 四川美豊은행, 중경은행, 염업은행 등에도 명중되어 파괴되었고 시내에 목하 화재가 2개소나 일어나고 있다. 전등 전화는 모두 파괴되고 전주는 넘어지고 혹은 어떤 장소에서는 파괴물이 도로상 10척이나 퇴적되어 있다.[50]

〈표 6〉『매일신보』 충칭 공습 보도 실태

시기 구분		분기별	연도별
1938년		-	5
1939년	1~3월	3	27
	4~6월	9	
	7~9월	12	
	10~12월	3	
1940년	1~3월	0	42
	4~6월	17	
	7~9월	21	
	10~12월	4	
1941년	1~3월	1	17
	4~6월	6	
	7~9월	9	
	10~12월	1	
1942년		-	4
1943년		-	6
합계			95

50)『每日新報』1939년 5월 27일,「一日三回 重慶을 空襲 敵軍事施設에 被害 莫大」.

일본군의 충칭 공습은 날이 갈수록 격심하게 되었다. 신문보도에서 드러난 것만 1939년 27회, 1940년 42회, 1941년 17회였다. 공습은 4월부터 9월까지 집중되었고 겨울이 될수록 감소하는 양상을 보였다. 〈표 6〉에 따르면, 공습이 가장 많았던 시기는 1940년 여름이었다.

일제는 공습이 군사적인 목적에 의한 것이라는 점을 연일 보도했지만, 실상은 참혹했다. 스스로도 공습으로 인한 충칭의 참혹함을 드러내고 있었다. 『매일신보』 1940년 9월 14일자의 「重慶 第5次 空襲 全市는 死街로 一變」이라든가 같은 해 9월 23일자 「死都로 化한 重慶. 市民은 恰似히 半病人 外人記者 重慶空襲目擊記」 등의 기사가 이를 증명한다.

死都로化한重慶
市民은恰似히半病人
外人記者 重慶空襲目擊記

〈그림 8〉 공습 상황을 전하는 신문기사
(『매일신보』 1940.9.23. 1면)

임시정부가 충칭에 본격적으로 자리를 잡은 1940년 9월 이후에도 일본군의 공습은 끊이지 않았다. 이른바 충칭대공습의 한 가운데 임시정부와 임정 요인들, 그리고 동포들이 자리하고 있었다. 현재 이들의 피해가 구체적으로 드러난 사례는 많지 않다. 대표적으로 『백범일지』에 "신익희의 조카와 김영령의 아내"가 공습으로 사망했다는 기술이 있을 뿐이다.[51] 그러나 드러나지 않은 피해는 훨씬 비참

51) 백범정신선양회 엮음, 『백범일지』, 241쪽.

했을 것이다. 〈표 7〉은 『제시의 일기』에 기재되어 있는 공습 기록이다.

〈표 7〉 충칭시기 공습 피해 상황

연번	일시	지역	공습 내용	출전
1	19410122	충칭	공습경보	제시 150
2	19410430	충칭	공습경보	제시 160
3	19410516	충칭	공습경보, 공폭	제시 162
4	19410522	충칭	공습경보	제시 163
5	19410622	충칭	공습경보	제시 165
6	19410630	충칭	공습경보, 공폭	제시 165
7	19410704	충칭	공습경보	제시 166
8	19410808	충칭	공습 경보, 1941.8.8부터 '쓰촨성 대횡작'으로 대규모 공습 시행	제시 168
9	19410813	충칭	대공습	제시 169
10	19410831	충칭	공습경보, 공폭	제시 170
11	19410930	충칭	공습경보	제시 172

〈표 7〉의 기록 또한 전체 공습에 비하면 일부에 지나지 않는다. 그럼에도 불구하고 적지 않은 사례가 확인되는데, 특히 1941년 8월 8일부터 자행된 일본군의 대규모 공습은 충칭 시내를 아수라장으로 만들었다. 다만 1941년 중반 이후 공습 관련 기록이 현저하게 줄어드는 데 이는 당시 태평양 전선의 전황과 일본군의 전략적 부대 배치 변화와 관계가 있었다.

즉 1941년 이후에는 "정세 추이에 따라" 해군의 항공대가 남방작전 준비를 위해 중국 전선에서 이탈하는 등 항공기의 남방 파견이 시행되었고 이와 더불어 일본군의 충칭 폭격도 8월 말로 거의 종료되었던 것이다.[52] 임정 요인들의 기록에서 1941년 후반 이후 일본군의 공습에 대

52) 戰爭と空爆問題研究會, 『重慶爆擊とは何だったのか』, 106쪽.

〈그림 9〉 공습으로 불타는 충칭 시가지
(한국일보 타임-라이프, 『라이프 제2차 세계대전. 중국-버마-인도』, 1981, 12쪽)

〈그림 10〉 공습으로 파괴된 충칭 시가지
(1941.8. 朝日新聞歷史寫眞アーカイブ－アジア・戰前戰中編－)

한 기록이 감소하는 것은 이러한 사정이 있었다.

한편 중국 내 일본군의 공습이 감소한 것은 항공부대의 이동뿐만 아니라 쿤밍에 주둔했던 중화민국 공군 제1 미국인 의용대대(AVG, 1st American Volunteer Group; 中華民國空軍美籍志願大隊)의 활약도 큰 역할을 했다. AVG는 'Flying Tiger'라는 별칭으로 당시 일본군 항공기에 맞서 많은 성과를 거두었는데, 소속만 중화민국일 뿐 미국으로부터 받은 차관으로 창설되었으며 조종사들과 지원부대원 모두 예편의 형식을 거쳐 자원한 미군 항공부대 출신자들이었다.

특히 1937년 쑹메이링(宋美齡)이 영입한 미군 예비역 소장 셔놀트(Claire Lee Chennault)는 소규모 중국 파일럿들에게 비행과 전투 훈련을 시키는 한편 유능한 미국인 파일럿을 모집하여 국민당군의 전력에 기여하였다.[53)]

이 부대는 이후 정규 미 육군 항공대에 편입, 1942년 7월 제23전투비행단(USAF 23rd Fighter Group)으로 개편되었으며 후에 미 공군 제14공군(USAF 14th Air Force)에 흡수된다. 현재도 미 공군 제23비행단(USAF 23rd Wing; Moody Air Force Base)과 제14공군(14th Air Force; Vandenberg Air Force Base)이 그 명맥을 잇고 있다.[54)]

그렇다면, 충칭 공습에 대하여 일본은 스스로 어떻게 생각하고 있었을까. 1943년 8월 28일자 『매일신보』에는 다음과 같은 기사가 게재되었다.

> 지난 20일 중경 공습에 관하야 중경 방송은 그날 시가의 상황을 다음과 같이 전하야 일본군은 군사시설만을 목표코 시가지에는 폭격치 않음을 알고 시민은 냉정하였었다고 보도하였다. 23일 일본항공부대의 중경 공습은 23개월만의 일이어서 시민도 다소 동요의 빛을 보였으나 2~3년 전과 같은 당황한 상태는 보이지 않고 일반으로 냉정하였었다. 그 중에는 교외로 달아나고

53) 래너 미터 지음, 기세찬 · 권성욱 옮김, 『중일전쟁』, 212~213쪽.

54) AVG의 활약과 이후 개편 상황에 대해서는 몇몇의 저작이 있다. 필자는 미 공군의 공식 웹 사이트에 기재되어 있는 내용을 주로 참조했다.(http://www.af.mil/)

혹은 자전차를 노상에 버려두고 옥내로 도망질 친 자들도 있었으나 대부분은 일본군이 시가를 맹폭치 않을 것을 알고 안심하고 있었다.[55]

기사 내용 중에도 드러나고 있듯이 1943년 8월의 공습은 이례적이라고 할 만큼 오랜만의 것이었다. 물론 근 23개월간이나 공습이 없었던 것은 전황 악화에 따른 어쩔 수 없는 조처였다. 그럼에도 신문은 이때 충칭 시민들이 "황군의 전술을 신뢰"하여 공습 상황에서도 시민들이 안도하고 있었다고 보도하였다. 그러나 신문의 기사를 살펴보면, 오히려 2년 만에 불쑥 날아든 일본군 비행기에 당황한 기색이 역력하다. 이전의 공습 피해는 외면한 채 충칭 시민들이 황군을 신뢰하고 있다는 식의 보도에 아연 실색하지 않을 수 없다.

Ⅳ. 임시정부 방공 항전의 일상

푸더민(傅德岷)이 '김구 주석의 충칭시절'을 저술한 『백절불굴의 김구』 첫 장 첫 번째 문단은 아래와 같이 시작한다.

심장을 가르는 듯 한 공습경보가 장강(長江)과 가릉강(嘉陵江)에 울려퍼졌다. 붉은 일장기를 칠한 일본군 비행기가 빠른 속도로 지나면서 남안(南岸)과 시 중심지역에 폭탄을 투하하여 큰 화재가 발생하자, 사람들은 공습을 피하려고 노인과 어린아이의 손을 잡고 이리저리 뛰고 고함치고 울고불며 떼로 몰려다녔다. 경찰자, 소방차, 인력거 등이 목숨을 걸고 달렸다. 이것이 바로 1938년 10월 중순, 중국의 전시(戰時) 주소 중경(重慶)에 발을 디딘 한

55) 『每日新報』 1943년 8월 29일, 「市街地 盲爆 아니하는 我 空襲에 市民 安堵. 重慶 市民 皇軍의 戰術을 信賴」.

국독립운동의 지도자 김구가 받은 중경의 첫인상이었다.[56]

충칭은 더 이상 피할 데 없는 최후의 보루 같은 곳이었다. 중국 국민당도 임시정부도 모두 이곳에서 더는 물러서지 않았다. 백범 역시 충칭을 무덤 아니면 승리의 터전으로 생각했을 것이다. 그에 반해 일본군은 항전의 중심지 충칭을 폐허로 만들어 전쟁을 끝내겠다는 속셈으로 끝도 없는 폭탄을 퍼부어 댔다. 이에 따라 충칭은 일본군의 공습을 피해 점점 더 요새화 되어 갔다. 장준하는 충칭에 처음 도착했을 때의 인상을 다음과 같이 술회하였다.

> 중경은 암반 위에 세워진 도시였다. 모든 군사시설은 굴속에 들어가 있었고 길이란 길은 이 암반이 언덕으로 이어 있어 전부 나선형으로 빙빙 돌아 오르내리게 뚫어져 있다.
>
> 원래 중경은, 장개석 정부가 중경으로 후퇴한 이래 1942년에 이르기까지 중국의 제공권을 일본에게 빼앗겨서, 완전히 파괴가 되어버려, 이렇게 굴속으로 모든 도시시설이 잠복하게 되었다는 것이다. (중략) 암석지반의 노출은 거의 드물었고 병기창이나 전기시설은 전부 지하공장으로 되어 있었다.[57]

장준하는 공습의 악몽에서 어떻게든 벗어나려 했던 충칭의 악전고투를 목격했던 것이다. 다만 장준하가 충칭에 들어갔을 때는 이미 공습의 악몽은 사라진 뒤였다. 앞서 살펴보았듯 1941년 말부터 일본군의 공습은 대폭 줄어들었다. 그러나 1940년 전후의 충칭은 말 그대로 끔찍했다. 정정화 역시 충칭에 대한 일본군 공습과 그 대응 상황을 기록했다.

---

56) 부덕민 지음, 이익희 옮김, 『백절불굴의 김구－대한민국 임시정부 김구 주석의 중경시절－』, 백범김구선생기념사업협회, 2010, 15쪽.

57) 장준하, 『돌베개』, 232~233쪽.

> 중경이 안고 있는 심각한 문제는 일본의 중경에 대한 집중 폭격이었다. 따라서 도시 곳곳에 방공 지하도를 파야 했다. 중경 시내의 큰길들은 대부분이 동서로 달리고 있고 큰길과 큰길 사이는 높낮이가 심해 층계로 연결되어 있었으므로 그 경사진 곳에 방공 지하도를 파 놓아 폭격에 대비했다.[58]

정정화가 언급한 방공 지하도는 '방공동(防空洞)'이라고 불리는 시설이었다. 충칭에서 임정 요인들은 공습 경보가 울리면 '방공동'으로 피난하여 경보가 해제될 때까지 머물렀다고 한다. 방공동은 당시 지면에 잠복해 있는 일본의 방공호와 달리 수평으로 길게 뚫어 놓은 터널식 구조물이었다. 방공동은 김구의 편지에도 언급되어 있다.

> 這間 此地에 敵機轟炸이 極甚한 것은 新聞紙上으로도 아싓을 듯하오나, 東西戰場에서 空襲時間으로는 十四時를 繼續한 것은 아즉 첫 記錄으로 생각됩니다. 弟는 右胦(膝)에 彈丸이 捿在한 關係로 右脚이 不健한 것을 가지고, 새벽 一時半에 防空洞 들어가 下午 三時半에야 解歸하엿고, 連日 七 · 八時式을 不眠不食으로 苦生을 하는 中에 脚氣가 大發하여 危境을 當하고, 鄕下에 移轉 治療를 하다가 昨日에야 入城하여 비로소 執筆하엿읍니다.[59]

충칭에는 공습에 대비하여 방공동과 방공호가 설치되어 있었다. 임정 요인들은 공습경보가 울리면 각각의 여건과 상황에 따라 맞는 방공 시설에 은신했다.

충칭의 방공동이 수평으로 뚫은 터널식 구조였던 까닭은 충칭이라는 도시가 갖는 지형적 특성에서 비롯되었다. 충칭은 '산성(山城)'이라는 별칭을 가지고 있었는데 양쯔강에서 산 정상까지 비스듬히 경사를 이

58) 정정화, 『여자 독립군 정정화의 낮은 목소리, 녹두꽃』, 147~148쪽.

59) 「김구가 김호에게 보낸 편지」(1941.8.28), 『대한민국임시정부자료집』 42(국사편찬위원회 한국사데이터베이스).

〈그림 11〉 충칭의 방공동
(1941.8월, 朝日新聞歷史寫眞アーカイブ－アジア・戰前戰中編－)

루며 도시가 발달해 있었기 때문이었다. 즉 방공시설을 굳이 지표면 아래로 건설하지 않고 도시의 지형을 이용하여 경사진 곳을 수평으로 굴착해 공습에 대비한 시설을 만들었던 것이다. 문제는 이렇게 수평으로 굴착이 되다보니 지상으로 환기시설을 내는 것이 쉽지 않았던 것으로 보인다. 이러한 상황에 대하여 김자동은 자서전에서 다음과 같이 기록했다.

충칭은 창장 물가에서부터 계속 비스듬히 위로 제법 높은 산정까지 올라가면서 이루어진 도시로 '산성'이란 별칭도 갖고 있다. 중일전쟁이 터지자 일본군의 공습에 대비해 충칭 시내에는 수십 개의 대규모 방공호가 건설됐다. 충칭은 산비탈의 도시여서 호를 옆으로만 파 들어가면 되므로 비교적 쉬었다. 그런데 전쟁 초기동안 이 호들에는 환기시설이 없어 사람이 많이 들어가면 산소가 희박해져 질식사고가 자주 생겼다.[60]

---

60) 김자동, 『상하이 일기－임정의 품안에서－』, 도서출판 두꺼비, 2012, 151쪽.

애초 충칭의 방공시설의 수용 능력에는 한계가 있었다. 충칭 정부는 이를 보완하기 위해 시내에 볼 일이 있는 사람들에게만 방공시설 출입증을 발급하고 출입증이 없는 사람들은 아예 매년 봄이 되면 시외로 소개시키는 조치를 취했다. 안개가 걷히고 공습이 본격화되는 봄부터 인구 밀집을 해소하여 피해를 줄이려는 방책이었다.

그럼에도 방공시설의 부족으로 일어난 참극이 있었다. 김자동이 언급했던 질식사고였다. 1941년 6월 5일 일본군의 공습으로 인해 피신했던 대규모 방공호에서 압사와 질식사로 수 천 명의 사상자가 발생했던 것이다. 6월 5일 오후 6시 갑작스런 공습경보와 함께 일본군 비행기 20여 대가 충칭을 야습해 왔다. 놀란 시민들은 가까운 방공호를 찾아 피신했는데, 시 중심가 '십팔제 석회시 길목 근처'에 있던 대규모 방공호에 지나치게 많은 인원이 몰리고 말았다. 애초 5천 명을 수용할 수 있게 설계된 방공호에 1만여 명이 피신한 상태에서 독가스가 살포되었다고 오인한 시민들이 앞 다투어 빠져나가려다 서로 눌리고 밟히는 한편 산소부족으로 인해 질식하는 일이 발생하였다.

'충칭 6·5 방공호 참사사건'(이하 6·5 참사사건)으로 명명된 이 사건으로 무려 992명의 사망자가 나왔고 다친 사람은 4천여 명을 헤아렸다. 사망자 중 151명은 아동이었다고 한다.[61] 방공호 질식사는 조선 내 신문에도 보도되었다.[62] 신문기사의 특징은 '질식사건'을 일본군 비행기의 공습에 의한 것이 아닌 방공호의 불비, 즉 장제스 정권의 무능함에서만 찾고 있다는 점이다.

---

61) 부덕민 지음, 이익희 옮김, 『백절불굴의 김구－대한민국 임시정부 김구 주석의 중경시절－』, 218~221쪽.

62) 『釜山日報』 1941년 8월 7일, 「重慶に反戰氣運 我空襲で防空壕の窒息事件 蔣の宣傳謀略空し」; 『每日新報』 1941년 6월 13일, 「蔣政權에 怨聲 漸高. 防空壕內의 千餘名 窒息事件 注目」.

방공호 참극의 여파는 컸다. 장제스는 피해자를 애도하는 한편 관련자를 파면하고, 관련 설비 개선을 지시했다. 당시 우스예항에서 공습을 맞이했던 임시정부 역시 참사사건 소식을 들었다. 무엇보다 임시정부 측에서도 피해자가 발생하였다.

> 이 모양으로 연이어 오는 폭격에 중경에는 인명과 가옥의 손해가 막대하였으며, 동포 중에 죽은 이는 신익희의 조카와 김영령의 아내 두 사람이 있었다.
>
> 이 두 동포가 죽던 폭격이 가장 심한 폭격이어서 한 방공호에서 4백 명이니 8백 명이니 하는 질식 사망자를 낸 것도 이때였다. 그것을 다시 싣기가 귀찮아서 모가지를 매어 자동차 뒤에 달면 그 시체가 땅바닥으로 엎치락뒤치락 끌려가는 것이었다. 시체는 남녀를 물론하고 옷이 다 찢겨서 살이 나왔는데, 이것을 서로 앞을 다투어 발악한 흔적이었다.[63]

백범은 질식사건이 있었던 그 공습 때 신익희의 조카와 김영령의 아내 등 2명의 동포가 사망했음을 기록했다. 그리고 그 날의 처참함을 너무도 구체적으로 적시하였다. 김자동 역시 방공동에서 일어났던 참상에 관해서 언급하였다. 특히 광복군 총사령부 설립 직전에 일어났던 질식사건에 대해 다음과 같이 회상했다.

> 광복군 총사령부가 설립된 40년 여름에도 일본 폭격기가 거의 하루도 빠짐없이 시내 폭격을 계속했다. 공습경보가 울리면 시민들은 대부분 방공호로 피신했는데, 9월 초 방공호에 사람이 많이 몰려 산소 부족으로 수천 명이 질식사하는 참사가 일어났다. 그때 석동 형이 백산을 모시고 방공호에 들어갔는데, 백산의 얼굴이 창백해지면서 땀을 심히 흘리는 것을 보고 급히 사

---

63) 백범정신선양회 엮음, 『백범일지』, 241쪽.

람들을 헤치고 부축하여 밖으로 나와 화를 면했다. 하마터면 광복군 창설 선언일을 바로 앞두고 사령관이 별세하는 일이 생길 뻔한 것이다.[64]

김자동은 1940년 9월 초 방공동에서 수천 명이 질식사했던 당시 백산 지청천이 가까스로 화를 피했던 일을 기억하였다.[65] 공습을 피해 들어간 방공동에서 지청천이 산소 결핍증상을 보이자 김석동이 급히 방공동 밖으로 백산을 부축하고 나와 화를 면했다는 것이다. 마침 한국광복군 총사령부 설립 직전이었던 터라 하마터면 광복군 창설 직전 수장을 잃을 뻔했던 아찔한 상황이었다.

일본군의 공습은 충칭의 임시정부에게 직접적인 피해를 가하고 있었다. 이에 임시정부는 일본의 무차별 대폭격과 그로 인한 일반 시민의 살상을 성토하는 한편 모금운동을 통해 사상자 가족을 위로하고, 나아가 중국 당국과 궤를 같이 하여 반폭격운동에 참가하기로 결정하였다.[66] 이와 같은 활동은 백범이 모금한 의연금을 중국 측에 전달하면서 보냈던 다음의 편지로 잘 파악할 수 있다.

중국이 신성한 항전을 개시한 이후 왜적들은 중국의 여러 도시들에 대해 무차별적인 폭격을 퍼부었습니다. 적들의 비인도적이고 야만적인 폭행은 전 세계인의 공분을 자아내기에 충분하였습니다. 항전개시 후 지난 3년간 영용한 중국공군은 적에 비해 엄청나게 열악한 환경임에도 불구하고 수많은 적기를 격추시키는 기적과 같은 성과를 거두었습니다. 전체 한국 민중을 대표

64) 김자동, 『상하이 일기－임정의 품안에서－』, 151쪽.

65) 김자동이 언급한 질식사건과 6·5 참사사건은 시기상 차이가 있다. 다만 충칭에서 방공동의 시설 미비로 유사한 질식사건이 여럿 발생했다는 점을 고려하면, 김자동이 두 사건을 혼돈했거나 수 천 명이 질식사한 참사가 여러 차례 있었을 가능성도 있다.

66) 부덕민 지음, 이익희 옮김, 『백절불굴의 김구－대한민국 임시정부 김구 주석의 중경시절－』, 222쪽.

하여 여러분의 분투와 희생에 깊은 경의를 표합니다.

최후의 발악을 하고 있는 적들은 한 달여 동안 백 수십 대의 폭격기를 동원하여 중경시내와 외곽에 대규모 폭격을 자행하였습니다. 매일같이 이어지는 폭격에 엄청난 피해가 발생하여 적에 대한 분노가 극에 달했을 때, 중국공군은 희생을 무릅쓰고 출격하여 많은 적기를 격추시키는 전과를 거두었습니다. 중국군에 비해 수십 배의 피해를 적에게 입힌 중국공군이 거둔 위대하고 영광스러운 승리는 공군전사의 새로운 한 페이지를 장식할 것입니다.

중국공군이 적기를 격추시켰다는 소식을 접할 때마다 우리는 감사와 경의의 마음을 가졌지만, 유감스럽게도 지금까지 단 한 차례도 직접 고마움을 표시할 기회를 갖지 못했습니다. 그런데 이번에 마침 중경시 각계인사들이 공군 장병들을 위해 위문품과 의연금을 모은다는 소식을 접하게 되었습니다. 이에 본인은 한국독립당을 대표하여 1천 원의 의연금을 전하기로 하였습니다. 비록 액수는 적지만 우리의 존경과 감사의 마음이 담긴 것이니 기쁘게 받아주시고, 공군 장병을 위한 위문품 구입에 써 주시기 바랍니다.

대한민국 22(1940)년 6월 25일. 한국독립당중앙집행위원장 김구.[67]

백범의 편지에서는 일본군의 공습에 따른 피해와 대응, 그리고 한·중 양 측의 협력과 우의를 통한 대일전쟁 수행 의지를 잘 엿볼 수 있다. 편지는 1940년 6월 25일 작성된 것으로 기재되었는데 이는 앞서 언급했던 6·5 참사사건 직후로 공습 피해가 극에 달했던 시점이었다.

일본군의 공습에 따른 피해는 비단 인명의 손실에 그치지 않았다. 일본군의 대규모 폭격 앞에 임시정부 청사의 피해 역시 불가피한 것이었다. 특히 충칭 임시정부 시기에는 모두 3차례에 걸쳐 청사를 옮겨야만 했다. 즉 임시정부는 충칭에서 모두 네 곳에 청사를 두었는데, 체류 초

67) 「'韓國光復陣線要聞' 한국독립당, 중국 공군에 의연금 전달하고 위로」, 『한민』 제1권 제3·4기, 1940.8.25(『대한민국임시정부자료집 별책 4』, 국사편찬위원회, 2010, 220~221쪽).

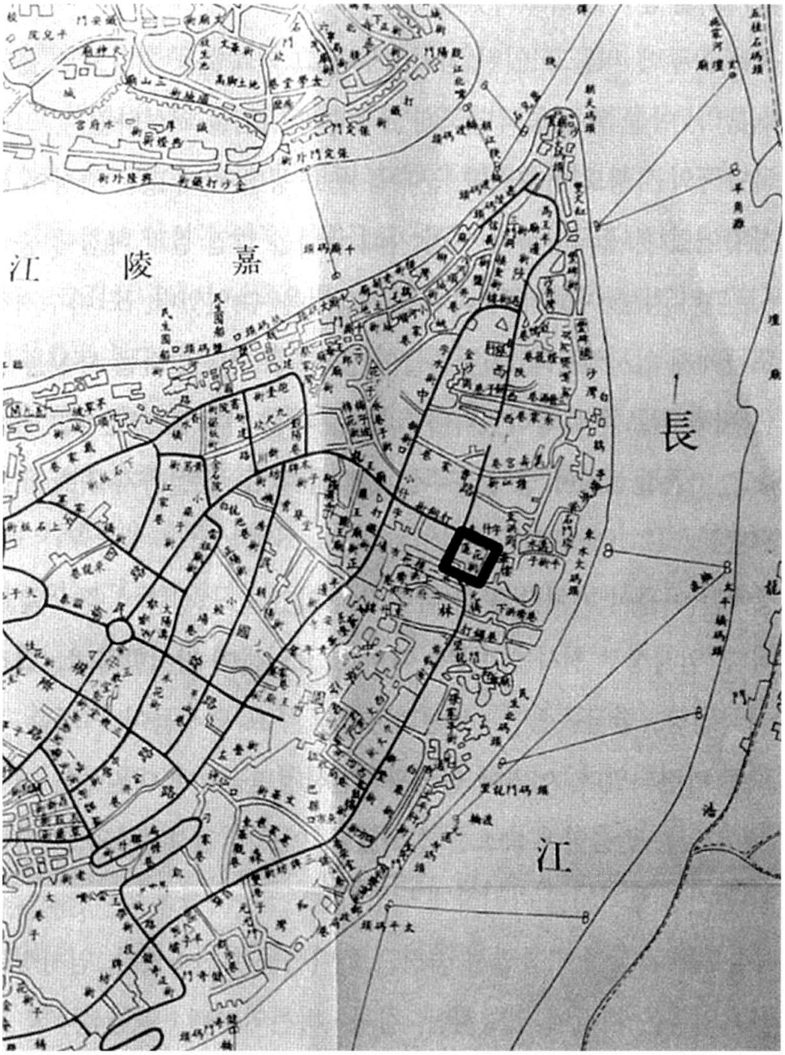

〈그림 12〉 1940년대 충칭지도

(가운데 □ 표시는 롄화츠(蓮花池)의 임시정부 청사. 한시준, 『대한민국임시정부Ⅲ－중경시기』, 독립기념관 한국독립운동사연구소, 2009, 5쪽)

기 양류가 청사를 비롯하여 스반가와 우스예항을 거쳐 1945년 초 렌화츠 청사가 그것이었다. 청사를 이전한 까닭은 규모가 협소하거나 정부기구가 자리하기 곤란하다는 등의 이유도 있었지만, 무엇보다 일본군의 공습에 따른 피해 때문이었다.[68)]

『백범일지』에는 충칭 임시정부의 청사 이전과 일본군의 공습 피해에 대하여 다음과 같은 기술이 있다.

> 나 자신의 중경 생활은 임시정부를 지고 피난하는 것이 일이요. 틈틈이 먹고 잤다고 할 수 있었다. 중경의 폭격이 점점 심하여 가매 임시정부도 네 번이나 옮겼다. 첫 번 정청인 양류가 집은 폭격에 견딜 수가 없어서 석판가로 옮겼다가, 이 집이 폭격으로 일어난 불에 전소하여 의복까지 다 태우고 오사야 항으로 갔다가, 이 집이 또 폭격을 당하여 무너진 것을 고쳤으나 정청으로 쓸 수는 없어서 직원의 주택으로 하고, 네 번째로 연화지에 70여 칸 집을 얻었는데 집세가 1년에 40만원이었다. 그러나 이 돈은 장 주석의 보조를 받게 되어 임시정부가 중경을 떠날 때까지 이 집을 쓰고 있었다.[69)]

백범은 임시정부의 청사가 일본군의 공습으로 부서지고 불타는 상황을 담담히 적었다. 공습이 일상이 된 상황에서 그 하나하나를 더 심각하게 부각할 필요를 느끼지 못한 듯 했다. 동포 중에도 피해자가 있었지만 충칭 전체의 피해에 비하면 그나마 적은 것이었다. 동포들의 피해와 시련은 고통스러웠지만 항전을 위해서는 어쩔 수 없이 감내해야만 하는 '고투의 일상'이었다.

---

68) 정부 청사가 파괴되는 과정에서 동포들의 등록문건과 규정조례가 유실되는 일이 발생하기도 했다(「적기의 공습 시 부주의로 韓僑의 등록문건과 등록규정조례를 유실하였다는 簽呈」, 『대한민국임시정부자료집35권－한국국민당 1－』, 국사편찬위원회, 2009).

69) 백범정신선양회 엮음, 『백범일지』, 241쪽.

V. 맺음말

일본은 1937년 중일전쟁을 계기로 중국 본토에 대한 공습을 본격화하였다. 특히 난징 공습 당시에는 수많은 난징 시민들이 일본군 비행기가 쏟아 부은 폭탄에 무분별하게 피해를 입기도 했다. 또한 1940년 전후로 자행된 충칭대공습은 중일전쟁기 일본군의 무차별 폭격을 상징하는 중대한 전쟁 범죄로 일컬어지기도 한다.

일본은 도쿄대공습과 원폭으로 인한 피해자이기 전에 중국의 난징과 충칭지역 등을 무차별 공습했던 가해자였던 것이다. 이로 인해 중국에서는 수십만의 사상자가 발생했고[70] 주요 도시는 참담한 피해를 입었다. 중국 국민당 정부는 일본군의 충칭대공습으로 인한 피해를 사망자 약 7,600명, 가옥 피해 약 15,000여 동으로 집계하기도 했다. 다만 이러한 피해 규모는 공식 집계에 따른 것으로 실제 피해는 훨씬 컸을 것이다.

그런데 일본군의 공습지역 속에는 조국을 잃고 중국에서 연명하던 수많은 우리 동포가 있었다. 이름도 국적도 없이 하늘로부터 떨어지는 침략자의 만행에 속수무책으로 운명을 달리한 한인들도 적지 않았다. 그러나 우리는 일본의 공습으로 인한 임시정부의 피해에 관해 상세한 자료를 가지고 있지 않다. 비단 임시정부뿐만 아니라 중국 지역 한인의 일본군 공습으로 인한 피해에 대해서도 구체적인 연구가 부족하다.

---

70) 아리이 신이치는 선행연구에서 일본군 공습에 의한 사상자 규모를 두 가지로 제시했다(荒井信一, 『空爆の歴史－終わらない大量虐殺－』, 54쪽).
1) 사망자 33만 6,000명, 부상자 42만 6,000명(『중국대일전사손실지고계』, 1946).
2) 사망자 9만 4,522명, 부상자 11만 4,506명(국민정부항공위원회 방공총사령부 작성, 「항전기간적기공습손해통계표」, 1944).
두 번째 통계는 1944년의 것이라는 제한이 있지만 첫 번째 통계보다 현저히 적은 수치이다. 공습 피해를 어떻게 규정하느냐에 따라 그 규모 역시 다르게 집계될 것으로 생각된다.

일본군의 공습은 충칭 임시정부를 비롯하여 중국에서 활약했던 독립운동가들과 동포들의 항일투쟁을 매우 고통스럽게 했던 중요한 요인이었다. 임시정부 요인과 가족들은 기나긴 장정과 충칭 체류 이후에 입었던 공습 피해의 실상을 생생하게 기억하고 기록하였다. 구체적으로 알려진 피해자가 많지 않은 것은 다행이었지만 공습으로 인한 생활의 고단함은 기록 곳곳에 진하게 묻어 있었다. 양우조 선생은 류저우에서 체류하던 1938년 12월 27일, 그해 마지막 일기에 공습의 괴로움을 다음과 같이 기록했다.

> 사람의 목숨은 자신의 것이되, 동시에 자신의 것이 아니다. 요즘, 우리는 어느 순간 폭격의 희생물이 될지 알 수 없다. 한 달에도 몇 번씩, 아니 매일 매일을 생명을 내어 놓는 경험을 하고 있다. 공습이 울리는 그때마다, 피난처를 찾아 숨는 그때마다 우리의 생명은 우리의 것이 아니다.[71]

요컨대 우리 임시정부 요인들과 동포들에게는 공습 피해를 견디며 목숨을 연명하는 행위 그 자체가 사실상 항일전쟁의 한 부분이었다고 할 수 있다. 그러나 일본이 무차별 공습을 퍼붓는 중국의 하늘 아래 우리 임시정부가 엄연히 존속하고 있었음에도 주요 교전국의 전쟁사 속에는 우리의 공습 피해 상황을 찾아볼 수 없다. 심지어 우리의 독립운동사에서도 이들의 항전을 기억하는 일은 드물다. 이 글이 대한민국임시정부의 '방공 항전사'를 새롭게 쓰는 밑거름이 되었으면 한다.

---

71) 양우조 · 최선화, 『제시의 일기』, 56쪽.

참고문헌

『대한민국임시정부자료집』(국사편찬위원회)

『間島事件關係書類(Ⅱ)』(국가보훈처)

『每日新報』, 『釜山日報』

朝日新聞 歷史寫眞アーカイブ－アジア・戰前戰中編－

中央檔案館・中國第2歷史檔案館・吉林省社會科學院 合編, 『日本帝國主義侵華檔案資料選編 19－日軍對抗戰后方的轟炸－』, 中華書局

日本 防衛省 防衛研究所 所藏資料, 『第1連合航空隊戦斗詳報(昭和12年8月~12年10月)』

김구, 도진순 주해, 『백범일지』, 돌베개, 1997.

김자동, 『상하이 일기－임정의 품안에서－』, 도서출판 두꺼비, 2012.

김준엽, 『장정－나의 광복군 시절』, 나남, 1987.

래너 미터 지음, 기세찬・권성욱 옮김, 『중일전쟁』, 글항아리, 2020.

백범정신선양회 엮음, 『백범일지』, 하나미디어, 1992.

부덕민 지음, 이익희 옮김, 『백절불굴의 김구－대한민국 임시정부 김구 주석의 중경시절－』, 백범김구선생기념사업협회, 2010.

양우조・최선화, 『제시의 일기』, 혜윰, 1998.

요시다 도시히로 지음, 안해룡・김해경 옮김, 『공습』, 휴머니스트, 2008.

장준하, 『돌베개』, 세계사, 1992.

정정화, 『여자 독립군 정정화의 낮은 목소리, 녹두꽃』, 미완, 1987.

정정화, 『장강일기』, 학민사, 1998.

조경한, 『백강회고록』, 한국종교협의회, 1979.

태륜기, 『회상의 황하』, 갑인출판사, 1975.

東京大空襲・戰災資料センター 戰爭災害研究室 編, 『シンポジウム "無差別爆擊の源流－ゲルニカ・中國都市爆擊を檢證する－" 報告書』, 2008.

戰爭と空爆問題研究會, 『重慶爆擊とは何だったのか』, 高文研, 2009.

竹內康人, 『日本陸軍のｱｼﾞｱ空襲』, 社會評論社, 2016.

野原茂 著, 淺井太輔 編,『日本軍用機事典 陸軍編』, 東京イカロス出版, 2018.
荒井信一,『空爆の歷史－終わらない大量虐殺－』, 岩波書店, 2008.

김광재,「국사편찬위원회의 중국지역 수집 독립운동자료 현황과 과제」,『중국지역 한국독립운동사료 수집의 성과와 과제』, 한국근현대사학회 한중수교 20주년 기념 학술회의 발표집, 2012.9.
김성은,「중경임시정부시기 중경한인교포사회의 생활상」,『역사와경계』70, 2009.
조 건,「전시체제기 조선 주둔 일본군의 방공조직과 활동」, 수요역사연구회 편,『제국 일본의 하늘과 방공, 동원 1』, 선인, 2012.
조 건,「일제 말기 일본군의 제주지역 항공작전과 비행장 건설」,『제국주의 일본의 군사 침략과 제주도』, 제주대 탐라문화연구원·고려대 한국사연구소 공동 콜로키움 발표집, 2019.
馮慶豪,「重慶無差別爆擊が外國大使館·領事館及びその他の中國駐在機構に與えた傷害狀況についての初步的研究」,『國制シンポジウム "世界の被災都市は空襲をどう傳えてきたのか" 報告書』, 東京大空襲·戰災資料センター, 2009.

【부록】

『매일신보』 공습 관련 보도 실태

1938.06.02. 蔣、漢口의 放棄를 ■定 政府要人, 官廳은 重慶과 崑明에 軍事及外交機關은 貴陽에 移轉 空襲에 戰慄하는 重慶

1938.10.06. 重慶을 空襲

1938.11.10. 重慶 空襲

1938.12.27. 數十機의 編隊로 大擧! 重慶 空襲

1938.12.28. 敵都上空 制壓 重慶의 最初 空襲 詳報

1939.01.09. 重慶을 空襲

1939.01.12. 大編隊로 重慶空襲 敵首都에 猛爆擊敢行 大成功裡에 全機 歸還

1939.01.17. 大擧 重慶 空襲 敵機 六臺를 擊墜

1939.05.05. 重慶 空襲 狀■ UP通信 報道

1939.05.06. 三次! 重慶을 空襲

1939.05.14. 三次! 重慶 空襲 敵都 再次 修羅化 艦隊 報道部 發表

1939.05.27. 一日三回重慶을 空襲

1939.06.11. 又復、重慶을 空襲

1939.06.13. 敵機 六臺를 擊墜 重慶 成都 空襲 戰果

1939.06.13. 敵機 六臺를 擊墜 重慶 成都 空襲 戰果

1939.06.13. 敵機 六臺를 擊墜 重慶 成都 空襲 戰果

1939.06.13. 昨日 長驅 成都를 空襲 市街 上空에서 空中戰

1939.07.07. 燦然한 戰果 〈事變日誌〉

1939.07.07. 海軍 航空隊 今曉 三次. 重慶을 空襲

1939.07.08. 昨日, 二大 編隊로 敵都 重慶을 空襲 敵軍事施設에 巨彈 集中

1939.07.09. 又復 重慶을 空襲

1939.07.26. 約三萬의 敵을 包圍－重慶을 空襲

1939.08.02. 重慶을 空襲

1939.08.04. 敵機關을 猛爆－二日 夜에 敢行된 重慶 空襲 詳報
1939.08.04. 又復, 重慶을 空襲
1939.08.05. 昨日 重慶 空襲
1939.08.06. 又復, 重慶을 空襲－連日에 亘한 我軍 猛爆擊으로－市內 殆半은 破壞
1939.08.30. 重慶 空襲
1939.09.30. 重慶을 大擧 空襲 附近 各飛行場을 猛爆
1939.10.01. 重慶을 又復 空襲
1939.11.10. 蘇聯의 重慶 喝益甚 狙擊師團 甘肅省 平涼에 進駐－各地를 空襲
1939.11.21. 重慶을 空襲
1940.05.01. 江南作戰 大成功裡 完成－重慶을 大擧 空襲－各國 大公使館; 避難 移轉
1940.05.24. 重慶을 空襲
1940.05.28. 重慶을 空襲
1940.05.30. 昨日 大擧 重慶 空襲; 軍事施設에 重大 打擊; 死傷 一千; 新市街 廢墟化
1940.05.31. 我 連續的 重慶 空襲에 蔣政權; 奧地로 移轉?
1940.05.31. 昨日에도 重慶 空襲
1940.06.01. 昨日도 重慶 空襲 政治的 機能 事實上 停止
1940.06.08. 重慶을 又復 空襲
1940.06.13. 又復 重慶 空襲
1940.06.14. 陸海空軍 緊密 協同 大編隊로 重慶 空襲 巨彈 集注 空前의 大損害－艦隊 報道部 發表
1940.06.14. 重慶 空襲 詳報
1940.06.18. 重要 軍事施設을 猛爆 海軍航空隊 第十二回 重慶 空襲
1940.06.18. 陸軍機; 重慶 又復 空襲 政府 各機關 等 粉碎 敵機와 空中戰 十一臺를 擊墜
1940.06.21. 敵九機 擊墜 第四次 重慶空襲
1940.06.27. 昨日도 重慶空襲 軍事施設에 巨彈雨
1940.06.27. 昨日도 重慶空襲 軍事施設에 巨彈雨－中支艦隊 發表
1940.06.28. 重慶 第十六次 空襲 我猛爆에 市內는 悽慘 銅梁飛行場도 急襲爆碎
1940.07.06. 重慶二十次 空襲－遂寧飛行場 爆碎

1940.07.26. 重慶은 完全廢墟－應譚을 空襲

1940.08.02. 大擧重慶을 空襲

1940.08.02. 大擧重慶을 空襲－銅梁; 北?所를 空爆

1940.08.04. 大編隊로 重慶空襲－悠?·周邊 各地를 猛爆－會議 中의 敵首領에 巨彈 雨注

1940.08.05. 銅梁을 大擧 空襲－重慶 西方을 爆擊

1940.08.11. 長驅! 重慶을 空襲 商業地帶 等 徹底 粉碎 蔣의 住宅에도 巨彈雨

1940.08.15. 敵 軍事據點 全部 粉碎 重慶 空襲의 延機數 三千三百. 五月以來 海空軍 綜合戰果 多大

1940.08.19. 重慶 周邊을 又空襲

1940.08.21. 倫敦 空襲戰 以上! ?死的 奧地 爆擊은 皇軍이 아니면 不可能 重慶 爆擊行의 偉業 燦然

1940.08.21. 長距離 攻擊敢行 戰鬪機隊의 重慶空襲은 最初事

1940.08.22. 長驅; 貴陽 周邊 空襲 重慶?一次 空襲도 斷行

1940.08.27. 小谷中佐; 壯烈 自爆 三次나 感狀의 榮譽를 浴한 敵都 重慶 空襲 部隊長

1940.09.14. 重慶 第■五次 空襲 全市는 死街로一變

1940.09.14. 昨夜에 第三十四次 重慶 空襲! 重慶 市內에 人影 殆無 市街의 八割은 炭燼化

1940.09.15. 蔣 等 邸宅을 徹底 爆破 敵機 急襲 ?七臺 擊墜 燦然! 昨日의 重慶 空襲 戰果

1940.09.16. 重慶을 夜間 空襲 昨日 第三十七次 爆擊

1940.09.17. 重慶 第四十次 空襲 郊外의 要人 住宅 爆破

1940.09.17. 密雲을 뚫고 重慶에 驀進 西郊 要人 住宅을 痛爆 海軍 航空隊 第三十九次 空襲

1940.09.18. 擊墜 敵機 九十二臺 重慶 空襲 四十回 總戰果

1940.09.23. 死都로 化한 重慶 市民은 恰似히 半病人 外人記者 重慶 空襲 目擊記

1940.10.15. 我軍의 空襲圈 擴大; 實質的 ■果는 殆無; ?緬 公路 再開와 重慶 政權

1940.10.20. 重慶 四十四次 空襲

1940.12.03. 海軍機; 重慶을 空襲
1940.12.30. 敵機擊墜二八五機 重慶空襲四七回輝やく海軍の本年度戰果
1941.01.24. 重慶 又復 空襲
1941.05.20. 敵軍用施設爆碎－海鷲, 四度目の重慶空襲
1941.06.03. 海空軍 精銳 大擧 重慶을 六次 空襲 別動隊는 敵 據點 都昌을 潰滅
1941.06.07. 夜間 空襲 重慶의 損害 甚大
1941.06.07. 夜陰타 重慶 空襲 諸施設 徹底 潰滅－徹宵 猛爆; 全機 無事 歸還
1941.06.08. 重慶을 第八次 空襲
1941.06.10. 重慶 施設 徹底 猛爆－第八次 空襲, 敵一機 擊墜
1941.07.08. 重慶을 大擧 猛爆－事變記念日 第十八次 空襲
1941.07.08. 重慶을 大擧 空襲－巴東; 歸州; 鷹潭도 猛爆
1941.07.09. "重慶은 死街化"－夜間 大空襲 同乘記
1941.07.10. 事變記念日 空襲으로 重慶의 諸行事 流産
1941.07.11. 重慶을 又復 空襲－殘存 軍事施設 猛爆擊
1941.07.29. 重慶을 大擧 空襲－敵軍事 施設 等을 爆擊
1941.07.30. 又復 重慶 空襲
1941.07.31. 昨日 重慶을 大空襲
1941.08.20. 自流井을 又復 猛爆 殘存 敵施設 散散 粉碎－重慶 西方의 貢井을 空襲
1941.11.12. 日軍 落下傘 部隊 防止 辯法－我軍 空襲에 戰慄하는 重慶軍들
1942.04.23. 重慶; 空襲季節을 恐怖
1942.06.15. 最後 蠢動 企圖 紛碎 桂林 空襲 重慶 秘藏의 空軍 全滅
1942.07.01. 重慶政權 徹底 潰滅 大東亞 全完勝에 萬進－本土 空襲 企圖 完全 挫折
1942.07.19. 思想戰에도 敵을 壓倒 全世界 言論을 指導 我國의 對敵 思想 戰現?－翼政調査會서 奧村次長 說明
1943.02.24. 重慶에 空襲 警報
1943.04.06. 陸空軍 大陸 各處서 活躍－重慶, 麗水, 建■ 猛爆 龍陵. 雲南 一帶 大空襲
1943.04.21. 重慶 我 空襲에 戰慄 破壞된 軍事施設 一萬餘
1943.06.01. 重慶에 空襲 警報

1943.06.09. 恩施 重慶을 猛爆-重慶 空襲 慶報

1943.08.29. 市街地 盲爆 아니하는 我空襲에 市民 安堵 重慶 市民 皇軍의 戰術을 信賴

임시정부 이동기 항일여성의 한국광복군 참여

이명화

Ⅰ. 머리말

한국은 근대사회로 전환되면서부터 여성에 대한 교육의 기회가 열렸고, 이로써 깨어난 여성들에 의해 결사운동이 시작되었다. 국권침탈기에 구국운동에 뛰어든 여성들은 강제 병합된 후에는 항일 무장투쟁에도 동참하였다. 이 과정에서 여성들의 구국 의지는 남성 못지않았으나 그녀들 앞에 놓인 더 큰 문제는 봉건적 제약을 뛰어넘는 일이었다. '망국'이란 민족수난기에 접어들자 여성들은 비로소 독립운동의 동반자로 인정받을 수 있었고 이러한 상황의 전환으로 여성의 사회적 지위는 높아졌다.

하지만 현재 독립운동의 선봉에 선 여성들의 행적을 추적하는 일은 쉽지 않다. 독립운동 시기에도 이름 없이 아무개씨 부인이라 불려 누구의 아내라는 뜻인지, 아니면 친정의 본관과 성씨를 취해 부인이라 호칭한 것인지 조차도 분명치 않은 여성들이 많았다. 한국 근대 기독교 전

교운동에서 중요 위치를 차지하고 있는 '전도부인'들도 이름이 구체적으로 알려진 경우가 드물다. 성명이 밝혀졌다고 해도 그 여성들의 일생을 역사적으로 복원할 만큼의 충분한 정보가 없는 경우가 대다수이다.

국권이 상실된 식민지 치하에서 망국민이 되어 국외로 나간 한인들은 남녀노소를 불문하고 독립운동을 해야 했기에 여성들도 국민의 일원으로 남성과 대등하게 항일운동에 뛰어들었다. 특히 3.1운동은 여성의 힘을 대중적으로 각인시켜주어 여성에 대한 인식을 크게 바꾸는 계기가 되었다. 그 결과 여성은 대한민국 임시정부의 첫 헌법인 임시헌장에서 국민으로서의 권리를 인정받을 수 있었다.

그러나 독립운동시기 국외에서 살았던 여성들은 자서전이나 회고록, 또는 가족들에 의해 기록이 남겨지지 않는 한 이들의 역사를 복원하는 일은 사실상 불가능하다. 왜냐하면 여성들은 여전히 자신의 이름을 갖지 못하고 김씨, 송씨, 이씨, 황씨 등등의 부인으로 불렸기 때문이다. 미주로 간 여성은 서양식으로 남편의 성씨를 사용하였고 중국으로 간 여성들은 본명보다는 이명이나 귀화명을 사용하였다. 중성적인 이름을 사용할 경우에는 이름만으로 여성인지조차도 파악할 수 없는 경우가 많다. 더욱이 광복군에 대한 연구가 상당히 진척되었고 몇몇 광복군들의 회고록이 발간되었지만 여자 광복군만을 특별하게 주목하지 않아 그 실태와 실상에 다가가는 일은 쉽지 않다.[1] 기본적으로 자료적 한계가 커서 여성대원 이름이 밝혀졌다 해도 그 행적이 불명하고 아예 이름조차 밝혀지지 않은 여성들도 상당수일 것으로 보인다. 독립운동사 자

1) 광복군에 관한 대표적 연구 성과는 다음과 같다. 韓詩俊, 『韓國光復軍研究』, 일조각, 1993; 김광재, 「한국광복군 활동연구」, 동국대학교 박사학위논문, 1999; 김광재, 「조선의용군과 한국광복군의 비교연구」, 『사학연구』 84, 2006. 여성대원의 대한 연구로는 한시준, 「여성광복군과 그들의 활동」, 『사학지』 37, 2005; 김성은, 「대한민국 임시정부와 여성들의 독립운동 : 1932 ~ 1945」, 『역사와 경계』 38, 2008; 윤정란, 「일제 말기 한국광복군 여성대원들의 활동 양상」, 『여성학논집』 23, 2006 등이 있다.

료 중에 여성대원들에 대한 기술은 미미해 몇몇 여성대원들의 구술 자료와 기고, 회고록들이 일부 남아있고[2] 학술 연구는 박차정과 같은 특정 인물에 집중되어 있다.

본 논문은 광복군의 모체가 된 항일단체인 조선의용대와 조선의용군, 한국광복진선청년공작대와 광복군 제5지대, 그리고 광복군 1,2,3지대에서 활약한 여성들에 대한 실태와 활동 내용을 가능한 한 정리해 보고자 한다.

끝으로 부록편에 조선의용대와 한국광복진선청년공작대, 한국혁명여자동맹, 그리고 광복군 제1,2,3지대에서 활약한 여성대원들과 임시정부 이동기에 정부와 고난의 행군을 함께 하고 고국으로 환국한 여성들의 명단을 작성하여 앞으로 이 방면의 여성 연구에 기여하고자 한다.

II. 독립군 여성의 독립유공자 포상 실태

본 연구는 한국광복군 제1,2,3지대에서 복무한 여자들의 실태를 파악하는 것을 1차 목표를 하였다. 그런데 광복군에 앞서 출범한 조선의용대가 광복군 제1지대로, 그리고 한국광복진선청년공작대와 청년전지공작대는 광복군 제5지대에 편입되었다가 광복군 제2,3지대로 통합되었으므로 이들 각 지대에서 복무한 여성 모두를 검토의 대상으로 하였다.

---

2) 광복군 출신 여성들에 관한 기록으로는 김학규, 「백파자서전」, 『한국독립운동사연구』 2, 1988; 김우전, 「광복군 일기」, 『한국독립운동사연구』 3, 1989; 광복군안영희선양사업위원회, 『광복군 갔다고 말 전해 주소－여성 광복군 안영희의 삶』, 나녹, 2019; 지복영, 『역사의 수레를 끌고 밀며』, 문학과 지성사, 1995; 지복영, 『민들레의 비상－여성 한국광복군 지복영 회고록』, 민족문제연구소, 2013; 이화림 구술, 장촨제 · 순정리 엮음, 『중국대륙을 누빈 불멸의 여성독립운동가 이화림 회고록』, 차이나하우스, 2015 등이 있다.

그러나 조선의용대와 한국광복군 여성대원 명단이 존재하지 않은 현실에서 임시정부의 보호와 관할 아래 입국한 한인 여성들의 명단이 있으므로, 이 자료에서 16세 이상의 여성만 뽑아 명단을 작성하였다. 따라서 부록편의 여성 명단은 조선의용대와 한국광복군, 임시정부에서 활약한 이들과 그 권속들, 그 외에 중국군 포로에서 임시정부로 인계된 여성들을 포함한 교민들로 등록된 이들이다.

그러나 생몰연대나 출신지, 그리고 이력사항이 미상인 채로 남겨져 있는 여성들이 대부분이다. 광복 후 임시정부의 보호 아래에서 조국으로 귀환하려 한 신원이 불명한 여성들의 정체를 섣불리 판단할 수는 없다. 본 명단에 실린 여성 중에는 본명과 이명 모두가 이중으로 실린 사람들도 있을 것이며 광복 후에 자신의 고향인 북한으로 귀환하여 행방불명 상태가 된 여성들도 있을 것이다. 그럼에도 파악 가능한 범위에서 여성들의 명단을 작성한 것에 의미를 두고자 한다.

신원이 불명한 이들 중 상당수는 불우한 가정 출신으로 어린 나이에 돈을 벌기 위해 중국에 건너왔거나 취업사기에 걸려 원치 않게 고향을 떠나 월경하기도 했을 것이다.[3)]

중국에서 항일운동을 전개한 한인들 모두가 그렇겠지만 여자들의 경우도 본명보다는 가명으로 활동하고 본명과 이명을 중복해서 사용하기도 해서 명단 내 여성의 불분명한 이력부분은 추후로 계속 보완해 나가야 할 것이다.

중국정부는 광복을 전후하여 대한민국임시정부와 한국광복군 예하의 각종 한인 조직들의 현황을 조사한 바 있다. 한국민은 중국의 군사위원회의 비준을 받아 고국으로의 귀환을 준비했는데 1946년 1월 28일

---

3) 김주현, 「불우소녀들의 가출과 월경 : 1930년대 소녀공출 전후사」, 『여성문학연구』 28, 2012.

에 중국 군사위원회로부터 전달된 대한민국임시정부와 한국광복군 예하의 각 부대 주재지별 인원표에 의하면 광복군 인원은 제1지대에 533명, 제2지대에 265명, 그리고 제3지대 2개 처 중 파악이 안 된 베이핑(北平) 판사처 인원을 제외한 제3지대 대원은 205명으로 알려져 있다.[4] 그렇다면 중국 측이 파악하고 있는 광복군은 최소한 1,003명으로 계산된다. 이상 1천여 명의 광복군 내에 여자대원은 대부분이 장교가 아닌 사병으로 분류되었을 것으로 보이나 그 정확한 인원수는 알 수 없다.

대한민국 정부는 1962년도 3월 1일을 기하여 처음으로 670명의 독립유공자들에게 건국공로훈장을 수여 및 추서하였다. 복장, 단장, 대통령표창의 상훈 중에 광복군으로 철기 이범석이 유일하게 복장을 수여받았다. 단장은 15인,[5] 대통령표창은 6명[6]으로, 총 22명의 광복군에게 건국훈장이 수여되었다. 이 중에 여자 광복군은 1명도 없었다. 그러나 이듬해인 1963년도 3.1절을 기해 342명의 광복군 출신에게 대통령표창이 수여 혹은 추서되었다. 그중 광복군 제3지대 김영실과 전흥순, 오광심, 지복영, 광복군 제2지대 안영희와 이월봉, 신정숙, 김효숙, 민영주, 송영

---

4) 충칭 한국광복군 총사령부의 관좌(장교) 82명, 사병(대원) 59명으로 총 141명이고 광복군 제1지대는 지대부에 관좌 14명, 사병 30명으로 총 44명, 제1구대 구대부에 관좌 6명, 사병 12명으로 총 18명, 제1분대에 관좌 19명, 제2분대에 관좌 19명, 제3분대에 관좌 32명, 제3분대 1부에 관좌 32명, 그리고 제1지대 제2구대에 구대부에 관좌 8명, 사병 9명으로 총 17명, 제2구대 제1분대에 관좌 11명, 제1지대 제3구대 관병 200명으로 관좌 총 433명이고 사병은 110명으로 모두 533명이 있었다. 광복군 제2지대는 지원부의 관좌 115명, 사병 36명으로 총 151명이고 뤄양분대는 관좌 40명, 정저우분대는 관좌 74명으로 총 관좌 229명에 사병 36명으로 총 265명이다. 그리고 제3지대는 김학규가 지도한 쉬저우 부대의 관자는 180명, 사병 25명으로 총 205명이고 최용덕이 지도한 베이핑편사처의 관좌와 사병은 미파악된 채로 보고를 마치고 있다(「군사위원회의 대전과 첨부문건을 전하는 훈령(1946. 1. 28)」, 『한국광복군 관련 자료집』, 한국독립운동사연구소, 2014. 58쪽).

5) 고지대운기, 조시원, 조인제, 지달수, 민영구, 나월환, 박시창, 김관오, 노복선, 양우조, 박기성, 안춘생, 이재현, 김동수, 신송식이다.

6) 이정희, 이규학, 김문호, 노태준, 김응삼, 유해준이다.

집, 오희영, 조순옥 등 총 12명의 여성에게 대통령표창이 수여되었다.

이들 여자광복군 12명은 독립운동가의 딸이거나 남편이 광복군인 제2지대와 제3지대 소속의 광복군이라는 공통점을 가졌다. 이 중 전흥순을 제외하고[7] 1990년 재심하여 애족장이 포상되었는데, 오광심(남편 김학규), 김효숙(남편 송면수), 민영주(남편 김준엽), 송영집(남편 엄익근), 오희영(남편 신송식), 조순옥(남편 안춘생)은 남편과 함께 광복군에서 활약한 여성들이다. 그리고 지복영(이명 이복영)은 부친이 광복군총사령관 지청천 장군이다. 조선의용대 여자대원과 조선의용대 출신의 여자 광복군은 1990년에 와서야 포상되기 시작하였다.

1963년을 제외하고 이후의 독립유공자 포상은 본인 및 유족이 공적 내용과 관련 자료를 정리해 신청하였기에 공적의 거증자료를 개인적으로 찾아내는 일이 쉽지 않았다. 이런 이유로 포상 신청을 하는 일이 어려웠을 것으로 생각된다. 그러나 1977년부터 독립유공자 포상 업무가 국가보훈처로 이관되었고 국가보훈처가 1995년부터는 독립운동가를 발굴하는데 힘을 쏟았다. 그럼에도 광복군 공적을 인정받아 독립운동가 포상을 받은 이들 중에도 거증자료가 받쳐지지 않아 여전히 논란을 안고 있는데 여성대원들 대부분은 그 거증자료가 없기에 연구가 부진할 수밖에 없는 상황이다. 여성대원들의 이름이 밝혀졌다 해도 행적이 불명한 경우가 대부분이며 실존했으나 아예 이름조차 밝혀지지 않은 여성도 상당했을 것으로 생각된다.

1990년대에 들어와 포상된 여자 광복군은 김봉식('90 애족장), 김숙영('90 애족장), 김옥선('95 애족장), 김정식('90 애국장), 김정옥('95 애족장), 민영숙('90 애국장), 박기은('90 애족장), 박금녀('90 애족장), 백옥순('90

---

7) 전흥순은 재심 당시 증거자료 불충으로 인해 '대통령표창'의 훈격이 그대로 유지되었다.

애족장), 신순호('90 애국장), 유순희('95 애족장), 윤경열('82 대통령표창), 이옥진('68, 대통령표창), 임소녀('90 애족장), 장경숙('90 애족장), 전월순('90 애족장), 정영순('90 애족장), 최이옥('90 애족장), 한영애('90 애족장), 한태은(2020 애족장)으로 32명이다. 이름은 밝혀졌으나 거증자료의 미비로 미포상된 여성들이 더 많음을 알 수 있다. 앞서 밝혔듯이 첫 포상을 받은 광복군 여성들은 광복군 제2지대와 제3지대에서 활약한 광복군 혹은 독립운동가 집안의 딸이거나 부인들이었으나 점차 광복군 제1지대원 여성들도 포상되었다. 이들 역시도 남편이 광복군인 경우 포상되었고 그렇지 못한 여성들은 거증자료의 미비로 여전히 미포상되었다.

이들은 피난기 임시정부가 이동하는 여정에서 함께 고난을 겪으며 조선의용대, 한국광복진선청년공작대, 한국광복군 등에 입대하여 한국광복군으로 재편되어 항일운동에 투신했으나 정작 조국이 광복된 후 광복군으로 당당히 환국하지 못하였다. 광복 후에 광복군 동지회에 참여하지 않았다면, 그리고 항일전선에서 함께 공작활동을 했지만 생존한 동지들이 기억해주지 못한 여성들은 그대로 잊혀졌다. 더욱이 중국에 남거나 북한으로 귀환한 여성들은 행적 추적이 어려워 대한민국 독립운동사에서 완전 소외되었기에 현재는 독립운동가로서 포상도 불가능해졌다.

Ⅲ. 조선의용대의 초모활동과 부녀 복무단

1920년대 좌우익 세력의 전선통일운동인 유일독립당 운동이 결렬된 후 1930년대 전반기에 상하이와 난징 방면에서 중도 좌익 및 중도 우익 성향의 독립운동자들을 중심으로 전선통일운동이 재가동되었다. 그 결과 한국독립당 · 신한독립당 · 조선혁명당 · 의열단 · 대한독립당 5개 단체가 통일하여 1935년 7월에 민족혁명당을 창당하였다. 그러나 김원봉 중심의 '의열단계열'이 당권을 장악하자 우파세력의 핵심 성원들이 탈당해 한국국민당을 결성하고 한국독립당을 재건함으로써 유일 통일 정당으로서의 위상을 잃어버리고 1937년 1월 좌파 중심의 조선민족혁명당으로 발족되었다.

한편 1932년 일제가 만주국을 세우고 만주 일대가 관동군 치하로 들어감에 따라 만주를 무대로 활약했던 조선혁명군은 중국관내로 피난하지 않을 수 없었다. 임시정부가 충칭에 자리하기까지 독립군을 계승한 대표적인 항일 무장대인 조선혁명군이 1938년에 해산[8]되는 바람에 1938년 10월 10일 조선민족혁명당의 무장대인 조선의용대가 창설되었고 유일한 군사조직이 되었다.

조선의용대의 근간이 된 원조직은 의열단이다. 1925년경부터 의열투쟁에서 군대조직에 의한 전면적 군사작전을 전개하는 투쟁노선으로 방향을 전환한 의열단은 1925년 여름 중국 국민혁명운동의 책원지인 광저우(廣州)로 본거지를 옮기고, 1926년 1월 간부진을 포함한 핵심단원 10여 명이 황포군관학교(黃埔軍官學校)에 입학하여 사관교육을 받았다. 1929년 봄에는 본부를 베이징(北京)으로 옮겨 레닌주의정치학교를 직접 설립, 운영함으로써 대중투쟁의 기초조직을 건설하고자 노력하였다. 1931년의 일제가 만주를 침략하고 1932년의 상하이를 침공한데 이어 만주국을 건설하고 중국침략을 본격화하자, 의열단은 중국 국민당의 삼민

8) 1932년 만주국을 세운 일제가 만주를 지배하게 되면서 만주 일대는 일본 관동군의 무단 지배 치하로 들어가 버렸고 만주에서 활약했던 항일독립군인 조선혁명군은 중국 관내로 이동하지 않을 수 없었다. 대한민국 임시정부가 상하이를 떠나 중국 여러 지역으로 피난하여 충칭에 자리하기까지 독립군을 계승한 유일한 항일 무장대인 조선혁명군은 한중연합군을 결성하여 항일무장투쟁을 전개했으나 일제의 '치안숙정공작'으로 무장 활동에 큰 위협을 받고 1938년에 해산을 결정하였다.

주의역행사(三民主義力行社)와 한중합작으로 항일운동을 추진할 것을 중국 측에 제의하였다. 중국 측에서 이에 동의하고 전폭적인 지원이 결정됨에 따라, 의열단은 1932년 난징 교외에 조선혁명군사정치간부학교를 설립하고 1935년 9월 폐교할 때까지 운영하였다.[9] 이렇게 배출된 사관들은 1930년대 후반기부터 민족혁명당과 조선의용대 · 조선의용군 · 한국광복군 등에 투신함으로써 독립운동의 항일무장세력의 근간이 되었다. 임시정부의 주선으로 중국 군관학교에서 위탁교육을 받은 이들 중에 여성이 군관학교를 졸업한 사례는 중국 윈난(雲南) 항공학교를 졸업하고 비행기 조종사가 되어 중국의 국민혁명군에서 복무하다 임시정부로 복귀한 권기옥이 유일하다.

독립운동 단체 조직 안에서 여성 부서를 둔 민족혁명당은 그 강령에는 "부녀의 정치, 경제, 사회에서의 권력과 지위는 전부 남자와 평등하다"고 규정하였다. 처음에는 산하단체로 1936년 7월에 「남경조선부녀회」라는 조직을 결성해 전 조선 부녀대는 총단결할 것과 민족혁명전선에 무장 참가할 것을 제창하며 여성대원들에 대한 적극적인 초모활동을 벌였다. 남경조선부녀회의 선언문은 가부장제에 눌러있던 여성들의 사고 전환에 큰 영향을 주어 부녀 해방론에 공감을 한 여성들은 혁명 전선 대열에 뛰어들었다.[10] 그러나 남성 중심의 정치 세력들은 통합한 지

---

9) 조선혁명군사정치간부학교에서는 125명의 사관 졸업생을 배출하였다.

10) 난징조선부녀회 선언문 : "우리 조선의 여성은 오랫동안 전통적 속박으로 인권이 유린되어 왔고 다시 일본 제국주의에 의해 생존권을 박탈당함으로써 전통적 속박에 의한 가정의 노예일 뿐만 아니라 일본제국주의 약탈시장의 상품으로 임금노동의 노예로 전락하게 되었다……우리 조선부녀를 현재 봉건적 노예제도 하에 속박하고 있는 것도 일본 제국주의이고 또 우리를 민족적으로 박해하고 있는 것도 일본 제국주의이다. 우리들이 일본 제국주의를 타도하지 않는다면 우리 부녀는 봉건제도의 속박 식민지적 박해로부터 해방되지 못한다. 또 일본 제국주의가 타도된다고 하더라도 조선의 혁명이 정치 경제 사회 등 각 방면에서 진정한 자유 평등의 혁명이 아니라면 우리 부녀는 철저한 해방을 얻지 못한다."

얼마 안 되어 주도권 싸움에 몰두하였고 여기에 민족주의계열이 이탈함으로써 민족혁명당은 통일정당을 이루는 일에 실패하고 말았다.

독립운동계에서 여성들은 남성과는 별도의 외곽단체를 결성했지만 조선민족혁명당은 4개 실무부서 중 조직부 내에 부녀국(婦女局)을 두었다.[11] 당시 재충칭 조선부녀회의 총무 장희수와 선전 이소원, 조직 김명숙 등 3명의 여자가 집행위원으로 임명되어 활약하였고 장수연(張秀延)과 이금상은 집행위원 후보위원으로 선출되었다.

조선민족혁명당 부주석 김원봉은 중국 각지의 한인 청년들에게 중국의 항일전에 참여할 것을 호소하고 난징으로 불러 모아 83명의 민족혁명당 청년들을 장시성 싱쯔현(星子縣) 소재 중국육군군관학교 특별훈련반에 입교시켜 훈련을 받게 하였다.[12] 한국 독립운동에 중요한 분자임을 인정하였지만 병력이 될 만한 여성이 사관학교에 입학하여 사관훈련을 받았다고 알려진 사례는 이 무렵 전무하였다. 중일전쟁 발발 이후 1937년 8월 우익진영이 한국광복운동단체연합회를 결성해 힘을 결집해 나가자 이에 자극을 받은 좌익진영은 그해 11월에 조선민족혁명당, 조선민족해방동맹, 조선혁명자연맹 등을 통합해 조선민족전선연맹을 조직한 후 그 산하에 항일군사조직 편성에 착수하였다. 이들은 여러 차례 중국군사위원회 당국과 협상을 추진한 결과 중국군사위원회 정치부 인원과 민족혁명당 · 조선청년전위동맹 · 조선민족해방동맹 · 조선혁명자연맹이 하나가 되어 1938년 10월 10일 우한에서 111명의 대원을 기간으로 한 조선의용대가 창설되었다.[13]

---

11) 조선민족혁명당은 전당대표대회를 최고 권력으로 하고 그 아래 중앙집행위원회와 중앙당무위원회를 두었으며 그 아래에 조직부, 선전부, 훈련부, 재무부 등의 4개 실무 부서를 두었는데, 조직부 안에 부녀국을 별도로 두었다.

12) 이후 싱쯔현의 군관학교는 이후 후베이성(湖北省) 장링(江陵)으로 이동하였는데, 학생들은 6개월간의 군사 · 정치 교육과정을 마치고 1938년 5월 졸업하였다.

〈사진 1〉 조선의용대 창설 기념(1938.10.10)

왼편은 권준(權晙)의 딸 권채옥이고 오른편은 김필순의 딸 김위(金煒)이다.

조선의용대 창립 당시 여성은 전투대원으로 입대하지 않은 것 같다. 조선의용대 창설 당시 사진에는 중국 전통복장인 치파오를 입은 두 명의 여성이 보인다. 왼편의 여성은 조선의용대 비서장과 임시정부 내무부 차장을 역임한 권준의 딸 권채옥이다. 오른편은 신민회 소속이며 세브란스 의사인 김필순의 딸 김위[14]다. 이들이 조선의용대에서 어떤 일을 맡았는지는 알려지지 않았다.

조선의용대는 중국의 전적인 지원 아래 대본부와 제1구대·제2구대로 구성된 조직으로 출범하였다. 중국 국민당 정부의 정치부 지휘를 받도록 되어 있었으나 실질적인 상부 조직인 조선민족전선연맹의 지도를 받았다.[15] 1938년 10월 하순에 일본군이 난징을 함락하고 이어 우한(武

---

13) 조선의용대 창단 당시에 120명이었다는 설도 있다. 우한에 있는 조선 혁명청년들 181명은 거의 조선민족전선연맹하에 통일되었는데, 이들은 대개 대학이나 중앙군관학교 및 군관학교의 특별훈련반을 마친 사람들로 구성되었다(楊昭全 等編, 『關內地區朝鮮人反日獨立運動資料彙編』, 913쪽).

14) 남동생 김덕린이 중국에서 '영화황제'로 불리운 영화배우 김염이다.

15) 조선의용대 대장은 김원봉이 맡았고 제1구대는 민족혁명당 계의 청년들로 구성되었고 구대장은 박효삼(朴孝三)이었다. 제2구대는 조선청년전위동맹 청년들로 구성되었으며 구대장은 이익성(李益星)이었다.

漢)까지 진격해 들어오자 우한이 함락 직전인 10월 23일 조선의용대 제1구대는 일시 후난성 헝양(衡陽)까지 후퇴하였다가 중국군 9전구 정치부의 지시에 따라 다시 북상하였다. 조선의용대 대본부는 광시성 구이린(桂林)으로 이동하였다.[16] 조선의용대 대본부는 전방의 각 조선의용대 부대의 활동을 지도하는 한편 적극적인 초모 활동을 전개하였다.

초모대상이 된 청년 중에서 남자들은 학병출신 포로, 일본군 탈출 병사, 취업 청년 등이 초모되었지만 여자대원은 남자대원들의 처나 애인들로 남자를 따라 입대하는 여성들이 많았다. 또는 일본군 점령지역의 유흥업소에 취업 중에 중국군에 포로가 되었다가 조선의용대로 인계되었거나 지하공작원들의 공작활동에 협력하던 중에 사선을 넘어 조선의용대를 찾아 입대한 여성들도 있었다.

중국군 포로가 되었다가 조선의용대원으로 편입된 8명의 여자들의 이야기는 부분적으로 『백범일지』와 중국 신문 『대공보(大公報)』에 실린 기사를 통해 알 수 있다. 1939년 중국 국민당군의 창더(常德) 포로수용소에 수용된 수백 명의 일본군 포로들 중에 포로 신문 결과 한적(韓籍)임이 밝혀진 31명의 포로들에 대해 중국 국민당군은 조선의용대에서 인계할 수 있는지를 타진해왔다. 조선의용대 측에서는 1939년 8월에 석정 윤세주(尹世胄)를 포로수용소로 파견하여 교섭토록 하였고 이들 포로들을 초모하여 조선의용대원으로 입대시켰다.

중국 신문 『대공보』에는 포로 30명 전원이 조선의용대로 입대한 소식과 여자 포로 신봉빈의 인터뷰 기사를 게재하였다. 창더 포로수용소에서 해방된 8명의 여자 포로 중에 공개적으로 이름이 알려진 이는 신

---

16) 이때 제1구대는 구대 본부를 핑장(平江) 샹타시(上塔市)에 두고서 제1, 제2 진지선전대와 제1, 제2 유격선전대 등 4개로 나뉘어 현지의 각 중국군 사단에 배치되었고 1939년 3월부터 6월간 치열하게 항일선전 활동을 전개하였다.

봉빈이 유일하다. 『대공보』의 「조선 포로가 전선에 참가한다. – 조선 포로 31명이 어제 해방되어 일본 폭력 군벌을 타도하기 위해 다시 출정할 것이다」의 기사에서 신봉빈의 이름을 거명하며 포로 신분에서 해방된 여성들의 정황을 다음과 같이 전하였다.

> "나는 일찍이 암울한 단시[小詩]를 쓴 신봉빈(申鳳彬)을 보았는데, 그녀는 눈알을 크게 뜨고 팔을 높이 휘두르며, 검열관이 출석을 부르자 '여기요!'라고 힘 있게 대답했다. 나는 또한 행렬 끝에 있는 16 · 7세의 여자아이들을 봤는데, 커피점의 하녀[侍女], 군을 따라온 위안부[營妓]의 생활은 장차 단지 쓰라렸던 기억이 될 것이다. 그녀들의 매독(梅毒)은 모두 나았고, 얼굴은 마치 구리처럼 빛났다. 나는 그들 하나하나를 보며 마음속 깊은 곳에서 미소가 나오고 있었다……"[17]

이 기사에서 보듯이 중일전쟁 이후 전시특수를 노린 업자들에 의하여 16세, 17세밖에 되지 않은 어린 여자들이 취업사기에 걸려 공부 시켜주고 돈도 벌수 있다는 감언에 속아 중국으로 건너왔다. 그녀들은 일본군 주둔지 가까이에서 영업하는 커피점이나 일본군 장교들이 출입하는 '바'의 여급이 되었고 심지어 위안소의 위안부가 된 불행한 여성들이다. 일본군의 패전으로 중국군에 인계되어 포로 신세가 되었다가 포로 신문으로 한적 여성임이 밝혀진 것이다.

한편 일본군점령지에 있다가 중국군 포로 신세가 된 신봉빈은 포로 조사관에게 어떻게 하든 김구와의 연락을 취하게 해 줄 것을 요청하였다. 김구 선생이 알기만 하면 필연코 자신을 구원해 줄 것이라고 단언하였다 한다. 창더 포로수용소의 수백 명의 일본인 포로 중에 한인 포

17) 『대공보』 1939년 9월 10일자.

〈사진 2〉 조선의용대에 입단하는 여성대원들 1, 2
중국군의 포로에서 해방되어 조선의용대로의 입단한 여성들. 왼쪽 사진 맨 왼쪽이 신봉빈, 즉 신정숙이다.

로들이 한방에 섞여 있으며 일본인 포로의 지휘를 받게 되자 신봉빈은 극단으로 일인의 지휘와 간섭을 거부하고 유창한 일어로 일인과 극렬하게 항쟁했다고 한다. 이런 모습을 본 중국 관리원들이 신봉빈의 발언에 주의를 기울여 김구와의 연결을 주선해 주었다. 창사의 상아(湘雅)병원에서 치료를 받고 있는 김구에게 신봉빈의 소식을 전해주었으며 다른 포로와는 달리 수용소 측에서는 신봉빈을 예우했다고 한다.[18] 그리고 상아병원에서 퇴원한 김구는 몸을 추스린 후 충칭에 도착한 즉시 장제스(蔣介石)에게 청구하여 포로 조사의 특권을 얻어 노태준(盧泰俊)과 송면수(宋冕秀)를 창더 수용소로 파견해 신봉빈을 조사토록 했으나, 이미 석방되었다는 소식을 들었다. 신봉빈은 포로수용소에서 해방되어

18) 김구가 전하는 신봉빈의 편지 내용은 "4 · 29 홍구 작안(灼案) 후 귀국한 이근영(李根永)의 처제요, 당시 민국 사무원으로 체포되어 귀국한 송진표(宋鎭杓－실제 이름은 張鉉根)의 처인데, 친형(언니)과 남편에게 선생님(백범)이 형의 집에 오시면 냉면으로 대접하던 이야기를 잘 듣고 앙모(仰慕: 존경하여 숭모함)하였더니, 상업 차로 산둥(山東) 평원(平原)에 갔다가 중국 유격대에 체포되어 이곳까지 오는 길에 창사(長沙)를 경과하였으나 선생이 계신 곳을 알지 못하여 그대로 창더 포로수용소까지 끌려왔으니 사지에서 구출하여 달라는 말이다." 이다(김구 · 도진순 주해, 『백범일지』, 돌베개, 1997, 384~385쪽).

朝鮮義勇隊創立壹周年紀念(1939.10.10)於桂林

〈사진 3〉 조선의용대 창립 제2주년 기념(구이린, 1939.10.10)

조선의용대 창립 2주년 기념사진에는 박차정을 포함하여 중국군 포로에서 해방되어 조선의용대에 입대한 여자대원들의 모습이 보인다.

조선의용대 대원이 되었다.[19)]

창더 포로수용소에서 조선의용대로 인계된 여자 포로 8명을 포함한 한적(韓籍) 포로 30명은 일정한 군사훈련을 받은 후 조선의용대원으로 편입되었다. 남녀 구분없이 대원 초모에 열을 올린 조선의용대는 창설

---

19) 신봉빈은 조선의용대에서 광복군 제2지대로 편입하게 된다. 백범일지에 보면, 신봉빈은 조선의용대로 먼저 편제되었으나 김구에게 전언을 넣어 김구 편으로 가겠다는 의사를 거듭 타진했다고 한다. 이에 김구는 김원봉에게 편지를 보내 신봉빈을 "계림에서 중경으로 데려다가 친히 보고 기강과 도교 대가족들과 함께 거주"하였다고 회고하였다. 광복군 제2지대원이 된 후에는 백범이 지어준 이름인 신정숙으로 활동하였다.

당시인 1938년에는 111명의 대원이 있었으나 1년 정도 지난 1939년 10월에는 155명으로 늘어났다. 이 중 여자대원은 20여 명 정도였을 것으로 추정된다. 조선의용대는 1939년 7월 4일에 중국 항일전쟁의 전방 거점 지역의 하나인 광시성 구이린(桂林)으로 대본부를 이전하고 이곳에서 조선의용대 창립 2주년을 맞이하였다.

조선의용대는 1939년 4월 9일 충칭에 부녀훈련반을 개설하였다. 초모공작으로 새로 입대한 대원들은 한빈(韓斌, 이명 왕자린)의 지도를 받아 구이린에서 충칭으로 이동해 2개월간의 집체훈련을 받았다. 1940년 2월 조선의용대는 조직을 재편성하여 초기의 '본부'체제를 '총본부'체제로 바꾸고 1·2구대의 조직을 3개 지대와 유동선전대[20]로 재편하였다. 여자대원들이 배속되어 활동한 부녀복무단과 3.1소년단은 총본부 직속에 두었다. 1940년 3월 총본부를 구이린에서 충칭으로 이동한 후에 대원들은 중국군 6개 전구와 남북 13개성의 전지에 배속되어 다양한 공작 활동을 전개하였다.

일제의 보고에 의하면 부녀복무단과 3.1소녀단에는 각각 20명의 여자단원들이 배속되었다. 3.1소년단은 교민들이나 대원들의 자제들로 구성되었고 17세 어린나이의 최동선이 단장을 맡아 활동하였다. 3.1소년단은 위문단을 구성하여 선무활동을 하기로 하였다. 부녀복무단에 소속된 여성대원은 1940년 2월 현재 22명으로 알려졌는데 부녀복무단 부단장을 맡았던 이화림은 정식대원이 46명이었다고 회고하였다.[21] 단장 박차정(이명 임철애)[22]과 장수연, 장위근, 김위, 이화림 등은 후방에

---

20) 유동선전대는 1940년 12월, 제1구 대원들은 선전표어와 전단 뭉치를 들고 중국군을 따라 다니면서 일본군을 향해 산포하거나 전투 중에는 일본말로 투항을 권유하는 구호를 외쳤다.

21) 강영심, 「이화림, 조선의용대 여성대원」, 『여성이론』 11호, 도서출판 여이연, 2004, 287쪽.

서 가무단을 조직하여 항일정신을 고취하는 연극을 공연하여 민중과 일반 대원들의 사기를 진작시키는데 크게 공헌하였다. 1941년 봄 이후 부녀복무단의 장수연 · 김위 · 이화림 등은 팔로군 작전지구로 이동하여 1941년 7월 조선의용대 화북지대로 편제되어 화북지방에서의 무장선전에 참여하였다. 부녀복무단원 중에 현재까지 유일하게 회고록을 남긴 이화림은 배일로 싸인 조선의용대 여자대원의 모습을 엿보게 해준다.

이화림의 본명은 이춘실이다. 상하이에서 한인애국단에 가입하여 항일운동에 투신하였다. 한인애국단은 여성을 받아들이지 않았으나 일본 쪽 비밀요원들의 많은 수가 여성이기에 그런 여자 비밀요원들의 활동에 대응하기 위해 여성을 필요로 했다고 한다. 이화림은 한인애국단에서 이동해(李東海)라는 이름으로 활동하며 이봉창의거와 윤봉길의거에 직간접으로 참여하였다. 1932년 가을, 광저우로 가서 중산대학 법률학부에 입학하여 공부하면서 용직학회에 가담하였다. 동시에 중산대학 의학원 부속병원의 견습 간호원이 되어 의학공부에도 열중하던 중 중산대학 법과를 다니는 김창국과 1933년에 결혼해 아들을 출산하였다. 그러나 결혼에 얽매이지 않았던 그녀는 혁명투쟁의 의지를 불태웠다. 의열단 윤세주의 강연을 듣고 감동받아 민족혁명당에 가입한 이화림은 난징본부로 파견되어 항일활동에 투신하고자 했지만 남편의 반대에 부딪혔다. 그녀는 남편과 자식을 뒤로 하고 혁명의 길을 택해 1936년 1월 난징으로 가서 조선민족혁명당 부녀국에서 활동하였다. 이곳에서 이화림은 윤세주와 이춘암의 중매로 혁명업무를 지지해 줄 조선민족혁명당 간부인 이집중[23]을 소개받아 재혼하였다. 이화림은 "부녀의 정치, 경제,

---

22) 박차정은 1939년 2월 부녀단장 박차정은 쿤룬산(昆崙山) 전투에서 총상을 입고 그 후유증으로 앓다가 1944년 충칭에서 숨을 거두었다. 박차정에 대한 연구는 비교적 축적되었으므로 그녀의 생애에 대해서는 생략하도록 한다.

23) 이집중의 본명은 이종희이다. 고향에 처자를 두고 중국으로 망명해 의열단에 가입

사회에서의 권력과 지위는 전부 남자와 평등하다"는 당의 강령을 신념으로 받들고 여성해방과 조국의 해방을 동일시하며 항일선전 및 조직활동에 투신하였다. 그러나 1938년 조선의용대 내에 좌우 갈등이 일어나자 또다시 운명의 선택을 해야 할 갈림길에 서게 되었다. 창당 당시부터 조직 내에 우익과 좌익의 인물들의 갈등 조짐을 안고 있었던 조선민족혁명당은 조선의용대가 우한에서 구이린으로 대본부를 이동하는 중에 세력이 나뉘었다. 관내지방에서 국민당과 함께 활동해야 한다는 주장과 동북지방(만주)으로 이동하여 중국공산당의 반일항전에 동참할 것을 주장하는 이들이 나뉘었고 이화림은 화북행을 택하였다. 그녀는 어릴 적 아버지는 한 번도 밥을 짓거나 옷을 빤다거나 아이를 업어준 적이 없었고 어머니가 집안일을 하는 것을 불변의 진리였고 아버지는 장작을 패거나 했는데 만약 아버지가 옷을 빤다면 남들 눈을 견디지 못했을 것이다라고 회고하며 성역할이 강요되는 가부장주의에 대해 비판한 바 있다. 이화림은 기독교 신앙심이 깊은 어머니의 격려를 받아 중국으로 오게 되었고 혁명에 투신한 오빠들과 똑같이 항일투쟁에 뛰어들었다. 그렇기에 조선민족혁명당 당강에서 제시한 남녀평등 의식을 신념으로 받아들일 수 있었다. 그녀는 남자와 동등하게 혁명운동에 뛰어들고자 한 자신의 선택이 번번이 거절당함에도 굴복하지 않았다. 첫 남편에 이어 두 번째 남편인 이집중도 그녀의 혁명활동을 이해하지 못해 부부간에 불화가 생겼다. 화북으로 가서 대적활동을 수행하려 했으나 남편의 반대에 부딪혔다. "나는 매일 부녀의 지위와 권리는 반드시 남자와 평등해야 한다고 선전하고 있었으나 가정에서는 평등한 대우를 받지 못하고 있었다……그가 나를 옌안에 못 가게 저지하는 지경에 이

하고 독립운동에 투신하였다. 황포군관학교를 제4기로 졸업했으며 조선민족혁명당 중앙집행위원, 조선의용대 총무조장으로 활약하였다.

르면서 우리의 갈등은 갈수록 깊어졌고……나는 그가 나를 소각하게 놔둘 수 없었고 그가 나의 걸림돌이 되게 할 수 없었다"[24]며 북행을 반대하는 남편과 자주 의견충돌이 일어나자 결국 두 사람은 1년 만에 헤어지게 되었다. 당시에 혁명가 남성이라 해도 자신의 아내는 남편에 순종해야 한다는 보수적인 여성관을 가졌음은 그리 낯선 일이 아니었을 것이다.

이화림은 자신의 의지대로 1942년 조선의용대 화북지대원이 되었고 조선의용군에 투신하였다. 많은 조선의용대 여성들이 남편과 함께 동행하기는 했지만 홀로 화북행을 택한 것은 여성들도 후방이 아닌 전장에서 싸우고자 했던 혁명정신에 충만했음을 보여준다. 조선의용대 주력 제1·2·3지대의 80여 명은 1941년 봄 여러 대오로 나뉘어 황하를 건넜고 1941년 6월에 팔로군 근거지로 이동하였다. 당시 화북으로 간 여성대원은 장수연, 김위, 권혁, 이화림, 김화, 김화순, 허정숙 등 몇몇 여성들의 이름이 밝혀졌을 뿐이다. 조선의용대 제3지대는 북상하여 한국광복군 제1지대 제3구대로 개편되었다. 그러나 화북으로 간 조선의용대는 1941년 1월에 화북조선청년연합회를 결성하고 1942년 7월 화북조선독립동맹으로 개편되어 독자노선을 걷게 되었고 팔로군의 전투지원을 받아 조선의용군으로 개편되었다.

이화림과 헤어진 이집중 역시 한국광복군 제1지대 제2대 1지대장이 되었다. 이화림과 헤어진 후 조선의용대 여성대원인 송영순과 결혼하고 충칭에서 아들 이병태를 출산하였다. 이집중의 처 송영순은 전월순과 같이 1938년에 조선의용대에 입대하였고 광복군 제1지대로 편입되어 활동하였다. 광복 이듬해인 1946년 남편과 아들과 함께 귀국선에 올랐으

24) 이화림 구술, 장촨제 · 순정리 엮음, 『중국대륙을 누빈 불멸의 여성독립운동가 이화림 회고록』, 218쪽.

나 입국을 코앞에 두고 3월 28일 부산항 선상에서 남편이 사망하였다. 아들을 이집중 본가 호적에 올리고 자신은 송다녀(宋多女)라는 이름으로 새로 호적을 만들었다.[25] 송영순과 함께 조선의용대원이며 광복군 제1지대원으로 활동했던 전월순(본명 전월선)은 1990년 애족장을 수여받았으나 송영순은 독립유공자로 인정받지 못해 미포상인 상태이다.

그리고 조선의용대원으로 주목되는 또 한 명의 여성은 화북지대의 권혁(權赫)이다. 권혁의 본명은 테라모토 아사코(寺本朝子)이다. 1938~39년경에 조선의용대의 취지에 공감하고 조선의용대에 자발적으로 가입한 것으로 알려져 있다. 1941년 6월 28일 화북지방의 전선에서 활동하다가 이화림과 같이 옌안(延安)으로 가서 조선의용군에 합류하였다. 화북조선청년연합회 섬감녕변구 분회(陝甘寧邊區分會)가 조선의용대원들의 옌안 이동을 환영하는 집회를 가졌을 때, 조선의용대에 참가한 감상과 연안에 온 후의 감상을 이야기하여 주목을 받았다.[26] 1940년대 전반기 팔로군의 간부로서 일본인 포로정책에 관계하고 있던 중국인 류궈린(劉國霖)에 따르면 조선의용대원의 부인이며 다른 한인들은 모두 권(權) 선생 또는 권 씨라고 불렀다고 한다.[27]

---

25) 송영순은 전주 선덕보육원에서 1967년 9월까지 보모로 재직하다가 은퇴한 것으로 알려졌다.

26) 『解放日報』 1942년 6월 30일, 「華北朝鮮青年聯合會 邊區分會에서 延安에 온 의용대원들을 환영」(조선의용군발자취집필조 엮음, 『중국의 광활한 대지 우에서』, 연변인민출판사, 1987, 682쪽에서 재인용).

27) 藤原彰 · 姬田光義 編, 『日中戰爭下中國における日本人の反戰活動』, 青木書店, 1999, 271쪽.

Ⅳ. 한국광복진선청년공작대 출범과 선전 및 초모 활동

중일전쟁이 발발하자 중국 관내지역에서 활동하던 한인독립운동단체들은 임시정부를 중심으로 조직적이며 효과적인 대일항전 태세를 갖추어 나가고자 하였다. 임시정부는 군사위원회를 설치하고 군대편성과 군사간부 양성을 계획했지만 거듭되는 피난생활로 적극적으로 대일항전을 전개하지 못하였다. 이른바 우익정당 한국국민당 · 재건 한국독립당 · 조선혁명당 3당은 1937년 8월 한국광복운동단체연합회를 구성하고 대일항전에 적극 참여하기 위한 조직을 갖추고자 준비하였다. 그러나 조선민족혁명당과 조선민족전위동맹이 앞서 1938년 10월 10일에 무장대인 조선의용대를 창설하였다. 그러자 1938년 11월 말 류저우(柳州)에 도착한 직후에 청년공작대 결성을 준비한 한국광복운동단체연합회는 1939년 2월에 고운기(高雲起)를 총대장으로 하여 34명의 대원으로 한국광복진선청년공작대가 결성되었다.[28] 공작대원 중에 방순희(김관오의 처) · 김병인(이준식의 처) · 김효숙 · 신순호(후일 박영준의 처) · 연미당(엄항섭의 처) · 오광심(김학규의 처) · 오희영 · 맹조화 · 강영파(유진동의 처) · 지복영(지청천의 딸) · 조계림(조소앙의 딸) · 이국영(민영구의 처) · 안영희 · 엄기매(연미당 · 엄항섭의 딸)와 오희옥(오광선 · 정현숙의 딸) 등의 여성이 참가하였다.

한국광복진선청년공작대는 전투 부대라기보다 위문활동과 선전활동을 주로 하는 선전대의 성격이 강하였다. 광시성 류저우는 중국 내지 깊숙한 곳에 자리 잡아 당시까지만 해도 일제의 침략을 직접 경험하지

---

28) 결성 당시의 대원들은 대장 고운기, 대원 김동수 · 박영준 · 노복선 · 이재현 · 진춘호 · 이하유 · 전태산 · 마초군 · 지달수 · 민영구 · 이우송 · 한대원 · 김인 · 유평파 · 조시제 · 김원영 · 김진헌 · 김석동 · 이윤장 · 지정계 · 이윤철 등이다.

〈사진 4〉「한국광복진선청년공작대 재유주여각기관단체대표유별기념촬영
(在柳州與各機關團體代表留別紀念撮影, 1939.4.4)」

1939년 4월 4일 류저우를 떠나는 한국광복진선청년공작대원들. 총 71명의 한중 대원들 중 15명 정도의 여성대원이 확인되는데, 지복영, 김효숙, 김병인, 오희옥, 오희영, 신순호, 오광심, 연미당, 송정헌 등의 얼굴이 확인된다.

않았기에 주민들의 항일의식은 매우 약했다고 한다. 현재는 소수 민족 광시 좡족 자치구가 자리하고 있다. 한국광복진선청년공작대원들은 중국인 청년공작대와 합작하여 중국민들을 항일투쟁 대열로 참여시키고자 대일항전을 고무하는 벽보를 붙이고 표어, 만화 등을 제작하여 배포하는 선전사업을 수행하는 한편 일본군 정보를 수집 보고하는 일도 맡아 하였다. 특히 후방에서는 항일전투에서 부상당한 군인들을 대상으로 하여 위문단을 조직하고 음악, 연극, 무용 등의 프로그램을 창작하여 중국 인민을 대상으로 공연하였다. 1939년 3월 5일 공연을 성황리에 마치고 1940년 3.1절 22주년을 맞이하여 중일전쟁에서 다친 부상병들을 위한 위문공연으로 기획하였다. 당시 공연된 항일연극 「국경의 밤」은 한중연합군의 연대투쟁을 주제로 하여 대중에게 큰 반향을 일으켰으며 중국신문에서도 극찬하였다.[29] 유료공연이었지만 공연을 연장할 정도로 대중의 큰 호응을 받았고 공연 활동의 수익금 전액을 대일항전을 위해 기부함으로써 중국민의 지지와 협력을 이끌어내었다.

〈사진 5〉 서안에서 공연된 가극 「아리랑」 공연 장면 포스터 및 공연장면

---

29) "무대장치와 연기는 더할 나위 없이 감동적이었다. 깎아지른 듯한 암벽을 타고 흐르는 한풍에 눈송이가 사방으로 흩어졌다. 시베리아 국경선의 철조망과 초병들의 보루가 진짜를 방불케 했다. 무대를 꾸미기 위해 청년공작대원들이 얼마나 많은 시간과 노력을 쏟아 부었는지 한눈에 알아볼 수 있을 정도였다. (……) 공연이 끝난 뒤 중한의 동지들이 함께 승리의 깃발을 높이 든 순간, 온몸에 감동의 물결이 번져 숨이 멎을 지경이었다. 중한 민족이여 연합하라! 중한 민족 해방 만세!"(『柳州日報』 1939년 3월 5일)

또한 중국 항적후원회의 활동에 동참하기 위해 기획된 한형석 창작의 항일가극 「아리랑」은 1940년 5월 21일부터 30일까지 시안(西安)의 남원문(南院門) 실험극장에서 초연되었다.[30] 아리랑 가극 공연 역시 보기드믄 수작이라는 호평을 받았다. 그 후로 군인을 위한 위문 공연과 매년 3.1절 기념 공연, 시안의 전쟁고아 생활비마련을 위한 행사 공연 때마다 가극 「아리랑」은 공연되었으며 광복군으로 재편되어 해방되기까지 공연은 계속되었다.[31] 이 같은 종합예술의 가극 공연의 막이 오를 때마다 여성대원들의 활약이 눈부셨다.

한국광복진선청년공작대는 이후 대한민국 임시정부가 충칭으로 이전한 후에는 나월환(羅月煥)과 함께 별도로 '한국청년전지공작대(韓國青年戰地工作隊)'를 결성하여 활동을 이어나갔다. 이때는 선전대의 성격 보다는 초모공작이나 연락망을 구축하는 지하공작활동을 전개하였다. 한국청년전지공작대는 1백여 명의 대원을 확보하는 성과를 거두었고, 이 병력이 근간이 되어 1940년 9월에 한국광복군 제5지대로 개편되었다.[32]

1942년 5월에 가서야 조선의용대 대원들은 광복군 제1지대로 편입되었고 한국청년전지공작대원들은 광복군 제5지대로 편제되었다가 광복군 제2지대로 편제되었다. 1942년 광복군 제5지대장 나월환이 부하들에게 살해되는 불상사가 일어나자 광복군 제2지대로 재편성되었다. 이로

30) 한국청년전지공작대, 「아리랑 공연에 관하여」, 『한국청년』 제1기, 1940년 7월 15일.

31) 가극 아리랑은 4막으로 구성되었는데 제1막은 목동과 시골 처녀의 사랑을, 제2막은 생리사별의 참상을 그리고 제3막은 한국인들이 독립운동 단체를 조직하는 모습을, 제4막은 일제에 처절하게 짓밟힌 한국의 모습을 그렸다. 본 가극에서 한형석이 작곡한 「압록강행진곡」과 당시 유행가를 편곡한 「눈물젖은 두만강」과 「타향살이」 노래가 등장하였다(장경준, 『한형석평전』, 산지니, 2020, 91~95쪽).

32) 1942년 1월 1일 8군 전례를 거행하고 모든 대원이 중국전시간부훈련 제4단에서 특설한 한인 훈련반에서 훈련을 받았는데 1942년 3월 나월한 암살사건이 일어나 광복군 제5지대는 광복군 제2지대로 개편되었다.

써 조선의용대의 여성대원들도 광복군 제1지대원으로, 광복군 제5지대 여성대원들은 광복군 제2지대로 편제되었다.

초모활동은 세 단계로 진행되었다. 공작대원들은 일본군 점령지역에 들어가 거점을 마련하고, 이를 기반으로 그곳에 이주해 있는 한인청년들을 포섭하여, 광복군으로 오게 하는 것이다. 이 과정에서 거점이 탄로 나거나 지하공작 대원들의 신분이 발각되어 일본군에 체포되는 경우도 있어, 희생이 적지 않았다. 이렇게 하는 것이 중국 땅에서 병력을 모집할 수 있는 유일한 방법이었기에 광복군 중 상당수가 초모 지하공작 활동으로 포섭된 이들이다. 이외에도 일본군으로 징병되어 중국전선에 끌려나왔던 한인청년들이 탈출하여 광복군을 찾아오기도 하였고, 중국군으로부터 투항사병이나 포로를 인수하여 광복군에 편입시키기도 하였다. 그리고 한국청년훈련반(韓國靑年訓練班, 한청반)과 한국광복군훈련반(韓國光復軍訓練班, 한광반)과 같은 '임시훈련소'를 설치하여 청년들에게 일정한 교육과 훈련을 실시하였다. 시안에 설치된 '한청반'은 총사령부 간부들이 교육훈련을 시켰다. '한광반'은 푸양(阜陽)에서 활동하는 징모 제6분처가 운영한 훈련소인데, 주로 일본군에서 탈출한 학병 출신들이 이곳에서 훈련을 받았다. 이렇게 광복군으로 초모된 여성들은 지하공작 중인 남편이나 애인을 도와주다 의식이 각성되어 조국 독립운동에 뛰어들게 되었으나 자신에게 맡겨진 직분을 훌륭히 수행하였다.

V. 한국광복군 여자대원의 초모 선전 및 특파 활동

한국광복군 총사령부는 1940년 9월 17일 성립 전례식을 거행하고 이어 10월 9일 「한국광복군총사령부 조직조례」를 공포하였다. 총사령부는 임시정부 주석 직할하에 둔다고 하여 광복군의 통수권이 임시정부 주석에게 있음을 명문화하였다. 광복군의 조직은 지휘 통솔을 관장하는 총사령과 그를 보좌하는 참모장을 중심으로 10개 처(處, 비서처, 참모처, 부관처, 정훈처, 관리처, 편련처, 포병공처, 경리처, 군법처, 위생처)의 부서를 두었고 별도로 특무대와 헌병대를 두었다. 이렇게 조직체계를 갖추고 11월에 시안에 총사령부가 설치되면서 본격적인 군사 활동을 시작하였다.

〈사진 6〉 한국광복군 총사령부 성립 전례식 기념

광복군 성립 전례식에 참석한 여자대원. 2열 오른쪽부터 김정숙, 지복영, 3열 왼쪽부터 오광심, 조순옥 대원.

광복군 총사령부는 단위부대로 제1 · 제2 · 제3지대를 편성[33]함으로써 총사령부와 3개 지대는 광복군의 기본골격이 되었다. 여기에 1941년 1월 1일 시안에서 독자적으로 활동하던 한국청년전지공작대가 광복군 제5지대로 편입되었다. 이로써 광복군 조직은 총사령부와 단위부대로

[33] 중국군 편제에 의하면, 지대는 독립여단(獨立旅團) 병력 규모의 부대를 일컬었다.

〈사진 7〉 광복군 복장의 여자대원들
안영희, 오광심, 지복영 3명의 여성대원

4개 지대를 갖추게 되었고 1942년 7월 조선의용대가 광복군으로 편입되면서, 기존의 부대편제를 대폭 개편하였다. 그리고 조선의용대는 광복군 제1지대로 편제되었다. 제1지대는 충칭에 본부를 두었고 총사령부 부사령인 김원봉이 지대장을 겸임하였다. 지대의 조직은 지대본부와 2개의 구대가 후베이성(湖北省)의 라오허커우(老河口)와 저장성(浙江省) 진화(金華)에 거점을 두고 활동하였다.

시안에 본부를 둔 광복군 제2지대 편성 당시 약 80여 명의 대원을 확보하였고 지대장은 총사령부 참모장인 이범석이 임명되었다. 기존의 1, 2, 5지대가 제2지대로 통합하였다. 제2지대 징모 제3분처가 중국군 제3전구 지역에 파견되어 활동하였고 제9전구 공작대는 중국군 제9전구 지역에서 활동하였다. 그 외에 충칭에 모여든 한인청년들을 토교마을에 수용하여 편성한 일종의 보충대인 토교대(土橋隊)가 있었다.

중국 국민당 정부의 지원을 받고 있었기에 임시정부의 보호를 받고 있는 한교 인구 명단을 작성하여 통보하였다. 서안시에 거류한 한국교민으로 등기된 이들 중에는 광복군총사령부 본부 건물(二府街 公四號)

에 주소를 두고 한국광복군 직원으로 근무한 이들이 많은데 이규원, 홍화숙, 왕미려, 조순옥, 한정임, 박인숙, 안정숙 등의 여성 이름이 확인된다. 한편 다른 건물인 칠현장[34] 5호(七賢莊 五號)에서 광복군 직원으로 이정숙, 김노순이 근무하였다.

〈사진 8〉 광복군 제3지대 여성대원들과 구호대원 일동

[34] 시안 칠현장(七賢莊) 1호는 유대계 독일인 펑하이비(히버트, Winch Hiebert)의 치과 진료소인데, 이곳은 위장한 팔로군의 판사처 사무소로 사용된 곳이다.

제3지대에는 지대장 직속으로 둔 비서실에 비서장과 기밀비서를 두었는데 지대장 김학규의 부인인 오광심이 기밀비서로 근무하였다. 부지대장인 참모장의 참모기능 조직으로는 정훈반, 작전정보, 군수조, 경리반, 부관조, 간호 구호반을 두었다. 간호 구호반장은 평북 운산 출신의 백순보가 임명되었으며 여자대원들은 자동적으로 구호반원에 배속된 것으로 보인다.[35)]

광복군 제3지대 사진 앨범에는 제3지대 본부의 구호대원 18명과 OSS의 윔즈(Clarence N. Weems) 대위와의 기념사진에 백순보 구호대장과 부관 최동권과 16명의 여성 구호대원이 함께 촬영하였다.

1982년에 출간된 광복군 제3지대 앨범 안에는 제3지대 여성대원 김옥선, 김정옥, 박금녀, 박기은, 유순희, 최이옥, 황숙미, 오광심, 오순자 등이 확인된다. 무고(無故)와 무연(無緣)의 동지로 파악된 대원은 김옥경, 박문자, 박지영, 서삼례, 오희영, 신응녀, 정수정이다.[36)] 또한 사진에는 나와 있으나 실명(失名)되어버린 여성대원들도 있다.

대한민국 임시정부 참여를 결정한 조선민족혁명당과 조선의용대 지도부는 1941년 10월 제33차 임시의정원회의 때, 좌익 인사들을 대거 원내로 진출시켰다가 임시정부 내의 우익인사들의 저항에 부딪혔다. 통합을 주도했던 임시의정원 의장 김붕준이 탄핵되었고 좌익인사들의 원내 진출은 무산되고 말았다. 그러나 좌우의 통합은 조선의용대와 한국광복군의 통합을 결정함으로써 먼저 이루어졌다. 1942년 4월 16일 임시정부 국무회의는 종전의 조선의용대를 한국광복군 제1지대로 개편하기

---

35) 한국광복군제3집대사진첩발간회, 『항일전의 선봉 한국광복군 제3집대 사진첩』, 한국광복군제3집대사진첩발간회, 1982; 김문택, 『광복군 김문택수기(하)－광복군』, 독립기념관 한국독립운동사연구소, 2005, 204쪽.

36) 한국광복군제3집대사진첩발간회, 『항일전의 선봉 한국광복군 제3집대 사진첩』에서 '인술로서 봉사하는 지대본부 구호대원 일동' 사진 참고.

로 의결하고 김원봉이 5월 21일부로 제1지대장 겸 총사령부 부사령관으로 임명되었다. 충칭 총대부의 조선의용대 대원들은 7월에 한국광복군의 제1지대로 편입하였다. 이렇게 무장대의 통합이 있은 후 3달 뒤인 1942년 10월에 열린 제34차 임시의정원회의에서 조선민족혁명당계의 좌익 인사들이 임시의정원 의원으로 새로 선출되어 원내로 진출함으로써 좌우통합 의회를 이룰 수 있었다. 한편 팔로군의 타이항산 항일근거지로 들어간 조선의용대는 1942년 7월 10일, 허베이성 서현(涉縣)에서 열린 제2차 대회에서 조선의용대 화북지대로 개편되었고 총대부와의 명령 체계를 따르는 형식상 관계를 유지하였다. 그러나 조선의용대 화북지대는 총대부의 명령지휘 체제를 따르지 않고 독자적인 활동을 전개하였다.

정치적인 문제에서 비껴있었던 여자대원들은 조선의용대나 한국광복진선청년공작대, 그리고 한국광복군으로 소속이 달라졌다 해도 여자 대원의 임무와 활동에 있어서는 크게 다르지 않았던 것 같다. 제1차 자료가 부족한 현실에서 몇 가지 사례를 통해 여자 광복군의 활동을 살펴볼 수밖에 없다.

앞서 조선의용대에서 본인의 원에 의해 1941년 광복군 제2지대 제2구대 제3분대에 배속된 신정숙[37]은 광복군 선전, 초모공작을 위해 설치된 중국군 제3전구로 파견된 징모제3분처에서 적후방 지하공작 임무를 수행하였다. 군무부 산하에 설치된 징모처(徵募處)는 다퉁(大同) · 바오터우(包頭) · 상라오(上饒) · 시안 · 푸양 등 5개 처에 징모분처를 두고

37) 신정숙은 평북 의주 출신이나 충북 음성의 장석근(張錫瑾)과 결혼하였다. 남편과 함께 상하이로 망명하여 활동하였다가 1932년 4월 29일 상하이 윤봉길의거가 일어난 날 도산 안창호와 김덕근과 함께 체포되어 국내로 이송되었다. 집행유예의 형을 받고 풀려난 남편이 다시 종적을 감추자 신정숙은 네 살짜리 아들 영원을 친정에 맡기고 창춘과 산하이관 일대를 찾아 헤매던 끝에 산둥성 중국 유격대에 붙잡혀 포로가 되었다.

초모활동을 전개하였다. 「한국광복군 징모제3분처위원 환송기념(1941. 3. 6)」 사진은 김구 주석과 박찬익, 조완구, 이시영, 차리석, 조성환, 조소앙, 최동오, 김붕준, 양우조 등 임시정부 요인들과 광복군총사령 지청천, 제2지대장 이범석이 김문호·신정숙·한도명·이지일 등 4명의 지하공작원들의 적후방 파견을 환송하는 것이다.

신정숙은 징모제3분처의 주임 겸 선전조장인 김문호와 정보조장 이지일(이명 전선학, 錢善鶴), 훈련조장 한도명[38]과 함께 회계조장으로서 임명되어 여성으로서는 유일하게 장시성 상라오(上饒)로 파견되었다. 이곳에서 신정숙은 연락망을 구축하고 징모와 선전공작, 그리고 지하첩보 활동을 수행하였다.[39]

당대 무장대 여성들은 스스로 항일전선에 뛰어들었다고 보기보다는 남편 또는 애인을 따라 참여하였거나 죽음을 넘나들며 지하활동을 수행하던 중에 동지와 사랑에 빠졌고 사랑의 결실로 자식이 태어나고 실제적인 부부의 연을 맺기도 하였다. 신정숙은 남편을 찾기 위해 중국 땅을 헤매다 광복군에 투신하기까지 남편의 생사여부를 알 수 없는 상황에서 지하공작활동의 임무를 수행하면서 주임인 김문호와 내연의 관계를 가지게 된 것이다. 둘 사이에서 아들을 출산했지만 고국으로 환국한 후 두 사람은 각자의 가정으로 돌아갔으며 아들은 김문호의 호적에 올랐다. 혼돈의 시대에서도 자신에게 주어진 직분을 훌륭히 수행했기에 백범 김구는 신정숙의 광복군 활동에 대해 "신봉빈은 비록 여성이나 총명 과감하여 전시 임무 수행의 효과 능률이 중국 방면에까지 칭찬을 받는다고 하며 봉빈 자신도 항상 경인(驚人)의 공헌을 하고자 하는 것

38) 한도명은 상라오에 도착한지 얼마 안돼 병으로 사망하였다.

39) 「군무부장 조성환이 임시의정원 의장 홍진에게 보낸 군무부 군사보고(1942.10.27)」, 국사편찬위원회 편, 『대한민국임시정부자료집』 6권, 국사편찬위원회, 2006. (한국사데이터베이스 : http://db.history.go.kr/id/ij_006_0110_00180)

이니 장래 촉망되는 바이다.[40]"라고 칭송하였다.

〈사진 9〉 한국광복군 징모제3분처 위원 환송기념(1941.3.6)
둘째 줄 왼쪽에서 3번째가 신정숙이다.

징모3분처에는 신정숙 외에 유상현(劉尙玄, 27세, 황해도 출신, 옥산 여고보학교 교원, 1942년 현재 상해 체류)과 중국인 류증영(柳增榮, 26세, 산시 출신, 간이사범학교 졸업)과 역시 중국인 사중득(史中得, 24세)이 광복군 제1지대 2구대장 이소민(李蘇民, 이명 이경산)부대에 소속되어 활동하였다. 이들 여성들은 중국군 제3전구 포로 출신들이라고 알려졌다.[41] 이렇게 여성대원들 상당수는 중국군 포로수용소에서 해방되었고

---

40) 김구 · 도진순 주해, 『백범일지』, 386쪽.

41) 「韓國光復軍第二支隊長第三區隊第三分隊工作人員化名冊」, 秋憲樹, 『資料 韓國獨立運動』 3권, 연세대학교출판부, 1971, 116쪽. 南平駐在光復軍의 工作狀況報告書(일시 불명), 222~223쪽.

중국인과 일본인도 포함되어 있었다. 전쟁의 혼란 속에서 반인륜적 범죄를 목도하고 인권을 유린당한 부조리한 삶을 경험하며 그녀들은 해방을 꿈꾸며 항일전선에 뛰어들었을 것이다. 조선의용대와 한국광복군에 투신한 여성대원들 대부분이 단편적 정보만 있을 뿐 그녀들의 인생 스토리는 알 길이 없기에 깊이 있는 분석은 불가하다. 신정숙, 전월순, 송영순, 유상현, 류증영, 사중득과 같이 중국군 포로에서 해방된 여성들은 남녀가 평등하고 인권이 보장되는 평화로운 새로운 세상을 맞이하고자 항일투쟁에 나섰다고 할 수 있다.

조선의용대에서 광복군 제1지대로 편입된 전월순의 경우를 보도록 하자. 전월순은 일본군 점령 지구에 지하공작원으로 투입되어 활동하였다. 1943년 초에 광복군 제1지대 제1구대 구대장 김준(金俊)과 대원 7명(전월순, 유시보, 신악, 김근수 등)은 신양(新陽) 지구에 거점을 구축하는 일을 맡아 췌현(確縣)에 도착하였다. 그러나 공작여건이 여의치 못하자 제1구대 최전선인 정저우(鄭州)로 복귀하였다. 그러나 다른 대원들은 김준의 지시에 따라 뤄허(漯河) 거점에서 광복군 제1지대 부지대장인 신악(申岳)의 예하로 옮겨 공작 활동을 계속 추진하였다. 1944년 봄에 일본군이 허난성 정저우를 점령하자 전월순을 비롯한 대원들은 제1지대 후방거점인 후베이성 라오허커우로 철수하였다. 이때 전월순은 동지 김근수의 아이를 임신 중이었고 난양(南陽)에서 아들 김원웅을 출산하였다. 이들 공작대는 폐병을 앓고 있는 부지대장 신악을 모시고 충칭으로 복귀하라는 명을 받고 이동 중에 신악은 1944년 4월 바둥(巴東)에서 사망하고 말았다. 바둥의 중국 국민당 현정부(縣政府)가 호의를 베풀어 무사히 장례를 치른 후[42] 충칭으로 복귀했다고 한다. 충칭

[42] 묘지 비석문에 「한국광복군 제1지대장 상교 신악지묘(韓國光復軍 第1支隊長 上校 申岳之墓)」라 쓰고 왕석(王石) · 유시보(柳時保) · 강홍모(姜弘模) · 전월순(全月順)이

복귀 후 남자 대원들은 임시정부의 명을 받아 타지로 파견되어 공작 활동을 계속 했지만 전월순은 전희(全熺) 혹은 김희(金熺)라는 이명으로 충칭에서 거주하다 1946년에 고국으로 환국하였다.[43)]

광복군 창군을 계획했을 때부터 광복군의 근간이 될 병력을 모집하는 일은 시급한 관건이었다. 대한민국 임시정부는 중국 내의 만주와 관내에 흩어져있는 한인 동포들을 '국민'으로 삼아 지탱한 정부이다. 상하이를 떠나 이동하면서 일제와 항쟁하기 위해 창설된 조선의용대와 한국광복군 모두는 병력을 확보하는 일이 시급하였다. 초모의 대상은 일제의 만주국 경찰과 관동군의 지배를 피해 지하에서 항쟁하고 있는 한인들과 일본군 점령지역에 거주한 한인 청년들, 그리고 학병 등으로 징병되어 중국전선에 끌려나온 한적 사병들이었다. 여자 광복군의 입대시기 및 동기, 그리고 개인 인적사항 등을 정리한 기록은 발견되지 않고 있다. 조선의용대 화북지대에서 조선의용군으로 편제되어 복무한 이화림이 남긴 회고록을 통해 조선의용대의 여성대원들에 대한 이해가 어느 정도 가능해졌다.[44)]

광복군 제3지대장 김학규의 처 오광심에 대해서는 김학규의 기록이 남아있다. 오광심은 한국광복진선청년공작대 대원이며 광복군 제5지대

건립(建立)하였다는 취지문(趣旨文)이 기록했다고 한다.

43) 국가보훈처 소장, 유시보의 증명서(1983.3.24)에 의하면 강홍모는 청두군관학교(成都軍官學校)에, 유시보는 중국원정(中國遠征) 신1군(新1軍) 30사단 일본어통역관으로 버-마 전선으로 파견되었다. 왕석은 랴오둥(遼東) 류허(柳河) 공작차 각각 임지를 향해 출발하였으며 1946년 3월 충칭에서 전월순·유시보는 임정요원 가족과 같이 환국하였다고 한다. 유시보('77 건국포상, '90, 애국장)는 1942년 8월 허난성(河南省) 카이펑(開封)에서 광복군 제1지대 초모공작원 유원해(柳原海) 인솔로 광복군에 입대, 1943년 4월 뤄허(漯河)지구에서 군수업무를 담당, 1944년 11월 중국 중앙군 주인도원정(駐印度遠征) 신일군(新一軍) 3011사(師) 정보처의 일본어 3등 통역관으로 파견되어 근무함.

44) 이화림 구술, 장촨제·순정리 엮음, 『중국대륙을 누빈 불멸의 여성독립운동가 이화림 회고록』.

로 편제되었다가 광복군 제3지대 대원으로 활약하였다. 만주에서 조선혁명군으로 활동할 당시 김학규와 부부가 된 그녀는 1934년 조선혁명군 대표로 난징에 온 김학규의 명을 받아 만주의 본부로 가서 상황 보고하는 임무를 받았다. 그러나 만주까지 가는데 자칫 잘못하면 신분이 노출될 위험이 있었지만 오광심은 상관이며 남편인 김학규의 보고서 전책을 머릿속으로 암송하였다. 난징을 출발하여 베이징으로 가서 북녕 철로를 이용해 산하이관을 넘어 만주로 들어가 조선혁명군 본부에 무사히 도착한 오광심은 보고 임무를 훌륭히 수행하였다.[45)]

김학규는 광복군 제3지대가 푸양에서 수행한 5년간의 지하공작에 대해 군사적이라기보다는 정치적 의미가 많았고 정치보다는 특무공작의 성격이 더 많이 포함되었다고 회고한 바 있다.[46)] 제3지대원 김정옥은 남편이 징역 1년 6월을 선고받고 신의주 형무소로 이감되자 광복군에 지원하였다. 역시 제3지대원 박금녀는 만주 토문(土門)에서 출생하였다. 만보산사건이 일어났을 때 부모가 일본군에 참살당하였다. 나영옥은 기생 생활을 하던 중 언약한 약혼자를 찾아 중국까지 왔다가 독립운

---

45) "그는 마치 소학생이 교과서를 리피트 하듯이 한 페이지 한 페이지 암송하였다. 불과 4,5일 만에 그는 이 한권의 책을 수자 하나 틀림없이 숙송해 놓고 그는 나에게 자신있는 만족한 웃음을 웃었다. 내 아내는 만주에서 한 개의 여자투사로서 우리 진영 동지들에게 신용이 있었기 때문에 그가 전하는 리피트 보고서는 문서 보고와 동일한 효과를 발생할 수 있었다. 아내는 1934년 7월 15일 남경을 출발하여 북경으로부터 해서 북녕철로를 경하여 산해관을 넘어 만주산곡을 찾아 본부에 득달함에 성공하였다. 가는 도중 물론 일경의 검문을 받았지만 일본 경찰이 수사 방법에 있어서 제 아무리 첨단적 시술을 가졌다 할지라도 아내의 머리 속에 간직한 내 보고서는 발견할 수 없었던 것이다. 아내는 만주 본부에 도착한 즉시 여행 중에서 혹시나 잊어버릴까 염려하여 기차간에서 산간 길을 보행하면서 매일 한차례씩 암송하였던 보고서를 보고서상에 친필로 기록하여 내 대신 자기의 싸인을 하여 보고한 바 본부에서는 그 보고서에 대하여 대단히 만족하였다 한다.…"(김학규, 「백파자서전」)

46) "…원래 나의 공작의 성실이란 군사적이라기 보다 정치적 의미가 많았고 정치보다 특무공작의 성격이 더 많이 포함되었던 것이다."(김학규, 「백파자서전」)

동가들과 연결되어 광복군에 투신하였다. 1942년 2월에 한국광복군총사령부의 명을 받아 광복군 제3지대장 김학규와 김광산, 박찬열, 그리고 여자대원 오희영, 지복영 등과 함께 산둥방면으로 파견되어 군사를 모집하고 선전공작하는 사업을 전개하였다.[47] 광복군 제3지대원인 김문택 수기에는 여성대원에 관한 얘기들이 간간히 기록되어 있다. 요식점의 점원으로 있으면서 일본군 학병을 탈출시키는 임무를 수행한 김영실의 스토리는 여성대원들의 광복군 초모의 한 예를 보여준다.

> (광복군) "여동지들 중에서도 여걸 김영실(金永實)은 한 때 고국 땅을 등지고 삶의 길을 찾아 서주에서도 이름있는 요식점 희락관(喜樂館)에서 나날을 보냈으나 싹트기 시작한 조국애에 불타는 적개심은 드디어는 독립군으로 만들었으니 드디어 희락관에서 광복군의 지하거점 역할을 하면서 탈출학병이 일반 애국 청년들에 대한 가교 역할을 했을 뿐만 아니라 동료 임일옥(林一玉), 이복순(李福順) 등을 포섭, 광복군을 위하여 기염을 토하였으니 그 누가 김영실들을 독립군인 줄 알 수가 있었으랴. 그러나 꼬리가 길면 밟히는 법! 드디어는 왜적에게 자신의 정체가 탄로나는 것을 직감한 김영실은 마침내 서주를 탈출하여 부양 땅 임천에 이르렀다."[48]

김영실은 '내가 설 땅은 고국이며 내가 한 일은 동포들에게 독립정신을 불어넣어 유사시에 총 궐기할 기틀을 마련하는 것이다. 몸은 비록 여자지만 나 어찌 이 후방의 땅 중경에서 안일만을 누릴 수가 있으랴. 내게는 젊음이 있다. 적진으로 뛰어들자. 나가세 전쟁장으로 나가세…' 라고 결심하고 이복원, 엄도해, 박영준 등의 일행 사이에 끼여 중경에

---

47) 「군무부장 조성환이 임시의정원 의장 홍진에게 보낸 군무부 군사보고(1942.10.27)」, 국사편찬위원회 편, 『대한민국임시정부자료집』 6권.

48) 김문택, 『광복군 김문택수기(하)－광복군』, 213~214쪽.

머물지 않고 푸양 광복군 제3지대로 입대하였다.

임천 특파단에는 변영근[49]을 단장으로 한 공작대가 활동하였는데 최이옥, 박금녀, 박지영, 서삼례, 최시화, 유순희, 박문자, 김정옥, 신응녀 등의 여성대원들이 함께 활약하였다.[50] 일본군에게 붙잡혀 옥고를 치룬 김승조 외에도 쉬저우(徐州) 희락관의 점원으로 일하며 광복군의 지하활동을 돕다가 일본군에게 붙잡혀 손톱·발톱까지 빠지는 고문을 당한 이복순과 임일옥도 광복군 제3지대에 합류하였다.

특파단이나 공작대에서 여성대원들이 맡은 일은 취사하고 부식을 챙기고 남자대원의 군복을 만들고 옷을 기워 입히고 세탁하고, 대원들의 건강을 챙기며 간호, 구호하는 일은 여성대원의 몫이었다. 여기에 공작대로 파견되면 훈련받은 대로 통신, 정보수집, 초모, 첩보 활동 등 남자대원들과 똑같이 업무를 수행하며 전선을 누볐다.

조선의용대의 여자들은 부녀단에 소속되어 활동하였고 광복군에서는 간호구호대에 소속되어 활동하였다. 중국 현지에서 초모되어 조선의용대나 한국광복군에 입대한 여성들은 크게 독립운동가 집안의 부인이나 딸들이고 그렇지 않으면 취업하기 위해 혹은 남편이나 애인을 찾아서 대륙으로 건너왔으며 지하공작 중에 남자대원과 결혼이 이루어지기도 한다. 광복군총사령부에서 비서직이나 사무직에서 활약하였고 적선전과에 소속되어 선전활동을 담당하기도 하였다. 광복군의 창설과 활동상황을 국내외 동포들에게 알리며 참여와 지원을 촉구하였고, 또 국제적 여론과 협조를 이끌어낼 목적으로 충칭 국제방송국에서 대적방

49) 변영근은 일본 메이지대학을 졸업하고 학병으로 징집되어 중국 전선에 배치되었다가 탈출하여 광복군 제3지대로 입대하였다.

50) 남자대원으로는 이윤하, 김진동, 지찬식(일명 지인중)을 비롯하여 엄일청(일명 엄자명), 변수정, 차성훈, 김성관, 함세만, 치광성, 박성관, 김기창, 지청천, 정회일, 김하진, 윤태훈 등이 활동하였다.

송을 하였다. 그리고 반일 선전물을 발행하고 연극을 공연하는 등 여러 가지 선전방법이 동원되었다. 1941년 2월부터는 국한문본과 중국어본으로 발행된 기관지 『광복(光復)』을 발행하여 동포사회는 물론 중국인들에게 배포하는 역할을 수행하기도 하였다. 중국 간사단 제4단 한청반[51]에서 훈련을 받은 안영희는 광복군 제2지대 본부 의무실에서 복무하며 대원들과 그 가족의 건강을 관리하고 의료와 위생 등을 담당했으며 임산부가 있을 경우는 산파역할을 하기도 하였다.

김문택은 "여자 동지들! 여하튼 여동지들은 굳세고 강했다. 특히 여동지들은 구호대원을 겸했고 틈만 있으면 남동지들의 해진 군복을 꿰매며 세탁까지를 했으니 이 얼마나 고되었으랴"[52]고 회고하였다. 한편 이화복은 조선의용대 화북지대 여성대원들이 황무지를 개간하고 산비탈이나 강가에 가서 산나물을 채취해서 조리하여 대원들을 먹이고 햇볕에 말려 두었다가 겨울 먹거리로 비축하기도 하며 식량문제를 해결하는 당사자이기도 했다.[53] 이렇게 보면 여성대원들은 공작 활동을 수행하는데 없어서는 안 될 어머니와 같은 역할을 스스로 수행했지만 이야말로 당연히 여성들이 해야만 한다는 성역할의 고정관념이 유지되고 있었음을 보여준다. 그 당시 여성들은 혁명전사로서 자신이 수행해야 할 당연한 임무라고 생각했기에 그야말로 여성 특유의 멀티적인 능력을 발휘했던 것으로 보인다.

광복군총사령부에서 사무를 보거나 선전업무를 담당하는 여성들을 제외하고는 광복군 제2지대와 제3지대의 여자들은 남녀 구분없이 훈련

---

51) 한청반의 정식 명칭은 중국 중앙전시간부훈련 제4단 특과총대학원대 한청반(中國中央戰時幹部訓練第四團 特科總大學員隊 韓靑班)이다.

52) 김문택, 『광복군 김문택수기(하)－광복군』, 213쪽.

53) 이화림 구술, 장찬제 · 순정리 엮음, 『중국대륙을 누빈 불멸의 여성독립운동가 이화림 회고록』, 292쪽.

을 받은 것으로 보인다. 김문택의 수기에서 광복군 "전 대원에 대한 기초적인 군사훈련은 말할 것도 없이 학술훈련에서 정신교육을 강화하여 심신 모두 완전 무장토록 있는 힘을 체계화, 조직화하도록 하였다."[54] 고 회고하였고 김문택 또한 제3지대의 군대 훈련에 대해서는 "…남동지들에게 뒤질새라 열심히 남동지를 앞지르던 여동지 정인덕(鄭仁德)! 땀을 뻘뻘 흘리며 이를 악물고 남동지를 뒤따르던 정동지는 지금 어느 곳에 있는지 알 길이 없다. 여하튼 홀홀단신 처녀의 몸으로 부모의 원수이자 겨레의 원수, 왜적을 자기 자신의 손으로 토벌하기 위하여 수 천리 머나먼 저 북경에서 이 부양에 까지 뛰어들었으니 그 적개심에 타오르는 정염, 어찌 다른 동지에 뒤질 수가 있으랴"[55]라고 하여 남자대원들과 똑같이 고된 훈련받은 사실을 증언해 주고 있다.

〈부록〉의 명단은 1942~1945년간의 조선의용대, 한국광복진선청년공작대, 한국광복군에 소속된 여자대원과 대한민국 임시정부 직원과 그 가족들 명단을 기반으로 작성한 것이다. 해방 후 한국으로 귀환하는 이들을 파악하기 위해 중국정부의 요구로 1945년 12월 8일자로 작성된 『한국임시정부직원기권속교민명책(韓國臨時政府職員暨眷屬僑民名册)』에는 충칭, 시안, 청두, 쿤밍 등지에 체류한 남자 250명과 여자 285명 총 535명 중에서 16세 이상의 여성만을 가나다순으로 정리하였다. 임시정부 직원과 권속, 그리고 교민들의 성명, 성별, 연령, 본적, 직무 등을 기록한 난이 있지만 급히 작성되었는지 정보가 정확치 않고 공란으로 처리된 부분도 많다. 본 〈부록〉의 명단은 『한국임시정부직원기권속교민명책』에 기록된 명단을 저본으로 하고 여기에 여러 자료에서 전해주는

54) 한국광복군제3집대사진첩발간회, 『항일전의 선봉 한국광복군 제3집대 사진첩』; 김문택, 『광복군 김문택수기(하)—광복군』, 207쪽.

55) 한국광복군제3집대사진첩발간회, 『항일전의 선봉 한국광복군 제3집대 사진첩』; 김문택, 『광복군 김문택수기(하)—광복군』, 213쪽.

정보를 더해 통합하여 작성하였다.[56] 명단에 기재된 나이는 1945년을 현재로 하여 계산하였고 출생연도를 환산하여 병기하였다.

독립운동가들 모두가 그렇듯이 여성들도 자기의 본명을 그대로 사용하는 이는 드물었기에 보고 문건에서 특별히 '여성(女)'이라는 표기가 있지 않으면 이름만으로 성별을 가려내는 것은 정확치 않다. 특히 이명을 중국식의 귀화명으로 썼다면 성별 구분은 더욱 어렵다. 광복군은 해방 후 고국으로 입국할 때 개인자격으로 들어왔고 연고가 없는 남한을 떠나 자신의 본적지인 북한으로 돌아갔다면 남북분단과 좌우대립, 6.25 전란의 소용돌이 속에서 잊혀졌다. 한국광복군의 원류를 이루는 조선의용대, 한국광복진선청년공작대, 광복군제5지대, 그리고 광복군 제1, 2, 3지대원들을 포함한 외에 대한민국 임시정부 국무위원과 정부 직원, 임시의정원 의원과 그 가속들과 혁명적 단체에서 활약한 여성, 그리고 주요 도시에 있다가 임시정부의 보호를 받은 일반 교민들, 중국군 포로로 잡혀다가 임시정부로 인계되어 함께 환국하게 된 여성들도 본 명단에 포함되어 있다. 이들 무장대 대원들과 공작대원들의 이력내용은 조사가 가능한 한 첨부했으나 많은 부분이 불명인 채로 남겨졌고 독립운동의 사실이 확인되었으나 국가유공자로 미포상되었음을 확인할 수 있다. 그리고 본 명단에는 본명과 이명 모두가 등재되었을 가능성도 배제할 수 없기에 임시정부가 환국하기까지 정부와 여정을 함께 한 여성들의 명단을 작성한다는 것은 도전일 수밖에 없다. 본 여성 명단은 앞으로 계속 보완되고 첨가되어야 할 것이다.

---

56) 당시 중국 정부는 등기변법(登記辨法)을 마련하였고 등기에 오른 이들만이 중국 정부의 지원을 요청할 수 있도록 하였다. 따라서 한국독립당과 임시정부에서는 한교 등기 신청인의 성명, 연령, 직업 및 내화(來華) 연월일, 목적 등을 기재하여 보고하였다(『韓僑申請登記姓名年齡職業來華年月日目的詳細表』).

Ⅵ. 맺음말

한국 여성들이 국권을 상실한 이후 남성과 함께 항일운동에 뛰어들었음은 자신이 '국민'의 일원임을 확실히 자각했기 때문이다. 광복이 될 때까지 수많은 여성들이 독립운동전선에서 활약했으나 여성들의 항일운동 실상은 잘 드러나지 않고 있다. 여성들은 조직의 지도층이 아닌 후방에서 지원 역할을 하는 경우가 대부분이었고 설혹 항일전선에서 활약했다 하여도 일반 대원으로 참전했기에 일제의 정보망에 걸리지 않았으며 기록으로 남겨지지도 않았다. 광복군으로서 자기 기록을 가진 여성은 극소수에 불과하기에 독립운동의 공적이 확인되지만 상당수의 여성이 독립유공자로 포상 받지 못하였으며 여성의 항일투쟁사는 여전히 공백으로 남겨져 역사의 채무를 안게 되었다.

명단에서 확인되고 있지만 여성들은 남편과 함께 광복군이 된 여자, 사랑하는 애인을 찾아 항일전선에 투신한 여자, 그리고 본부인을 고향에 둔 기혼남성임을 알지만 죽음을 넘나드는 전선에서 사랑을 이룬 여성들, 이들은 광복 후에 정식 부부가 되기도 했으나 헤어진 이들도 많았을 것으로 짐작된다. 여기에 북한에 민적을 둔 여성들은 고향을 찾아 돌아갔고 6.25전란 이후 행방불명이 되어 관계망이 끊어져 버림으로써 그 존재조차 파악하지 못하는 현실이 되어버렸다. 이제는 남겨진 기념사진에서 조차 실명해버려 생전에 구술이라도 받았다면 역사를 복원하는데 큰 도움이 되지 않았을까하는 아쉬움이 남는다.

일찍이 포상된 독립유공자 여성들 대부분은 광복군 제2지대와 제3지대에서 활약한 독립운동가 집안의 딸이거나 부인들이다. 임시정부 이동기에 정부의 대식구들과 함께 고난을 겪은 인물들은 그 정체가 분명히 드러났기에 1963년도에 포상이 이루어질 수 있었다. 그러나 광복군 남자 대원들의 행적도 불명하여 논란이 되고 있는 상황에서 광복군 여성대원의 경우는 동지였던 배우자가 미포상되면 여성들도 독립유공자가 되지 못하는 가부장적인 현상이 이어지기도 하였다.

조선의용대와 한국광복군에 입대하고 지하공작에 투입된 여성들이 독립운동가들의 권속이거나 임시정부 대식구의 일원이 아니라면 취업 등의 이유로 중국으로 건너온 어린 나이의 여성들이다. 조선의용대 여성대원 중에 화북으로 북행하여 중국 공산당 지휘 아래로 들어간 여성들은 해방 후 북한으로 갔으며, 국민당 산하의 광복군 제1, 2, 3지대로 편입된 여성대원과 시안과 충칭의 광복군총사령부에서 복무한 여성대원들은 일본이 항복하자 개인자격으로 입국하게 되면서 광복군으로서의 지위를 잃어버리게 되었다. 이 때문에 그 추적은 더욱 힘들게 되었다.

중일전쟁 이후 여성들도 징모대상이 되어 입대하고 남성들과 똑같은 조건에서 훈련받고 항일전선에서 투쟁했으나 조국에서조차 외면받은 것이다. 독립전쟁에서 여성들의 활약상의 발굴은 앞으로의 과제일 것이다.

전해지는 여성대원들의 활약상에서는 여전히 성 역할이 강조되는 스토리들이 주를 이룬다. 군대 안에서 요구된 갖가지 잡일은 여성이 도맡아 하였으며 전투원으로서 필요한 존재라기보다는 부대원의 살림을 맡아서 의식(衣食)을 해결하는데 집중되었다. 부식을 마련하고 취사하고 빨래하고 재봉하고, 간호대원으로서 대원의 건강을 챙기고 부상자를 구호하는 일 이 모두는 중요한 일이었지만 봉건적 의식의 지배로 여성에게 성 역할이 요구되지는 않았을까 생각해본다. 그럼에도 여성들은 병사 초모 활동과 후방에서의 위문, 선전, 홍보 활동에도 여성 특유의 장기를 발휘하여 항일투쟁에 중심에 섰다. 이처럼 여성대원들은 자신에게 부과된 성역할을 충실히 수행하였지만 스스로는 자신에게 부과된 임무를 '부수적'이라고 여기지 않았을 것이다. 무장대 조직에 뛰어든 여성들은 동지 간에 남녀차별이 여전하고 봉건적 사회인식이 지배적이었다 해도 자신을 그 안에 가둬두지는 않았다. 조국 광복에 기여하는 당당한 독립군의 일원이라는 자부심과 정치, 경제, 사회분야에서 남성과 평등한 지위와 대우를 받게 되는 새나라 건설의 주역이 되고자 하는 높은 자존감으로 무장했기에 자신에게 주어진 임무를 묵묵히 수행할 수 있었다고 본다.

참고문헌

『한국청년』

『大公報』

『柳州日報』

『中國第二 歷史案館 案 七七(2) 卷13號』

『解放日報』

광복군안영희선양사업위원회, 『광복군 갔다고 말 전해 주소－여성 광복군 안영희의 삶』, 나녹, 2019.

국사편찬위원회 편, 『대한민국임시정부자료집』 6권, 국사편찬위원회, 2006.

김구 · 도진순 주해, 『백범일지』, 돌베개, 1997.

김문택, 『광복군 김문택수기(하)－광복군』, 독립기념관 한국독립운동사연구소, 2005.

김우전, 「광복군 일기」, 『한국독립운동사연구』 3, 1989.

김학규, 「백파자서전」, 『한국독립운동사연구』 2, 1988.

이화림 구술, 장촨제 · 순정리 엮음, 『중국대륙을 누빈 불멸의 여성독립운동가 이화림 회고록』, 차이나하우스, 2015.

장경준, 『한형석평전』, 산지니, 2020.

지복영, 『역사의 수레를 끌고 밀며,』, 문학과 지성사, 1995.

지복영, 『민들레의 비상－여성 한국광복군 지복영 회고록』, 민족문제연구소, 2013.

秋憲樹, 『資料 韓國獨立運動』 3권, 연세대학교출판부, 1971.

한국광복군제3집대사진첩발간회, 『항일전의 선봉 한국광복군 제3집대 사진첩』, 한국광복군제3집대사진첩발간회, 1982.

楊昭全 等編, 『關內地區朝鮮人反日獨立運動資料彙編』.

『한국광복군 관련 자료집』, 독립기념관 한국독립운동사연구소, 2014.

韓詩俊, 『韓國光復軍硏究』, 일조각, 1993.

조선의용군발자취집필조 엮음, 『중국의 광활한 대지 우에서』, 연변인민출판사, 1987.

藤原彰 · 姫田光義 編, 『日中戰爭下中國における日本人の反戰活動』, 青木書店, 1999.

김광재, 「한국광복군 활동연구」, 동국대학교 박사학위논문, 1999.
김광재, 「조선의용군과 한국광복군의 비교연구」, 『사학연구』 84, 2006.
김성은, 「대한민국 임시정부와 여성들의 독립운동 : 1932 ~ 1945」, 『역사와 경계』 38, 2008.
김주현, 「불우소녀들의 가출과 월경 : 1930년대 소녀공출 전후사」, 『여성문학연구』 28, 2012.
윤정란, 「일제 말기 한국광복군 여성대원들의 활동 양상」, 『여성학논집』 23, 2006.
한시준, 「여성광복군과 그들의 활동」, 『사학지』 37, 2005.

【부록】

환국 전후의 임시정부 관할의 여성 명단

	성명	실출생 연도	본적	포상여부	공적내용	자료 출처 및 인적 사항
1	강명숙 姜明淑	미상	미상	미포상	광복군 제1지대 대원	* 한국광복군 제1지대 사진첩 * 臨時政府職員暨眷屬僑民名 (1945.12)
2	강접 姜蝶	23세 (1923년생)	전남	미포상	시안 거주 광복군 제2지대	* 臨時政府職員暨眷屬僑民名 (1945.12)
3	강영숙 姜英淑	27세 (1919)	전북	미포상		* 臨時政府職員暨眷屬僑民名 (1945.12)
4	강영파 姜暎波	33세 (1913)	경기도	애족장 (2019)	1930.8 상해여자청년회 창립 주비위원 및 임시위원, 총무부장(1932.4) 1943.2 충칭 한국애국부인회 재건, 재무부 주임 1944.3 한국독립당 당원	* 臨時政府職員暨眷屬僑民名 (1945.12) 홍사단원동위원, 조선민족혁 당원, 임시의정원 의원 유진동 (劉振東, 이명 유광파, 유정우 의 처
5	구필선 具弼善	40세 (1906)	경북	미포상	가정 근무, 한국광복군총사령부 관병소비합작사 사원 조선의용대 대원	* 有限責任韓國光復軍總司令 官兵消費合作社 社員名簿(194 * 臨時政府職員暨眷屬僑民名 (1945.12)
6	권기옥 權基玉	1903.1.11~ 1988.4.19	평남 평양	독립장 (1977)	1920.5 평양 청년회 여자전도대장 1920.9 상하이 임시정부로 망명 1925 원난 육군항공학교 제1기 졸업 임시정부 소개로 펑위샹 휘하 공군 복무 1927 동로항공사령부의 장제스 북벌 시 가담 1936 조선민족해방투쟁동맹 1937 중일전쟁 시 국민정부 육군참모학교 교관, 대한애국부인 사교부장 1949 환국	* 臨時政府職員暨眷屬僑民名 (1945.12) 임시의정원 의원 이연호(李然 본명 이상정)의 처
7	권채옥 權彩玉	미상	미상	미포상	조선의용대 부녀복무단	* 1938년 10월 조선의용대 발 식 기념식 사진에 앞줄 왼 여성 창립대원 권채옥.

	성명	실출생 연도	본적	포상여부	공적내용	자료 출처 및 인적 사항
						의열단, 조선의용대 비서장, 임시정부 의정원 의원을 지낸 권준(이명 양무)의 딸
8	권혁 權赫 (일본인) 본명 寺本朝子	22세 (1924년생)	미상	미포상	조선의용대 제2지대원, 조선의용대 부녀복무단, 광복군 제1지대원, 조선의용대 화북지대원	* 重慶第二區機關調査表(충칭시 경찰국, 1946.8.22)
9	권혜경 權惠卿	28세 (1918년생)	경북	미포상	조선의용대 대원	* 臨時政府職員曁眷屬僑民名冊(1945.12) * 重慶第二區機關調査表(충칭시 경찰국, 1946.8.22) 외무부 과장 김유철(金維哲)의 처
10	김건옥 金鍵玉	21세 (1925년생)	미상	미포상	조선의용대 대원	김홍서의 딸
11	김광영 金光榮	18세 (1926년생)	경북	미포상		* 臨時政府職員曁眷屬僑民名冊(1945.12)
12	김근두 金根斗	34세 (1912년생)	황해도	미포상		* 쿤밍 거주 * 臨時政府職員曁眷屬僑民名冊(1945.12) 광동군관학교와 레닌그라드 항공학교를 졸업하고 광동ㅇ군관학교 항저우 항공학교 교관, 조선민족혁명당 당원 장성철(張聖哲)의 처
13	김기완 金基完	38세 (1908년생)	미상	미포상	강필대왕 점원	* 重慶第二區機關調査表(충칭시 경찰국, 1946.8.22)
14	김대혜 金大慧	25세 (1921년생)	평남	미포상		* 臨時政府職員曁眷屬僑民名冊(1945.12) 박성렬(朴成烈)의 처
15	김명진 金明鎭	28세 (1928년생)	평북	미포상	청두 거주	* 臨時政府職員曁眷屬僑民名冊(1945.12)
16	김문숙 金文淑	56세 (1890년생)	경성	미포상	이화학당졸업, 애국부인회 회장, 조선민족혁명당 간부	* 臨時政府職員曁眷屬僑民名冊(1945.12)
17	김병인 金秉仁	1915.6.2~ 2012	평남 용강	애족장 (2017)	1938 한국광복청년전지공작대 입대 1940.6 한국혁명여성동맹 창설 1943 한국독립당 제2구 당원	* 臨時政府職員曁眷屬僑民名冊(1945.12) 광복군 참모처장 이웅(李雄, 본명 이준식)의 처

	성명	실출생 연도	본적	포상여부	공적내용	자료 출처 및 인적 사항
18	김병일 金秉一	1905.4.20~ 1971.6.5	평남 영원	애족장	1943 한국독립당 중앙조직부 제2구 당원	* 臨時政府職員暨眷屬僑民名 (1945.12) 광복군 제1지대장 채원개(蔡 凱, '68 독립장)의 처
19	김복옥 金福玉	26세 (1920년생)	충청도	미포상	임시정부 선전부 발행과 과원 조선민족혁명당원	* 臨時政府職員暨眷屬僑民名 (1945.12) 국내특파단 김인철(金仁哲) 김신두 부부의 큰 딸
20	김복희 金福熙	16세 (1924년생)	충청도	미포상		* 臨時政府職員暨眷屬僑民名 (1945.12) 국내특파원 김인철(金仁哲) 김신두 부부의 둘째딸
21	김봉석 金鳳石 본명 金鳳植	1915.10.9~ 1969.4.23	경북 경주	애족장 ('90)	한국광복진선청년공작대 입대, 광복군 제5지대 편입, 1945.5 광복군 제2지대 제2구대원 활동	* 臨時政府職員暨眷屬僑民名 (1945.12) * 김봉식으로 포상 광복군 황영식(이명 황차식, ' 대통령표창, '91 애국장)의
22	김상엽 金尙燁	21세 (1925년생)	경북	미포상	조선의용대 대원 한국광복군 제1지대	* 臨時政府職員暨眷屬僑民名 (1945.12) 민족혁명당 중앙집행위원, 조 독립동맹 위원장 김두봉의 딸
23	김선옥 金善玉 이명 金先玉	29세 (1917년생)	전북	미포상	광복군 제2지대	* 臨時政府職員暨眷屬僑民名 (1945.12) 광복군 제2지대 앨범 - 김선 (金先玉)
24	김선의 金善義	미상	경기	미포상	민족혁명당 감찰위원	
25	김선이 金善伊	36세 (1910년생)	강원도	미포상		* 臨時政府職員暨眷屬僑民名 (1945.12) 임시의정원 의원 염온동(廉 東)의 처
26	김수현 金秀賢	1898~1985	경성 마포	애족장 (2017)	한국혁명여성동맹 창립 한국독립당 당원	* 臨時政府職員暨眷屬僑民名 (1945.12) 임시정부 화북선무단장을 역 한 이광(李光)의 처
27	김숙영 金淑英	1920.5.22~ 2005.12.13	평남	애족장 ('90)	1944.5 산서성 루안에서 전지공작대 김천성(金天成)을 도와 초모활동 중 일본군 헌병에게 피체되었다가 방면	* 박영섭(朴永燮)의 처

	성명	실출생 연도	본적	포상여부	공적내용	자료 출처 및 인적 사항
					1944.10 광복군 제2지대 제2구대 제3분대 입대	
28	김순애 金淳愛	1889.5.12 (음)~ 1976.5.17	황해도 장연	독립장	조선민족혁명당 중앙집행위원, 한국애국부인회 회장, 임시정부 생계부 소비과 생계위원, 회계검사관, 조선민족혁명당원	* 臨時政府職員暨眷屬僑民名冊(1945.12) 임시정부 주수석 김규식의 처
29	김신두 金信斗	46세 (1900년생)	충청도	미포상	조선민족혁명당 감찰위원	* 臨時政府職員暨眷屬僑民名冊(1945.12) 국내특파원 김인철(金仁哲)의 처
30	김양금 金陽錦	20세 (1926년생)	함경도	미포상		* 臨時政府職員暨眷屬僑民名冊(1945.12)
31	김연차	미상	미상	미포상	조선의용대 진기찰지부	* 在支不逞鮮人團體組織系統表(일본내무성 경보국, 外事月報 1944.3월분) 김엽의 여동생
32	김영수 金英洙	44세 (1902년생)	황해도	미포상		* 臨時政府職員暨眷屬僑民名冊(1945.12) 임시의정원 의원 손두환(孫斗煥)의 처
33	김영실 金英實	미상~ 1945.10	평남 평양	'63 대통령 표창 / 애족장 ('90)	1943 쉬저우에서 광복군공작원들과 초모공작 1943.12 광복군 제3지대 입대, 전방구호대원 광복군총사령부 주호판사처 상해 대원으로 근무 중 순직	* 광복군 제3지대앨범 항일전의 선봉
34	김옥경 金玉卿	31세 (1915년생)	강원도 춘성	미포상	광복군 제3지대 전방구호대원	* 광복군 제3지대 앨범 항일전의 선봉 광복군 박은종의 처
35	김옥선 金玉仙	1923.12.7~ 1996.4.25	평남 평양	애족장 ('95)	1945.1월경 허난성 루이에서 광복군 3지대 전방 지하공작원 김철(金哲)과 접선, 활동 1945.5 광복군 제3지대 본부 구호대원 활약	* 광복군 제3지대 앨범 항일전의 선봉 광복군 제3지대 현지공작원 김기극(金基極)의 처
36	김옥주 金玉珠	19세 (1927년생)	평북	미포상		* 臨時政府職員暨眷屬僑民名冊(1945.12)
37	김우애 金友愛	1925~ 2001.1	강원도	미포상	1945.11.3 아버지 김규식과 임시정부 1진 환국 시에 귀국, 미국으로 유학 1949년 웨슬리대학교 졸업, 예일대학교 교수	* 臨時政府職員暨眷屬僑民名冊(1945.12) 임시정부 외무부 김규식(金奎植)과 김순애의 딸, 이복오빠 김진동

	성명	실출생 연도	본적	포상여부	공적내용	자료 출처 및 인적 사항
38	김원진 金元珍	26세 (1920년생)	충청도	미포상		* 韓國臨時政府職員暨眷屬僑民名册(1945.12.8)
39	김원희	미상	미상	미포상	광복군 제1지대 대원	* 韓國光復軍 第1支隊社員名册(1942.11)
40	김위 金煒	1918년생	경성	미포상	조선의용대 부녀복무단, 유동선전대 간사, 조선의용대 북경방면 적후공작대	* 조선의용대 발대식 사진 앞줄 오른쪽 여성, 김필순 딸. 김염의 여동생, 조선의용대 간부 김창만(金昌萬)의 애인
41	김은주 金恩周	34세 (1912년생)	평북	미포상	조선민족혁명당 감찰위원	* 臨時政府職員暨眷屬僑民名册(1945.12) 임시의정원 의원 신영삼(申榮三)의 처
42	김인애 金仁愛	28세 (1918년생)	평남	미포상	조선민족혁명당 감찰위원	* 臨時政府職員暨眷屬僑民名册(1945.12) 민유식(閔庾植) 처
43	김재순 金在淳	46세 (1900년생)	평북	미포상		* 韓國臨時政府職員暨眷屬僑民名册(1945.12.8) 임시의정원 의원 최우강(崔友江, 본명 최석순)의 처
44	김정숙 金貞淑	1916.1.25~ 2012.7.4	평남 용강	68 대통령 표창/ 애국장 ('90)	상하이 인성학교 및 중산대학 졸업 1937.7 학생전시복무단 결성 1940.6 한국혁명여성동맹 결성, 상임위원 겸 선전부장 1940.9.17 한국광복군 창설 참여, 광복군 대원으로 대적심리전 종사 1942.4~1944.6 임시정부 교통부 및 법무부·의정원 비서, 법무부 총무과장, 임시정부 한국회계검사, 임시의정원 속기, 조선민족혁명당원	광복군 고시복의 처, 김붕준과 노영재 부부의 딸, 언니 김효숙, 오빠 김덕목
45	김정숙 金貞淑	48세 (1898년생)	평북	미포상		* 韓國臨時政府職員暨眷屬僑民名册(1945.12.8)
46	김정옥 金貞玉	1920.5.2~ 1997.6.7	경성	애족장 ('95)	1945년 초에 베이징에서 목연욱(睦然旭)을 도와 쉬저우지구 특파단에서 연락원으로 활동 1945.6.7 광복군 제3지대 전방 구호대원으로 입대, 전방구호 활동	* 광복군 제3지대 앨범 항일혼의 선봉 * 광복군 김문택수기 (하) 318면

	성명	실출생 연도	본적	포상여부	공적내용	자료 출처 및 인적 사항
47	김정자 金貞子	28세 (1918년생)	경북	미포상	임시정부 서무국 과원	* 韓國臨時政府職員暨眷屬僑民名册(1945.12.8) 임시의정원 의원 최우강(崔友江, 본명 최석순)의 처
48	김칠원 金七原	32세 (1914년생)	함경도	미포상		* 韓國臨時政府職員暨眷屬僑民名册(1945.12.8)
49	김태숙 金太淑	22세 (1924년생)	충청도	미포상		* 韓國臨時政府職員暨眷屬僑民名册(1945.12.8)
50	김태은 金泰恩	38세 (1908년생)	평북	미포상		* 韓國臨時政府職員暨眷屬僑民名册(1945.12.8)
51	김한칠 金漢七	70세 (1876)	평북	미포상		* 韓國臨時政府職員暨眷屬僑民名册(1945.12.8) 참모총장 김철남(金鐵男)의 모친
52	김효숙 金孝淑	1915.2.11~ 2003.3.24	평남 용강	63년 대통령 표창 / 애국장 ('90)	1938 한국광복진선청년공작대 입대. 대일선무공작 참가 1939 한국독립당 입당 1940.6 한국혁명여성동맹 훈련부장. 창사, 쓰촨, 충칭 등지에서 아동교육 담당. 1941.10 임시정부 의정원 의원 1944 민족혁명당감찰위원 1944.10 광복군 제2지대에서 대일 심리전 활동	* 韓國臨時政府職員暨眷屬僑民名册(1945.12.8) 광복군 송면수(宋冕洙)의 처. 김붕준과 노영재 부부의 딸, 오빠 김덕목, 동생 김정숙
53	김효정 金孝貞	28세 (1918년생)	평북	미포상		* 韓國臨時政府職員暨眷屬僑民名册(1945.12.8)
54	나수진 羅守眞	28세 (1918)	평북	미포상		* 韓國臨時政府職員暨眷屬僑民名册(1945.12.8) 임시의정원 비서장 최석용(崔錫湧)의 둘째 부인
55	나영옥	미상	미상	미포상		* 기생 생활 중 언약한 약혼자를 찾아서 중국으로 와서 독립운동가들과 연결됨
56	노영재 盧英哉	1895.7.10~ 1991.11.10	평남 용강	애국장 ('90)	조선민족혁명당 감찰위원,	임시정부 국무위원 김붕준(金朋濬)의 처, 김효숙 · 김정숙 · 김덕목의 모친
57	단영청 段永清	28세 (1918년생)	경북	미포상		* 韓國臨時政府職員暨眷屬僑民名册(1945.12.8) 광복군 제1지대 본부 구대장 이진영(李進榮, 이명 우자강, 조병식)의 처

	성명	실출생 연도	본적	포상여부	공적내용	자료 출처 및 인적 사항
58	두근혜 杜君慧 (중국인)	1904~1981	광동성 廣州	애족장 (2016)	1943.2 대한민국 임시정부 외무부 부원 1945.5 한국구제총회 이사	* 臨時政府職員暨眷屬僑民名 (1945.12) 임시정부 국무위원 김규광(金奎光, 이명 김충장, 본명 김성숙의 처
59	맹조화 孟兆和 (중국인)	미상	미상	미포상	한국청년전지공작대원	
60	문관우 文寬宇	미상	평안도	미포상	조선민족혁명당 감찰위원	* 추헌수, 자료한국독립운동 1, 臨政 議政院 各黨派名單
61	문말경 文末景	25세 (1925년생)	전남	미포상	시안 거주 광복군 제2지대 대원	* 韓國臨時政府職員暨眷屬僑 名册(1945.12.8)
62	문정원 文正元	미상	미상	미포상	1941.5~6 조선의용대 화북지대원	
63	민영숙 閔泳淑	1920.12.27~ 1989.3.17	경북 상주	77 건국포장/ 애국장 ('90)	1938.10 한국광복진선청년공작대 입대 1942.9 임시정부 법무부 과원 1944.3 임시정부 법무부 총무과 과원, 외무부 정보과원. 한국독립당 당원	* 韓國臨時政府職員暨眷屬僑 名册(1945.12.8) 권태걸(이명 張毅)의 처, 민제 와 신숙영 부부의 딸, 오빠 민 구·민영완, 외조부 신규식, 부 권준
64	민영애 閔泳愛	1927.2.21~ 2013.7.16	경성	미포상	1938 한국청년전지공작대원 선전 활동 - 청년공작대 아동부의 공연 활동	* 韓國臨時政府職員暨眷屬僑 名册(1945.12.8) 광복군 이윤철(李允哲)의 처, 필호와 신명호(본명 신창희) 부의 딸, 오빠 민영수, 언니 영주
65	민영의 閔泳懿	16세 (1924년생)	경성	미포상		* 韓國臨時政府職員暨眷屬僑 名册(1945.12.8) 민필호와 신명호(본명 신창희) 부의 딸, 오빠 민영구, 언니 영숙과 민영애
66	민영주 閔泳珠	1923.8.15~ 2021.4.30	경성 종로	77 건국포장/ 애국장 ('90)	1940.9.17 광복군 창설 당시 입대, 광복군 제2지대 한국독립당 당원	* 韓國臨時政府職員暨眷屬僑 名册(1945.12.8) 광복군 제2지대장 부관 김준 의 처, 민석린(본명 민필호)과 명호(본명 신창희) 부부의 딸, 오빠 신영수
67	문정원 文正元	미상	미상	미포상	조선의용대 화북지대원	왕지연(王志延, 이명 韓斌)의
68	박경애 朴敬愛	28세 (1918년생)	평북	미포상		* 韓國臨時政府職員暨眷屬僑 名册(1945.12.8)

	성명	실출생 연도	본적	포상여부	공적내용	자료 출처 및 인적 사항
69	박금녀 朴金女	1926.10.21~ 1992.7.28	경기도 양주	82 대통령 포창/ 애족장 ('90)	만보산사건 당시 부모가 일본군에게 참살당함. 1945.2 광복군 제3지대 본부 전방구호대원, 쉬저우지구 특파단	* 광복군 제3지대 앨범 항일혼의 선봉 * 광복군 김문택수기 (하) 318면
70	박금순 朴錦順	20세 (1926년생)	함경도	미포상	광복군 제1지대 대원	* 韓國臨時政府職員暨眷屬僑民名冊(1945.12.8) * 광복군 第1支隊社員名冊(1942.11)
71	박금주 朴錦珠	30세 (1916년생)	황해도	미포상		* 韓國臨時政府職員暨眷屬僑民名冊(1945.12.8) 임시의정원 의원 안봉순(安奉舜) 처
72	박기은 朴基恩	1925.6.15~ 2017.1.7	평북 선천	애족장 ('90)	1944 구이더지구 특파단 1945.2 광복군 제3지대 본부 전방구호반, 광복군 제3지대본부 전방구호대원, 쉬저우지구특파단 구호분대장으로 활동	* 광복군 제3지대 앨범 항일혼의 선봉 * 광복군 김문택수기 (하) 318면 광복군 구이더지구 공작원 이원하(李元河)의 처
73	박문자 朴文子	미상	미상	미포상	광복군 제3지대 제2구대 쉬저우지구특파단, 전방구호대원	* 광복군 제3지대 앨범 항일혼의 선봉 * 광복군 김문택수기 (하) 318면
74	박봉주 朴鳳珠	26세 (1920년생)	함경도	미포상		* 韓國臨時政府職員暨眷屬僑民名冊(1945.12.8)
75	박신숙 樸新淑	미상	미상	미포상	광복군 제1지대 대원	
76	박영심 朴永心	23세 (1923년생)	함경도	미포상		* 韓國臨時政府職員暨眷屬僑民名冊(1945.12.8)
77	박용봉 朴蓉峯	29세 (1917년생)	평북	미포상		* 韓國臨時政府職員暨眷屬僑民名冊(1945.12.8)
78	박이성 朴而誠	29세 (1917년생)	경성	미포상		* 韓國臨時政府職員暨眷屬僑民名冊(1945.12.8) 임시정부 생활위원 회장 윤기섭(尹奇燮)의 처
79	박인숙 朴仁淑	26세 (1920년생)	경북	미포상	1937년 입국, 시안 거주 한국국광복군 직원	* 韓國臨時政府職員暨眷屬僑民名冊(1945.12.8)
80	박정숙 朴貞淑	미상	미상	미포상	조선의용대, 광복군 제1지대	* 韓國臨時政府職員暨眷屬僑民名冊(1945.12.8) 시안시 거주 한교조사표
81	박지영 朴芝榮	미상	미상	미포상	광복군 제3지대 전방구호대원	* 광복군 제3지대 앨범 항일혼의 선봉

	성명	실출생 연도	본적	포상여부	공적내용	자료 출처 및 인적 사항
82	박판귀 朴判貴	26세 (1920년생)	전남	미포상		* 韓國臨時政府職員暨眷屬僑 名册(1945.12.8)
83	박현숙 朴賢淑	63세 (1883년생)	황해도	미포상		* 韓國臨時政府職員暨眷屬僑 名册(1945.12.8) 임시의정원 의원 유진동(劉振 의 모친
84	방순이 方順伊 이명 方順熙	1904.1.30~ 1979.5.4	함경도	독립장 ('63)	1940.6 한국혁명여성동맹 창설, 위원장 겸 서무부장, 대한민국 애국부인회 부회장 한국독립당 당원 임시정부 임시의정원 의원	* 韓國臨時政府職員暨眷屬僑 名册(1945.12.8) 임시정부 내무부 경위대장이 광복군총사령부 참모 김관오 처
85	방의진 方義珍	24세 (1922년생)	평북	미포상		* 韓國臨時政府職員暨眷屬僑 名册(1945.12.8)
86	백옥순 白玉順	1913.7.30~ 2008.5.24	평북 정주	애족장 ('90)	1942.3 광복군 제2지대 입대	* 韓國臨時政府職員暨眷屬僑 名册(1945.12.8) 김해성(金海星)의 처
87	사중득 史中得 (중국인)	26세 (1920년생)	전남	미포상	부산중학 졸업, 이소민(李蘇民) 부대 편입 광복군 제2지대 제3구대 제3분대 공작원	한국광복군 점검결과에 관한 電(1943.7) 대한민국 임시정 자료집 11권
88	서광옥 徐光玉	29세 (1917년생)	평남 진남포	미포상		* 韓國臨時政府職員暨眷屬僑 名册(1945.12.8)
89	서삼례 徐三禮	1919.3.5~	평북 선천	미포상	광복군 제3지대 전방구호대원	* 광복군 제3지대 앨범(항일혼 선봉)
90	서상석 徐相錫	18세 (1926년생)	미상	미포상	조선의용대 부녀복무단	* 충칭시제2구제4보기관외교 사표
91	서선옥 徐仙玉	23세 (1923년생)	함경도	미포상	광복군 제3지대 대원	* 韓國臨時政府職員暨眷屬僑 名册(1945.12.8) * 광복군 제3지대 앨범(항일혼 선봉)
92	손진협 孫振俠	20세 (1926년생)	경북	미포상		* 韓國臨時政府職員暨眷屬僑 名册(1945.12.8)
93	손김씨 孫金氏	60세 (1886년생)	미상	미포상		* 韓國臨時政府職員暨眷屬僑 名册(1945.12.8) 임시의정원 상임위원 손일민(逸民)의 처
94	송문휘 宋文輝	25세 (1921년생)	미상	미포상	조선의용대 부녀복무단	* 충칭시제2구제4보기관외교 사표
95	송영순 宋英順	1914.8.29~ 불명	전북	미포상	한국노병회통상회원, 조선의용대원	* 第1支隊社員名册(1942.11) 광복군 제1지대 총무조장, 임

	성명	실출생 연도	본적	포상여부	공적내용	자료 출처 및 인적 사항
	본명 宋多女				1914.8.29~	의정원 의원 이집중(본명 이종희, 이명 이인홍)의 처, 귀국 후 아들 昌華는 본부인 호적에 오름
6	송영집 宋永潗	1910.4.1~ 1984.5.14	평남 용강	63 대통령 표창/ 애국장 ('90)	1939.10 한국청년전지공작대 입대, 전간단 제4단 한청반 수료. 의료 및 지하공작 활동 1940.9.17 광복군 제2지대 본부 요원	* 韓國臨時政府職員暨眷屬僑民名册(1945.12.8) 광복군 제2지대 군의관 엄익근(嚴益根, 이명 왕인석)의 처
7	송자청 宋子靑	33세 (1913년생)	평남	미포상	시안 거주	* 韓國臨時政府職員暨眷屬僑民名册(1945.12.8) 시안 광복군총사령부 副官處長 이석화(李錫華 - 미포상)의 처
8	송정헌 宋靜軒 * 일명 劉女史	1919.1.28~ 2010.3.22	평남 강서	애족장 ('90)	1938 韓國光復陣線靑年工作隊 입대, 적후방 공작 및 첩보 모집활동, 한국혁명여성동맹 창립 한국독립당원	* 韓國臨時政府職員暨眷屬僑民名册(1945.12.8) 유평파(본명 유병무, 유진동의 형)의 처
9	송정화 宋正華	54세 (1892년생)	충청도	미포상	* 쿤밍 거주	* 韓國臨時政府職員暨眷屬僑民名册(1945.12.8)
00	시정화 施情華 시덕화 ?	32세 (1914년생)	경북	미포상		* 韓國臨時政府職員暨眷屬僑民名册(1945.12.8)
01	신명호 申明浩 본명 신창희	1906.2.22~ 1990.6.21	충북 청원	건국 포장 (2018)	1940 한국혁명여성동맹 창당, 한국애국부인회, 한국독립당원, 대한민국임시정부 주화대표단 보필	* 신창희로 포상 * 韓國臨時政府職員暨眷屬僑民名册(1945.12.8) 민석린(閔石麟, 본명 민필호)의 처. 신규식과 조정완 부부의 딸, 시모 이헌경, 아들 민영수, 딸 민영주
02	신봉순 申鳳順	26세 (1920년생)	충청도	미포상		* 韓國臨時政府職員暨眷屬僑民名册(1945.12.8)
03	신순호 申順浩	1922.1.22~ 2009.7.30	충북 청원	77 건국 포장/ 애국장 ('90)	1938.8.1 한국광복진선청년공작대 입대, 항일선전공작 활동 1940.9.17 광복군 입대, 광복군총사령부 근무 1942.9 임시정부 생계위원회 회계부 근무 1945.1 임시정부 외무부 정보과 근무	* 韓國臨時政府職員暨眷屬僑民名册(1945.12.8) 광복군 제3지대 제1구대장 박영준(朴英俊)의 처, 신건식(이명 신환)의 딸, 시부 박찬익

	성명	실출생 연도	본적	포상여부	공적내용	자료 출처 및 인적 사항
104	신응녀 申應女	미상	미상	미포상	광복군 제3지대 쉬저우지구 특파원 및 전방구호대원	* 광복군 제3지대 앨범 항일혼 선봉 * 광복군 김문택수기 (하) 318 광복군 조병권(趙炳權, 이명 병팔 - 미포상)의 처
105	신정숙 申貞淑 본명 신봉빈	1910.5.12~ 1997.7.8	평북 의주	63 대통령 표창/ 애국장 ('90)	조선의용대 원입대 1941.3 광복군 제2지대 징모 제3분처 위원 겸 회계조장 1942.10 광복군 제2지대 3구대 3분대로 편성. 첸산현 허커우진(鉛山縣河口鎭)으로 옮겨 전선과 후방에서 중국 유격대와 합동 공작으로 정보 활동	장현근(張鉉瑾, 이명 宋鎭杓)의 형부 이근영. 행방불명된 남편을 찾아 중국으로 왔다가 중국군 포로에서 방된 후 조선의용대에 입대, 일 광복군 제2지대 징모 제3 처에서 지하공작 활동 중에 모제3분처 주임 김문호와 내의 관계가 되고 1945.1 아들 산, 아들 건웅은 본부인 호적 오름
106	신정완 申貞婉 이명 왕령 王玲	1916.4.8~ 2001.4.29	전남 나주	1980 건국 포장, 애국장 ('90)	1937 조선민족혁명당 가입 1939~1941 산둥성(山東城) 제2전구 사령부에 공작원 파견, 지하공작 첩보활동 1943.10 ~1945 임시정부 임시의정원 의원	* 韓國臨時政府職員暨眷屬僑 名册(1945.12.8) 김재호(金在浩, 일명 胡建)의 해공 신익희 딸
107	아취 阿翠	32세 (1914년생)	경성	미포상		* 韓國臨時政府職員暨眷屬僑 名册(1945.12.8)
108	안금생 安錦生	26세 (1920년생)	황해도 신천	미포상	임시정부 선전부 총무과 과원 한국 독립당원	* 韓國臨時政府職員暨眷屬僑 名册(1945.12.8) 광복군 인면전구공작대 한지성(志成 - 미포상)의 처, 임시정부 석 공판실 비서 안우생의 둘째
109	안미생 安美生	1914~2007	북경 출생	미포상	1938~1939 주충칭 영국대사관 직원 1943.9 하순 한영군사합작에 의한 인면지구 광복군 공작대, 한국관련 첩보 분석, 평가하는 정보 업무 담당, 영어와 중국어 능통, 권일중·안원생과 함께 영국대사관 정보처에 파견되어 활동 1945.3.29 남편 김인 사망이후 시부인 김구 비서관으로 활동	안정근과 이정서 부부의 딸, 구의 장남 김인의 처, 숙부 안근, 오빠 안원생, 동생 안진생

	성명	실출생 연도	본적	포상여부	공적내용	자료 출처 및 인적 사항
0	안연생 安蓮生	28세 (1918년생)	황해도	미포상		* 韓國臨時政府職員暨眷屬僑民名冊(1945.12.8) 임시정부 주석 공판실 비서 안우생(安偶生)과 이인숙 부부의 큰딸
1	안영희 安英熙	1925.1.4~ 1999.8.27	평남 진남포	63 대통령 표창/ 애국장 ('90)	한국광복진선청년공작대 입대 시안 한국청년전지공작대 대원 광복군 제5지대 제2지대 의무실 간호장교, 해방 후 숙명대학교 졸업, 숙명대학교 교수	* 韓國臨時政府職員暨眷屬僑民名冊(1945.12.8)
2	안옥생 安玉生	24세 (1922년생)	황해도	미포상		* 韓國臨時政府職員暨眷屬僑民名冊(1945.12.8) 광복군 제3지대 쿤밍지구특파공작원 조중철(趙重哲 - 미포상)의 처
3	안은생 安恩生	17세 (1925년생)	황해도	미포상		* 韓國臨時政府職員暨眷屬僑民名冊(1945.12.8) 한국구제회 회장 안정근(安定根)과 이정서 부부의 딸
4	안정숙 安正淑	28세 (1918년생)	황해도	미포상	1925년 중국 입국, 한국광복군총사령부 직원	* 韓國臨時政府職員暨眷屬僑民名冊(1945.12.8) 광복군 제2지대 제2구대장 노태준(盧泰俊)의 처, 시부 노백린
5	양춘심 楊春深	35세 (1911년생)	전북	미포상		* 韓國臨時政府職員暨眷屬僑民名冊(1945.12.8) 광복군 고참 송수창(宋壽昌)의 처
6	엄기매 嚴琪梅 본명 엄기선	1929.1.21~ 2002.12.9	중국 상해 출생	건국 포장 ('93)	한국광복진선청년공작대원 - 공연, 연극을 통해 한국인 병사 광복군 합류 초모공작	엄기선으로 포상 * 韓國臨時政府職員暨眷屬僑民名冊(1945.12.8) 임시정부 선전부장 엄대위(본명 엄항섭)과 연미당 부부의 맏딸
17	여상현 呂相賢	23세 (1923년생)	경북	미포상	청푸 거주	* 韓國臨時政府職員暨眷屬僑民名冊(1945.12.8)
18	역소군 易素君	35세 (1911년생)	미상	미포상		* 韓國臨時政府職員暨眷屬僑民名冊(1945.12.8) 김한칠(金漢七)의 처

	성명	실출생 연도	본적	포상여부	공적내용	자료 출처 및 인적 사항
119	연미당 延微堂	1908.7.15~ 1981.1.1	북간도 용정 출생	애국장 ('90)	1930.8 상하이 한인여자청년동맹 가입, 교민조사 및 교민여성단합 활동 1939 한국광복진선청년공작대 입대 1940.6 한국혁명여자동맹 창설, 한국애국부인회 조직부장 대한민국임시정부 대적선전위원회 활동	* 韓國臨時政府職員暨眷屬僑名册(1945.12.8) 임시정부 내부부 선전부장 엄위(嚴大衡, 본명 엄항섭)의 ; 부친 연병환, 작은 아버지 연병
120	오건해 吳健海	1894.2.29~ 1963.12.25	충북	애족장	1940 한국혁명여성동맹 창립 참여 1941 한국독립당 당원	* 韓國臨時政府職員暨眷屬僑名册(1945.12.8) 신환(申桓, 본명 신건식)의 ; 딸 신순호, 사위 박영준 * 신오씨(申吳氏)로 불리움
121	오광심 吳光心	1910.3.15~ 1976.4.7	평북 선천 新府 龍建洞	63 대통령 표창, 독립장 ('77)	조선혁명군 1935.7 조선민족혁명당 부녀부 차장, 한국청년전지공작대원, 광복군 제5지대 입대 1940.6 한국혁명여성동맹 창설, 재무부장 1940.9 광복군총사령부, 광복군 제3지대 의무실 간호장교, 기밀비서직 해방 후 숙명여대 졸업, 숙명여대 교수	* 韓國臨時政府職員暨眷屬僑名册(1945.12.8) 광복군 제3지대장 김학규(金學奎 의 처
122	오순자 吳順子	1922.10.12~ 1970.9.20	평북 선천	미포상	광복군 제3지대 대원	* 광복군 제3지대 앨범(항일혼 선봉) 광복군 제3지대 화북지대 특파 김광언(金光彦)의 처
123	오영선 吳永善 * 趙吳氏 (본명 오복순)	1887.4.29~ 1961.2.8	경기도 양주	애족장 (2016)	1940.6 한국혁명여성동맹 창립 1944년부터 한국독립당 당원	* 韓國臨時政府職員暨眷屬僑名册(1945.12.8) 조소앙(趙素昻)의 처
124	오환덕	미상	미상	미포상	조선의용대 화북지대 제3지대	* 在支不逞鮮人團體組織系統 (일본내무성 경보국, 外事月 1944.3월분)
125	오희영 吳熙英	1924.4.23~ 1969.2.17	경기도 용인	63 대통령 표창/	1938 한국광복진선청년공작대 입대 1940 한국광복군 입대, 제3지대에서 활동	* 광복군 제3지대 앨범(항일혼 선봉) 광복군총사령부 참령 참모, 저우 유격대 사령 신송식(이

	성명	실출생 연도	본적	포상여부	공적내용	자료 출처 및 인적 사항
				애족장 ('90)	1942 제3지대원 푸양에서 활동 1944 한국독립당 입당	陳敬誠)의 처, 오광선과 정현숙 부부의 큰딸
6	오희옥 吳熙玉	18세 (1926년생) ~생존	길림성 액목현 출생	애족장 ('90)	1939 한국광복진선청년공작대 입대, 선전활동 1941 한국광복군 제5지대 편입 1944 한국독립당 당원	오광선(이명 오성묵)과 정현숙(본명 정정산) 부부의 둘째딸, 조부 오인수 의병장
7	왕미령	37세 (1909년생)	평북	미포상	* 1919 중국 입국 한국광복군총사령부 직원	* 시안시 거주 한교조사표
8	왕운금 王雲錦	37세 (1909년생)	평북	미포상		* 韓國臨時政府職員暨眷屬僑民名册(1945.12.8)
9	왕이씨 王李氏	미상	미상	미포상		왕준성(王俊誠)의 처
0	왕현옥 王賢玉	미상	미상	미포상		
1	요운향 姚雲鄉	미상	미상	미포상		김응만의 부인
2	유미영 柳美英	1921.1.7~ 2016.11.23	중국 충칭	미포상	1940.6 한국혁명여성동맹 창설	* 韓國臨時政府職員暨眷屬僑民名册(1945.12.8) 임시정부 법무부장 최동오(崔東旿)의 며느리, 최덕신의 처, 유동열 딸
3	유상현 劉尙玄	29세 (1917년생)	황해도	미포상	광복군 제2지대 제3구대 제3분대 공작대원	* 한국광복군 점검결과에 관한 대전(1943.7) 옥산여자고등보통학교졸업, 교사
4	유송숙 俞頌椒	27세 (1919년생)	황해도	미포상		* 韓國臨時政府職員暨眷屬僑民名册(1945.12.8)
35	유순희 劉順姬	1926.7.15~ 2020.8.29	황해도 해주	애족장 ('95)	광복군 제3지대전방구호대원 1944 말경 허난성 루이에서 광복군 전방지하공작원과 접선, 활동 1945.2 지하공작원으로 임명, 활동. 1945.5 광복군 제3지대 구호대원 입대	* 광복군 제3지대 앨범 항일혼의 선봉 * 광복군 김문택수기 (하) 318면 * 쉬저우지구 특파원 광복군 최시화(崔時華)의 부인
36	유원 劉源	35세 (1911년생)	평남	미포상		조선의용대 한금원(韓錦源)의 처

	성명	실출생 연도	본적	포상여부	공적내용	자료 출처 및 인적 사항
137	유입인 劉立人 (중국인)	26세 (1920년생)	경성	미포상		* 歸國臨時政府人員及家族名單(임시정부주화대표단, 1945.11. 신익희 아들 신하균(申河均) 중국인 처
138	유증영 柳增榮 (중국인)	26세 (1920년생)	산서성 출신	미포상	광복군 제1지대 이소민부대 편입	
139	윤경선 尹慶善	26세 (1920년생)	충청도	미포장		
140	윤경열 尹敬烈	1918.2.29~ 1980.2.7	평남 안주	대통령 표창('82)	1944.12 광복군 제3지대 적지구공작대 입대	
141	윤경희 尹慶喜	26세 (1920년생)	충청도	미포상		* 韓國臨時政府職員暨眷屬僑名册(1945.12.8)
142	윤부순 尹富順	25세 (1921년생)	함경도	미포상		* 韓國臨時政府職員暨眷屬僑名册(1945.12.8) * 한국광복군 제1지대 대원 사 및 가족성명책(1944.12)
143	윤선효 尹善孝	56세 (1890년생)	전북	미포상		* 韓國臨時政府職員暨眷屬僑名册(1945.12.8)
144	윤성숙 尹成淑	미상	미상	미포상	광복군 제1지대 대원	* 韓國光復軍第一支隊部官兵員士兵 및 家族姓名册 * 韓國臨時政府職員暨眷屬僑名册(1945.12.8)
145	윤신민 尹信民	45세 (1901년생)	황해도 봉산	애족장 (2021)	1932 의열단 부인부. 한일래와 함께 난징의 조선정치군사간부학교 입학자에 대한 아지트 제공 및 안내 등 활동 1938.4 조선민족혁명당 당원 1943.3 한국독립당 당원	* 韓國臨時政府職員暨眷屬僑名册(1945.12.8) 한일래(韓一來, 본명 천병림)의
146	윤용자 尹龍慈	1890.4.30~ 1964.2.3	경성 종로	애족장 (2017)	1939 치장현에서 한국국민당 당원 1940 한국혁명여성동맹 창립	광복군총사령부 지청천(池靑天)의 처, 지복영의 모친
147	윤인주 尹仁珠	31세 (1915년생)	함경도	미포상		* 韓國臨時政府職員暨眷屬僑名册(1945.12.8)
148	이경녀 李敬女	27세 (1919년생)	전남	미포상	시안 거주	* 韓國臨時政府職員暨眷屬僑名册(1945.12.8)
149	이국영 李國英	1921.1.15~ 1956.2.2	충북 청주	애족장 ('90)	1940 한국혁명여성동맹 창립 1941.10.10 충칭 3.1유치원 설립, 교사	* 韓國臨時政府職員暨眷屬僑名册(1945.12.8) 민영구(閔泳玖, 이명 이성진)의

	성명	실출생 연도	본적	포상여부	공적내용	자료 출처 및 인적 사항
					1944.3 한국독립당 당원 임시정부 생계부 소비과 생계위원	
50	이금상 李錦相	25세 (1921년생)	평북	미포상		* 韓國臨時政府職員暨眷屬僑民名冊(1945.12.8)
51	이면선 李棉仙	22세 (1924년생)	함경도	미포상		* 韓國臨時政府職員暨眷屬僑民名冊(1945.12.8)
52	이김씨 李金氏	41세 (1915년생)	미상	미포상		* 韓國臨時政府職員暨眷屬僑民名冊(1945.12.8) 임시정부 국무위원 이시영의 처
53	이두예 李斗禮	28세 (1918년생)	함경도	미포상		* 韓國臨時政府職員暨眷屬僑民名冊(1945.12.8)
54	이마려 李瑪麗 본명 김마리아 러시아 이름 마리야 옐레노 브나 킴, 아명 김수란	1903.9.5~ 1970.2.10	러시아	대통령 표창 (1968)/ 건국 포장 (1977)	1921 고려혁명군 정치공작대원, 시베리아수분지구에서 대일전투 참가 고려혁명군 피복 주임 고려공산당 청년회 간부 마점산 휘하에서 대일전투 참가 광복군 제2지대 대원 중국 중앙군관학교 전간단 제7분단 한청반 러시아교관 겸 중국어 교관	* 김마리아로 포상받음 * 韓國臨時政府職員暨眷屬僑民名冊(1945.12.8) 광복군 제2지대장 이범석(李範奭)의 처
55	이면선 李棉仙	22세 (1924년생)	함경도	미포상		* 韓國臨時政府職員暨眷屬僑民名冊(1945.12.8)
56	이병숙 李炳淑	46세 (1900년생)	전북	미포상	조선의용군 부녀복무단 한국광복군 제1지대 대원	* 韓國臨時政府職員暨眷屬僑民名冊(1945.12.8) * 光復軍 第1支隊社員名冊(1942.11) * 충칭시제2구제4보기관외교조사표 조선의용대 통신처 구이린 주임이며 한국광복군총사령부, 임시의정원 의원인 송욱동(宋旭東)의 처
57	이보비 李寶妣	29세 (1917년생)	경성	미포상	시안 거주 광복군 제2지대 대원	* 韓國臨時政府職員暨眷屬僑民名冊(1945.12.8)

	성명	실출생 연도	본적	포상여부	공적내용	자료 출처 및 인적 사항
158	이복영 李復榮 본명 지복영	1920.04.11~ 2007.04.18	충청도	63 대통령 표창/ 애족장 ('90)	한국광복진선청년공작대 대원 1940.9 광복군총사령부 총무처 선전과원, 기관지 광복 발행, 광복군 초모위원회 위원 겸 비서로 푸양에서 활동 1943 임시정부 선전부 자료과 선전과원으로 복무, 광복지 발행, 중국방송을 이용해 한국인 학병 탈출 권유 발송 대적(對敵) 방송원고 작성, 광복군총사령부 비서	* 지복영으로 포상 * 韓國臨時政府職員暨眷屬僑民名册(1945.12.8) 광복군총사령 이청천(본명 지청천)과 윤용자 부부의 딸, 오빠 지달수(광복군)
159	이봉선 李鳳仙	21세 (1925년생)	충청도	미포상		* 韓國臨時政府職員暨眷屬僑民名册(1945.12.8)
160	이부매 李富梅	28세 (1918년생)	전남	미포상		* 韓國臨時政府職員暨眷屬僑民名册(1945.12.8)
161	이삼녀 李三女	35세 (1911년생)	경북	미포상	광복군 제2지대원	* 韓國臨時政府職員暨眷屬僑民名册(1945.12.8)
162	이선영 李善英	30세 (1916년생)	경성	미포상	한국독립당원	* 韓國臨時政府職員暨眷屬僑民名册(1945.12.8)
163	이선출 李仙出	33세 (1913년생)	함경도	미포상		* 韓國臨時政府職員暨眷屬僑民名册(1945.12.8)
164	이소군 易素君	35세 (1911년생)	평북	미포상		참모총장 김철남(金鐵男南)의 처
165	이소원 李蘇元	36세 (1910년생)	경남 진주	미포상	근우회 진주지부 간사, 조선민족혁명당 당원 조선의용대 편집 통신조원	* 重慶市居留韓僑調査表(1944.9)
166	이수영 李瘦影	39세 (1907년생)	경북	미포상	-	* 韓國臨時政府職員暨眷屬僑民名册(1945.12.8) 광복군 참모총장 김철남(金鐵男)의 처
167	이수은 李秀云	19세 (1927년생)	미상	미포상	조선의용대 부녀복무단	* 충칭시제2구제4보기관외교조사표
168	이숙방 李淑芳	51세 (1895년생)	경북	미포상		* 韓國臨時政府職員暨眷屬僑民名册(1945.12.8) 광복군 제1지대장 권준(權晙, 이명 權楊武)의 처
169	이숙영 李淑影	38세 (1908년생)	미상	미상		조선의용대 대원 가속

	성명	실출생 연도	본적	포상여부	공적내용	자료 출처 및 인적 사항
70	이숙정 李淑貞	56세 (1890년생)	경성	미포상	시안 거주 광복군 제2지대 대원	* 韓國臨時政府職員暨眷屬僑民名册(1945.12.8) 김용의 부인 ?
71	이숙진 李淑珍 (중국인)	1900.9.24~ 미상	중국인	애족장 (2017)	1939 치장에서 한국국민당 당원 1940.6 한국혁명여성동맹 창립 1944.3 한국독립당 당원	* 韓國臨時政府職員暨眷屬僑民名册(1945.12.8) 국무위원 조성환(曹成煥)의 처
72	이순길 李順吉	28세 (1918년생)	경성	미포상	광복군 제3지대 대원	* 韓國臨時政府職員暨眷屬僑民名册(1945.12.8) 1944 중국 포로수용소에서 한적 포로로서 한국광복군으로 이관
73	이순승 李順承	1902.11.12~ 1994.1.15	경기도 양주	애족장 ('90)	1923 상해로 망명 1930 국내에서 군자금 모집 활동을 하다가 인천에서 일경에게 피체, 20일간 구류당함 1940.6.17 한국혁명여성동맹 창립 1940 한국독립당 창립 1941 한국독립당 충칭 강북구당 집행위원	* 韓國臨時政府職員暨眷屬僑民名册(1945.12.8) 선무단원 조시원(趙時元, 이명 조용원)의 처, 딸 조순옥(이명 조순제)
74	이신길 李信吉	1900.1.26~	평북	미포상		* 韓國臨時政府職員暨眷屬僑民名册(1945.12.8) 임시정부 생활위원회 위원 김영재(金英哉)의 처
75	이옥령 李玉玲	미상	미상	미포상	조선민족혁명당 감찰위원	
76	이옥진 李玉珍	1923.10.18~ 2003.9.4	평북 용천	대통령 표창('68)	조선의용대 대원 한국광복군 제1지대 상하이, 난징, 충칭 등지에서 초모 및 선전 공작 활동	* 韓國臨時政府職員暨眷屬僑民名册(1945.12.8)
77	이운선 李雲仙	31세 (1915년생)	황해도	애족장	한국광복진선청년공작대 입대 광복군 제5지대 광복군 제2지대	* 韓國臨時政府職員暨眷屬僑民名册(1945.12.8) 임시정부 주석 판공실 비서 안우생(安偶生)의 둘째 부인
78	이월봉 李月鳳	1915.2.15~ 1977.10.28	황해도 황주	63 대통령 표창/ 애족장 ('90)	1939 한국청년전지공작대원 1940 광복군 제5지대입대, 한청반 수료, 광복군 제2지대 편입, 여군반장	* 韓國臨時政府職員暨眷屬僑民名册(1945.12.8) 광복군 김강(본명 金東洙)의 처

	성명	실출생 연도	본적	포상여부	공적내용	자료 출처 및 인적 사항
179	이은수	미상	미상	미포상		* 韓國臨時政府職員暨眷屬僑 名册(1945.12.8) 광복군총사령부에서 복무한 복덕(애국장. '90)의 부인
180	이은영 李恩泳	40세 (1906년생)	평북	미상		* 韓國臨時政府職員暨眷屬僑 名册(1945.12.8)
181	이의방 李義芳	20세 (1926년생)	평남	미포상	광복군 제1지대 대원	* 韓國臨時政府職員暨眷屬僑 名册(1945.12.8) * 광복군 제1지대부 관좌대원 병기권속성명책(1944.12) 이동화와 진숙정 부부의 딸
182	이인숙 李仁淑	62세 (1884년생)	황해도	미포상		* 韓國臨時政府職員暨眷屬僑 名册(1945.12.8) 임시정부 주석 판공실 비서 안 생(安偶生)의 처
183	이정서 李貞瑞	62세 (1884년생)	황해도	미포상		* 韓國臨時政府職員暨眷屬僑 名册(1945.12.8) 한국구제회 회장 안정근(安定根 의 처
184	이정숙	미상	미상	미포상	1925년 중국 입국, 한국광복군 직원	시안시 거주 한교조사표
185	이정애 李貞愛	미상	미상	미포상	조선의용대원, 광복군 제1지대원	
186	이처오 李棲梧	33세 (1913년생)	경성	미포상		* 韓國臨時政府職員暨眷屬僑 名册(1945.12.8) 김은충(金恩忠)의 처
187	이축조 李筑祧	21세 (1925년생)	평북	미포상		* 韓國臨時政府職員暨眷屬僑 名册(1945.12.8)
188	이해영 李海影	53세 (1893년생)	경성	미포상		임시정부 내무부장 신익희(申 熙, 이명 왕해공)의 처, 딸 신정
189	이헌경 李憲卿 본명 李慈媛	1870~ 1956.1.30	경성	애족장	1940.6 한국혁명여성동맹 창설, 한국독립당 당원	* 韓國臨時政府職員暨眷屬僑 名册(1945.12.8) 민필호 모친, 민현구 조모 * 민이씨(閔李氏)로 불리움
190	이화 李華	29세 (1919년생)	황해도	미포상		韓國光復軍第1支隊隊員士兵 家族姓名册(1944.12) 김규광의 딸
191	이화림 李華林	1905.1.6~ 1999.2	평남 평양	미포상	중산대학 간호과 과정 수학 1930 한인애국단 가입	조선의용대 이집중과 재혼했으 결별

	성명	실출생 연도	본적	포상여부	공적내용	자료 출처 및 인적 사항
	본명 이춘실				1935 조선민족혁명당 입당 1939 구이린 조선의용대 여자복무단 부대장, 조선의용대 화북지대 1942.5 광복군 제1지대 편입, 조선의용군	
192	이홍녀 李紅女	20세 (1926년생)	함경도	미포상		* 韓國臨時政府職員暨眷屬僑民名册(1945.12.8)
193	이희영 李喜榮	30세 (1916년생)	미상	미상	한국독립당 당원	
194	임세원 任世媛	21세 (1925년생)	평북	미포상		* 韓國臨時政府職員暨眷屬僑民名册(1945.12.8)
195	임소녀 林少女	1908.9.24~ 1971.7.9	전남 나주	77 대통령 표창, 애족장 ('90)	1935.2 만주국 봉천성 영구현 제7길 영구농촌 중앙구 제6호에서 1938.5 허난성 영하현 노대 모범농촌 실천리 2호로 이주 1940.10 부부가 시안으로 탈출, 남편과 함께 광복군 제5지대에 입대, 취사반 활동 1942.10 한국광복군 제2지대로 편제 1943.3 광복군 제2지대 취사반장으로 근무하는 남편과 함께 활동	* 사진으로 보는 광복군의 역사 불굴의 민족혼(1944) 1941.9 전시군사간부학교훈련 제4단 한청반 졸업하고 광복군 제2지대3구처에서 취사반장 1945 군수처에 배속되어 활동한 박상화(朴成和, 본명 朴相卜)의 처
196	임철애 林哲愛 이명 林哲山 본명 박차정	1910.5.7~ 1944.5.27	경남 부산	독립장 ('95)	1924.5 조선소년동맹 동래지부 활동 1929.3 동래청년동맹 집행위원, 동래 노동조합원 겸 근우회 중앙집행위원과 조사연구부장 1932 난징 조선혁명군사정치간부학교 제1기 여자부 교관 활동 1936.7.16 난징 조선부인회(부녀회) 조직 1935 조선민족혁명당 당원 1938 조선민족전선연맹, 기관지 『조선민족전선』에 민족의식을 고취 글 기고 1938.10 조선의용대 부녀복무단장 민족혁명당 집행위원	박차정(朴次貞)으로 포상 * 韓國臨時政府職員暨眷屬僑民名册(1945.12.8) 광복군 제1지대장 약산 김원봉의 처

	성명	실출생 연도	본적	포상여부	공적내용	자료 출처 및 인적 사항
					1939.2 쿤룬산전투에서 총상을 입음	
197	임혜란 林蕙蘭	20세 (1926년생)	평북	미포상		* 韓國臨時政府職員暨眷屬僑 名冊(1945.12.8) 두수봉(杜秀峰)의 부인
198	장경숙 張敬淑	1903.5.13~ 1994.12.31	평남 대동	애족장 ('90)	1943.5 광복군 제2지대 1분대 배속, 간호, 정보수집, 초모 활동전개	* 韓國臨時政府職員暨眷屬僑 名冊(1945.12.8) 광복군 제2지대원 김영준(金永俊 의 처
199	장광미 張光媚	17세 (1925년생)	평북	미포상		* 韓國臨時政府職員暨眷屬僑 名冊(1945.12.8) 김성호(金成浩)의 가속
200	장김씨 張金氏	28세 (1918년생)	미상	미포상		
201	장수연 張秀延	25세 (1921년생)	미상	미포상	조선민족혁명당 당원 조선의용대 부녀복무단, 조선의용대 화북지대원 충칭에서 장제스 부인 주도하에 개최된 3.8국제부녀절 기념회에서 조선부녀를 대표로 연설	* 조선의용대 통신 조선의용대 제1구대장 박효삼(孝三 - 미포상)의 처
202	장약가 張若嘉	27세 (1919년생)	평북	미포상		* 韓國臨時政府職員暨眷屬僑 名冊(1945.12.8) 임시정부 군무처 주세민(周世 의 처
203	장위근 張委近	1920	미상	미포상	조선의용대 부녀복무단 조선의용대 화북지대원	조선의용대 간부 양민산(楊民 본명 김대륙 - 미포상)의 처
204	장혜평 張慧萍	45세 (1901)	경북	미포상		* 韓國臨時政府職員暨眷屬僑 名冊(1945.12.8) 임시정부 군무부 비서 주세 (周世敏 - 미포상)의 처
205	장희수 張熙守	45세	경북	미포상	1935 조선민족혁명당 당원, 1938 조선의용대 대원, 선전부 총무과 과원, 한국독립당원 1941.10 임시의정원 경상도 의원, 조선민족혁명당 중앙상무 감찰위원 겸 회계 검사부장 임시정부 문화부 과원	* 충칭시제2구 제4보기관외교 사표(조선의용대)

	성명	실출생 연도	본적	포상여부	공적내용	자료 출처 및 인적 사항
206	재태혈 載部絜	28세 (1923년생)	평북	미포상	조선의용대 중앙당부	* 韓國臨時政府職員暨眷屬僑民名册(1945.12.8)
207	전흥순 田興順 이명 田政子	1919.12.10~ 2005.6.19	황해도 신천	63 대통령 표창	상하이시립상과대학 졸업, 상하이, 난징, 지난 일대에서 지하공작 활동 광복군 제3지대 입대, 이복원과 자금 조달 활동	
208	전희 全嬉 본명 전월선 이명 김희	1923.2.6~ 2009.5.25	경북 상주	애족장 ('90)	1939.9 조선의용대 입대 1942.4 광복군 제1지대로 편입, 라오허커우에서 지하활동	전월순으로 포상받음 * 韓國臨時政府職員暨眷屬僑民名册(1945.12.8) * 한국 광복군 제1지대원 전월선(全月善, 항일독립운동 시 가명 全月順), 왕석(王石, 본명 김근수)의 처
209	점교결 蔪皎潔	36세 (1910년생)	충북	미포상		* 韓國臨時政府職員暨眷屬僑民名册(1945.12.8)
210	정귀숙 丁貴淑	23세 (1923세)	함경도	미포상		* 韓國臨時政府職員暨眷屬僑民名册(1945.12.8) 인면전구공작대원 나동규(羅東奎)의 처
211	정나주 鄭羅拄 이명	미상	경남 부산	미포상		
212	정수정 鄭守貞	1887.9.27~ 1968	황해도 안악	미포상	1919 황해도 3.1운동 참가 1924 만주 망명 1942 허베이에서 남편 체포, 광복군 입대, 광복군 제3지대 전방구호대, 카이펑지구 특파단	* 광복군 김문택수기(하) 314면
213	정수화 丁秀華	19세 (1927년생)	경남	미포상		* 韓國臨時政府職員暨眷屬僑民名册(1945.12.8) 朴龍德의 처
214	정순옥 鄭順玉	30세 (1916년생)	충남 청양	미포상	1937 중국 입국, 시안 광복군총사령부 직원	* 韓國臨時政府職員暨眷屬僑民名册(1945.12.8) * 시안시 거주 한교조사표
215	정영	미상	미상	미포상	광복군 제2지대 제3징모처 대원	* 韓國臨時政府職員暨眷屬僑民名册(1945.12.8) 광복군총사령부 난징 특파원 이일범(李一凡, 이명 李敬泰)의 처

	성명	실출생 연도	본적	포상여부	공적내용	자료 출처 및 인적 사항
216	정영숙 鄭英淑	48세 (1898년생)	경성	미포상		* 韓國臨時政府職員暨眷屬僑民名冊(1945.12.8) 임시의정원 비서장 최석영(崔錫湧)의 큰부인
217	정영순 鄭英淳	1921.9.15~ 2002.12.9	경성	77 대통령 표창/ 애족장 ('90)	만주국 도서주식회사 직공, 이서룡과 결혼, 산시성 타이구 타이구여관에서 종업원으로 취업 1943.10 광복군 제2지대원 입대, 대적공작활동	* 광복군 제2지대사집앨범 이서룡(李瑞龍)의 처
218	정예순 鄭子順	50세 (1896년생)	평북	미포상		* 韓國臨時政府職員暨眷屬僑民名冊(1945.12.8) 임시의정원 비서장 최석용(崔錫湧)의 처
219	정인덕 鄭仁德	미상	미상	미포상	광복군 제3지대 본부 전방구호대원, 쉬저우지구특파단	* 광복군 제3지대 앨범 항일혼의 선봉 * 광복군 김문택 수기
220	정의진 鄭依珍	42세 (1904년생)	경북	미포상		중국항공대에서 활약하다 광복군 비행대 창설을 추진한 이영무(李英茂 - 월북)의 처
221	정정화 鄭靖和 본명 정묘희	1900.8.3~ 1991.11.2	충남 연기	애족장 ('82)	1940.6 한국혁명여성동맹 창설, 조직부장. 충칭 3.1유치원 교사 1943 대한애국부인회 훈련부장 한국독립당 당원	광복군총사령부 주계, 광복군 조직 훈련과장, 정훈처 선전과장 겸 의환의 처
222	정촌방자 井村芳子 (일본인)	미상	미상	미포상	일본인 여성으로 중국군 포로수용소에서 해방되어 조선의용대 제2구대원으로 활약	
223	정현숙 鄭賢淑	1900.3.13~ 1992.8.3	경기도 용인	애족장 ('95)	1918 만주로 망명 1940.6 한국혁명여성동맹 창설 1944 한국독립당 당원	광복군 국내지대장 오광선(吳光鮮)의 처
224	조계림 趙桂林	1925.10.10~ 1965.7.14	경기도 개성	애족장 ('96)	임시정부 외무부 과장 1943.6 한국독립당 당원	광복군총사령부 최문용의 처 최형록과 조소앙 부부의 딸
225	조계씨 趙桂氏	미상	미상	미포상		

	성명	실출생 연도	본적	포상여부	공적내용	자료 출처 및 인적 사항
26	조명숙 趙明淑	미상	미상	미포상	조선청년전위동맹 조선의용대 제2지대 제5전구 사령부, 화북지대원	* 在支不逞鮮人團體組織系統表(일본내무성 경보국, 外事月報 1944.3월분) 조선의용대 이철(李哲)의 처
27	조순제 趙純濟 본명 조순옥	1923.10.7~ 1973.4.23	경기도 연천	63 대통령 표창/ 애국장 ('90)	1940.9.17 광복군 창설 입대 광복군총사령부 총무처 직원	* 조순옥으로 포상 * 韓國臨時政府職員曁眷屬僑民名册(1945.12.8) * 시안시 거주 한교조사표 광복군 상해지대 구대장 안춘생(安椿生)의 처, 조시원과 이순승의 딸
28	조여연 曺麗娟	미상	경남	미포상		
29	조용제 趙鏞濟 이명 조경순	1898.9.14~ 1948.3.10	경기도 양주	애족장 ('90)	1929 상해 망명 1935.9 민족혁명당 창당 1940.6.17 한국혁명여성동맹 창립 1941 한국독립당 충칭 강북구당 요원 1943.2 한국애국부인회 재건 1944.3 한국독립당 당원	* 韓國臨時政府職員曁眷屬僑民名册(1945.12.8) 임시정부 외무부장 조소앙(趙素昻)의 여동생, 남동생 조시원
30	조필제 趙弼濟	18세 (1926년생) ~생존	경기도 양주	미포상		* 韓國臨時政府職員曁眷屬僑民名册(1945.12.8) 임시정부 외무부장 조소앙(趙素昻)의 딸
31	주수화	미상	미상	미포상		이평산 처
32	주숙정 朱淑貞	36세 (1910년생)	평남	애족장	조선의용대	* 韓國臨時政府職員曁眷屬僑民名册(1945.12.8) * 충칭居留韓人調査表(민국 28년 7월 31일)
33	주정헌 朱精軒	미상	미상	미포상		
34	지경희 池璟嬉	37세 (1909년생)	함북	애족장 (2020)	1943.10~1945.8 임시의정원 함경도 의원	
35	지창순 池昌淳	28세 (1923년생)	전북	미포상	시안광복군 제2지대	* 韓國臨時政府職員曁眷屬僑民名册(1945.12.8)
36	진씨 秦氏	52세 (1894년생)	평남	미포상		* 韓國臨時政府職員曁眷屬僑民名册(1945.12.8)
37	진덕심 陳德心	31세 (1915년생)	경북	미포상	광둥 순롱(順農)중학 졸업 조선의용대 총무조 회계주임	조선의용대 본부 편집위원회 주임이며 광복군 정훈처장 이두산(李斗山)의 처

	성명	실출생 연도	본적	포상여부	공적내용	자료 출처 및 인적 사항
238	진숙정 陳淑貞	38세 (1908년생)	평남	미포상	조선민족혁명당 당원	* 韓國臨時政府職員暨眷屬僑 名冊(1945.12.8) 이동화(李東華, 이명 李在華)의
239	진창유 陳昌有	39세 (1907년생)	평남	미포상		* 韓國臨時政府職員暨眷屬僑 名冊(1945.12.8) 윤원장(尹元章)의 처
240	첨방민 詹方民	50세 (1896년생)	충북	미포상		
241	최가란 崔加蘭	28세 (1918년생)	경북	미포상	시안 거주 광복군	* 韓國臨時政府職員暨眷屬僑 名冊(1945.12.8)
242	최계화 崔桂華	28세 (1918년생)	미상	미포상	조선청년전위동맹: 조선의용대 화북지대원 조선의용대 제2지대	
243	최금주 崔金珠	24세 (1922년생)	함경도	미포상		* 韓國臨時政府職員暨眷屬僑 名冊(1945.12.8)
244	최동선 崔東仙 이명 崔東善	22세 (1924년생)	평남	미포상	조선의용대 3.1소년단 단장 한국광복군 제1지대	* 韓國臨時政府職員暨眷屬僑 名冊(1945.12.8) * 第1支隊社員名冊(1942.11) 참 제1지대장 겸 총사령부 부사령 김약산(金若山, 원명 김원봉)의 최석순(이명 최우강)과 김재순 부의 딸
245	최동엽 崔東燁	50세 (1896년생)	평북	미포상		* 韓國臨時政府職員暨眷屬僑 名冊(1945.12.8) 임시정부 법무부장 최동오(崔 昨)의 처 * 본래 성씨 미상
246	최산옥 崔山玉	25세 (1921년생)	함경도	미포상		* 韓國臨時政府職員暨眷屬僑 名冊(1945.12.8)
247	최서경 崔曙卿 이명 崔曙敬	1902.3.20~ 1955.7.16	평북 운산	애족장 ('95)	대한애국부인회 집사	한국광복군 참모장 김홍일(金弘 의 처
248	최소정 崔素貞 본명 최선화	1911.6.20~ 2003.4.19	경기 인천	미포상	1940 한국혁명여성동맹 창단 1940.5 한국독립당 당원 한국애국부인회 서무부 주임	* 최선화로 포상 * 韓國臨時政府職員暨眷屬僑 名冊(1945.12.8) 임시의정원 의원 양우조(楊宇 이명 양묵)의 처
249	최연화 崔蓮花	31세 (1915년생)	경북	미포상		

	성명	실출생 연도	본적	포상여부	공적내용	자료 출처 및 인적 사항
50	최영숙 崔英淑	25세 (1921년생)	전남	미포상		* 韓國臨時政府職員暨眷屬僑民名册(1945.12.8)
51	최윤신 崔允信	1926.6.16~ 1990.7.12	황해도	애족장 ('90)		* 韓國臨時政府職員暨眷屬僑民名册(1945.12.8) 광복군 제1지대 상하이지대장 박시창(朴始昌)의 처, 최중호(이명 황훈)의 딸, 최채의 여동생, 시부 박은식
52	최은실 崔恩實	2014.2.14	미상	미포상	백하(白河)바에서 근무 중에 광복군 김의명(광복군 윤창호에게 초모)에게 포섭되어 광복군 지하운동에 협력함. 일본군 위문단인 한국인악극단 내의 한인청년들에 대한 포섭공작 전개	* 광복군 제3지대 앨범(항일혼의 선봉) * 광복군 김문택수기 (하) 91면
53	최이옥 崔伊玉	1926.6.16~ 1990.7.12	평북 용천	82 대통령 표창/ 애족장 ('90)	1944.7 지난에서 광복군 초모위원회 지하공작원 활동 1945.2 광복군 제3지대 제1구대 전방구호대 입대 활동	* 광복군 제3지대 앨범(항일혼의 선봉) * 광복군 김문택수기 (하) 318면, 광복군 제3지대 쉬저우지구 공작대 박성관(朴成官)의 처
54	최정 崔楨	37세 (1909년생)	경북 고령	미포상		* 韓國臨時政府職員暨眷屬僑民名册(1945.12.8) 임시정부 문화부장 김상덕(金尙德)의 처
55	최종숙 崔宗淑	20세 (1926년생)	평북	미포상		* 韓國臨時政府職員暨眷屬僑民名册(1945.12.8) 임시정부 법무부장 최동오(崔東旿)와 최동엽 부부의 큰딸
56	최종화 崔宗華	17세 (1929년생)	평북	미포상		* 韓國臨時政府職員暨眷屬僑民名册(1945.12.8) 임시정부 법무부장 최동오(崔東旿)와 최동엽 부부의 둘째딸
57	최창례 崔昌禮	30세 (1895년생)	평북	미포상		
58	최창은 崔昌恩	미상	평남	미포상	민족혁명당감찰위원	
59	최형록 崔亨祿	1895.2.20~ 1968.2.18	평남 평양	애족장 ('96)	1940.6 한국혁명여성동맹 창설, 감찰부장 1943 한국애국부인회 재건 1943.6 한국독립당 당원 임시정부 외무부 총무과 과원	조소앙의 둘째부인

	성명	실출생 연도	본적	포상여부	공적내용	자료 출처 및 인적 사항
260	추수덕 鄒壽德	24세 (1922년생)	충북	미포상	교포	* 韓國臨時政府職員暨眷屬僑 名册(1945.12.8)
261	탁금옥 卓金玉	23세	전북	미포상		
262	하민장 賀敏丈	32세	충북	미포상		광복군 남상규(南相奎)의 처
263	하상기 何尙祺 (중국인)	1921	미상	미포상	한국광복진선청년공작대원, 한국광복청년공작대	
264	한소은	미상	미상	미포상	조선의용대 부녀복무단	
265	한숙 韓淑	19세	함경도	미포상		* 韓國臨時政府職員暨眷屬僑 名册(1945.12.8)
266	한정임 韓貞任	29세	경북	미포상	1937년 중국 입국 한국광복군 직원	* 韓國臨時政府職員暨眷屬僑 名册(1945.12.8) 시안시 거주 한교조사표
267	한태은 韓泰恩	1920.9.23~ 2006.2.27	경북 대구	애족장 (2020)	1941.5 조선의용대 부녀복무단 단원 1942.11 광복군 제1지대 대원	* 韓國臨時政府職員暨眷屬僑 名册(1945.12.8) 임시의정원 의원 이정호(李貞 의 처 ※1955년 11월 5일 이정호와 인신고
268	허정숙 이명 정문주	1902.7.16~ 1991.6.5	경성	미포상	1925 경성여자청년동맹 조직 1926 근우회 상무위원회 상무위원 1928 근우회 전형위원, 중앙집행위원 1936 중국 망명, 난징 조선민족혁명당 가입 1938 조선청년전위동맹 결성 1938 조선의용대 부녀국, 조선의용대 진나기변구(晉奈冀邊區) 지회 대원, 조선의용대 화북지대, 1940 중국공산당 산하 항일군정대학 종치군사과 졸업, 팔로군 제120사 정치지도원 1942 조선혁명군정학교 교육과장 및 독립동맹 집행위원	본명 허정자. 임원근(1혼 이혼 송봉우(2혼 이혼), 신일룡(3혼 혼), 최창식(4혼 사별), 최창익(5 의 처, 부친 허헌 해방 후 북한 정부 참여, 북조 인민위원회 선전부장, 문화선 상, 사법상, 최고 재판소장, 최 인민회의 부의장, 조선민주여 동맹 중앙위원회 서기장 등 역
269	호요동 胡耀東	미상	미상	미포상	한국독립당당원	

	성명	실출생 연도	본적	포상여부	공적내용	자료 출처 및 인적 사항
70	홍매영 洪梅英	1913.5.15~ 1979.5.6	평북 박천	건국 포장 (2018)	한국독립당당원 유한책임한국광복군 관병소비합작사 사원	* 韓國臨時政府職員暨眷屬僑民名册(1945.12.8) 임시정부 국무위원 차리석(車利錫)의 처
71	홍매범 洪梅範	23세 (1923년생)	전북	미포상		
72	홍순애	미상	미상	미포상		광복군 제1지대사원명책(1942.11)
73	홍혁숙	35세 (1911년생)	함경도	미포상		* 시안시 거주 한교조사표 1938년 중국 입국, 한국광복군 직원
74	황관영 黃冠英 (중국인)	1912.7.23~ 1992	상해 출생	건국 포장		광복군 경위대장 한성도(韓聖島, 이명 李錫官, 한석관)의 중국인 처
75	황남숙 黃南淑	35세 (1911년생)	함경도	미포상		의원 유진동(劉振東)의 가속, 유진동의 둘째 부인?
76	황수방 黃秀芳	26세 (1920년생)	경성	미포상	광복군 제3지대 제1구대 전방구호대원	* 광복군 제3지대 앨범(항일혼의 선봉) 광복군 김창환(이명 김의명)의 부인
77	황숙미 黃淑美	미상	미상	미포상	광복군 제3지대 제1구대 전방구호대원	* 광복군 제3지대 앨범(항일혼의 선봉)
78	황애숙 黃愛淑	56세 (1890년생)	경성	미포상	한국독립당원	광복군총사령 지청천(池靑天)의 둘째 부인

『한국임시정부직원기권속교민명책(韓國臨時政府職員暨眷屬僑民名册)』(1945.12.8)의 명단은 임시정부 직원 및 권속, 교민의 명단으로 충칭, 시안, 쿤밍, 칭두에 거주하는 남자 250명, 여자 285명의 합계 535명의 명단인데 이 중 16세 이상의 여성을 추출하였고 여러 자료들에 등장하는 여성들을 더하여 총 278명을 가나다순으로 정리하였다. 본 표는 아직 정리가 미진한 부분이 있으니 활용에 참고하기 바란다.

1. 旅유韓僑名册(1945.11.4)
2. 重慶市居留韓僑調査表(1942.4.9)
3. 有限責任韓國光復軍總司令部 官兵消費合作社 社員名簿(1942)
4. 한국광복군총사령부 관병소비합작사 사원명단(1942.11.28)
5. 韓國光復軍 第1支隊 隊員士兵 및 家族姓名册(1944.12)
6. 韓國臨時政府職員暨眷屬僑民名册(1945.12.8)
7. 歸國臨時政府人員及家族 名單 * 민석린, 임정 의정원 각당파 명단(1944.3.15)
8. 광복군 김문택 수기

한국광복군 군복 연구

김정민

Ⅰ. 머리말

의복(衣服)은 착용자의 신체를 보호할 뿐 아니라, 정체성을 표현하는 수단이 된다. 한국광복군이 착용한 군복은 그들이 독립투쟁을 진행하는 데 있어 훈련과 전투로부터 몸을 보호해주고, '대한민국임시정부의 군대'라는 정체성을 표현하는 필수품이었다. 또한, 그들의 생활상을 보여주는 매개체이자, 당시 한국광복군이 처한 정치, 외교, 경제적 상황을 파악하게 하는 단서이다.

이렇듯 군복이 한국광복군의 삶을 파악할 수 있는 중요한 연구 자료임에도 불구하고, 대원들이 귀국하면서 그리고 한국전쟁 등을 거치며 대부분 망실(亡失)되어 그 원형(原形)을 완벽하게 파악하기 어려웠다. 또한, 군복에 대해 대원들의 회고록에 짧은 언급들만 찾아볼 수 있을 뿐, 문서 자료 또한 부족하여 1980년에 육군본부(陸軍本部)에서 발행한 『육군복제사(陸軍服制史)』[1]와 1997년 국방군사연구소(國防軍史硏究所)

가 발행한 『한국의 군복식발달사 I』[2]에 간략히 소개만 되었을 뿐, 최근까지 연구의 주제로 크게 주목받지 못했다. 이렇듯 한국광복군 군복에 대한 체계적인 연구가 부족한 상황에서 각종 행사와 공연, 영상물, 삽화 등에서 꾸준히 재현되고 있어, 필자는 그 원형을 밝히고자 「한국광복군 군복과 군용장구 연구」라는 논문을 집필하였으며, 그 연구를 바탕으로 한국광복군의 군복을 소개하고자 한다.

한국광복군은 1940년 9월 17일에 창설되어 1946년 5월 16일에 복원선언(復員宣言)으로 공식 해산될 때까지 6년여의 존속기간 동안 크게 세 가지 종류의 군복을 착용했다. 창설 초기에는 중국 국민정부(國民政府)의 조례(條例)에 따른 군복을 착용하였고, 1945년 2월에 이르러 〈육군제복도안〉과 〈육군휘장도안〉을 반포함으로써 독자적으로 군복을 제정하였으며, 미군과 군사 합작을 하면서부터는 미군 군복도 착용하게 되었다. 이 군복들은 기존의 것에 새로운 것이 추가되어 착용되었고, 따라서 환국 즈음에 촬영된 대원들의 사진에는 세 가지 군복이 함께 등장하게 된다.

본 논고에서는 한국광복군이 가장 오랜 기간 착용한 국민정부군 군복과 독자적으로 제정한 군복에 대해 고찰하였다. 먼저 현재까지 공개된 한국광복군 군복 유물을 간략하게 정리하고, 사진 자료와 문헌 자료를 토대로 대원들이 착용한 군복의 형태, 색상, 착장 방식 등을 고찰하였다.

그러나 문헌 자료가 희박하고, 군복을 착용한 기간이 짧아 이를 착용한 한국광복군 대원이었다 할지라도 이를 선명하게 기억하는 것은 어려운 일이다. 이에 사진 자료에 상당 부분 의존해 연구를 진행할 수밖

1) 陸軍服制史編輯委員會, 『陸軍服制史』, 陸軍本部, 1980, 101~110쪽.

2) 國防軍史研究所, 『韓國의 軍服飾發達史 I : 古代－獨立運動期』, 1997, 174~482쪽.

에 없으며, 이것이 연구의 한계점이지만, 그간 주목받지 못한 한국광복군의 군복을 조명하고 체계적인 정리를 시도했다는 점에서 의의를 찾을 수 있을 것이다. 그 결과가 한국광복군의 군복을 올바르게 재현하는데 기초 자료로, 그리고 추후 발굴될 사진 및 유물의 진위와 연대 감정에 활용되길 바란다.

II. 한국광복군 군복 유물의 현황

현재까지 공개된 한국광복군 군복 유물은 많지 않으며, 등록문화재로 지정된 대표 유물은 한 점뿐이다. 다만, 표지장(標識章),[3] 즉 '한국광복군 배지(badge)'로 소개된 유물을 군복에 포함하였고, e뮤지엄과 각 소장처의 홈페이지 및 발간도록 등을 토대로 조사하였다.

1. 군모와 제복 유물

육군박물관에 한국광복군 군복과 방한복으로 소개된 유물 일습이 소장되어 있으며, 이중 군복은 등록문화재 제460호(지정일 2010.6.25)(〈그림 1〉)[4]로 지정되어 국내 유일의 한국광복군 군복으로 알려져 있다. 이 유물은 광복군 예비대의 것으로 군모(軍帽)와 제복 상·하의로 구성되었으며, 1972년 서울시청 금고에서 발견되었다. 발견 당시 신문 기사에

---

3) 〈대한민국 군복 및 군용장구의 단속에 관한 법률(제13772호)〉(시행 2016.1.19)은 표지장(標識章)을 군복의 범주에 포함하였으며, 〈군인복제령(대통령령 제28346호)〉(시행 2017.9.29)은 계급장과 표지장을 구분하고 있지만, 광의(廣義)의 표지장에 계급장을 포함할 수 있을 것으로 보고 본 논문에서는 계급장, 모표 등을 포괄하여 표지장으로 통칭하였다.

4) 육군박물관-이달의 유물(https://museum.kma.ac.kr/)

실린 예비대 대원의 증언에 따르면, 예비대는 그 정식 명칭이 '재중대한민국임시정부 광복군예비대(在中大韓民國臨時政府 光復軍豫備隊)'로 귀국하지 않은 한국광복군과 임정 요인들의 환국 준비 등을 위해 대전에서 1945년 9월 1일에 결성된 단체였다.[5] 한국광복군 참모장이었던 이범석(李範奭)은 이 단체를 치안 유지 등을 위해 국내에서 조직된 단체로 보았고,[6] 따라서 중국에서 활동하던 한국광복군이 착용하던 유물은 아닌 것으로 생각된다. 이 외에 대만 정부가 독립기념관 개관에 맞춰 1986년에 보내온 한국광복군의 군복(〈그림 2〉[7], 〈그림 3〉[8])이 있으나, 착용자가 명확하지 않고 복제품인 것으로 보인다.

〈그림 1〉 광복군복
(육군박물관 소장)

〈그림 2〉
대만 정부가 보내온
총과 군복
(『동아일보』 1986.7.15, 7면)

〈그림 3〉
국민정부가 지원한 군복
(독립기념관 소장)

---

5) 『경향신문』 1972년 1월 15일, 「豫備隊副司令官 金容勳씨 밝혀 "市廳 金庫서 발견된 書類 國內光復軍別動隊의 것"」.

6) 『동아일보』 1972년 1월 15일, 「治安團體 書類보관해뒀다」.

7) 『동아일보』 1986년 7월 15일, 「光復軍이 쓴 총·군복 41年만에 돌아 왔다」.

8) 독립기념관 편, 『독립기념관 전시품 도록』, 1992, 161쪽.

2. 표지장 유물

표지장은 모표(帽標), 소속(부대) 표지, 병과 휘장 등을 말하는 것으로, 착용자의 정체성을 드러내며 일반적으로 '배지'로 소개된다. 대표적인 유물 몇 점을 소개하면, 〈그림 4〉, 〈그림 5〉, 〈그림 6〉[9]은 가슴에 부착하여 소속을 나타낸 표지장이며, 〈그림 7〉은 모자에 부착한 모표이다. 이 외에도 여러 소장처에 표지장이 소장되어 있을 가능성이 있다.

〈그림 4〉
한국광복군총사령부 배지
(독립기념관 소장)

〈그림 5〉
김우전 광복군 배지
(독립기념관 소장)

〈그림 6〉
제2지대 배지
(대한민국역사박물관 소장)

〈그림 7〉
안병무 광복군 배지
(독립기념관 소장)

9) e뮤지엄(http://www.emuseum.go.kr)

위 표지장은 착용자가 명확하거나, 한국광복군 대원들의 사진에서 확인이 가능한 유물들이다. 그러나 군모와 제복 중 중국에서 착용되던 것은 현재 국내에 남아 있지 않은 것으로 추정된다. 대원들이 군복을 가지고 귀국했다 하더라도 폐기했거나 분실했을 것으로 보이며, 이에 군복 유물을 발굴할 필요성이 절실하며, 정확한 재현품 제작 역시 시급하다 할 것이다.

Ⅲ. 한국광복군이 착용한 국민정부군 군복

중국에서 활동하던 한국광복군은 당시의 외교적, 경제적 여건으로 국민정부의 조례에 따른 군복을 상당 기간 착용하였다. 이는 비록 한국광복군의 독자적인 군복은 아니지만, 가장 오랜 기간 착용된 것으로 고찰의 의의가 있다. 한국광복군이 착용한 국민정부군의 군복은 국민정부가 1936년에 제정한 〈육군복제조례(陸軍服制條例)〉에 따른 것이나, 이에 앞서 이 조례의 근간이 되는 국민정부군의 초기 군복을 먼저 살펴보고, 〈육군복제조례〉를 고찰하고자 한다.

1. 국민정부군 군복의 시작

국민정부군 군복은 중산복(中山服)(〈그림 8〉)[10]을 바탕으로 열강(列强)들의 군복을 수용하며 발달하였다. 1920년대에는 부분적으로 일본 군복을 수용하였고, 1930년대에 독일로부터 군사 원조를 받으면서 군복 및 무기에 있어 독일제를 적극적으로 도입하였으며, 독일 군복의 요소

10) http://www.thepingpong.co.kr/nes/articleView.html?idxno=1767

가 군복 조례로 제정되기에 이른다. 1940년대에는 태평양 전쟁이 발발하여 연합군으로부터 군사 원조를 받았고, 연합군 군복이 국민정부군에 도입되었다. 국민정부군 군복의 이러한 변화는 한국광복군 군복에도 지속적인 영향을 미친다.

〈그림 8〉 중산복을 착용한 장제스와 마오쩌둥
(http://www.thepingpong.co.kr)

국민정부군이 통일된 군복을 착용하기 시작한 것은 1924년에 쑨원(孫文, 1866~1925)이 설립한 황포군관학교(黃埔軍官學校)의 영향이다. 이 학교의 교복은 회색 군복(〈그림 9〉)[11]으로 상의(上衣)는 중산복 양식이었다. 중산복은 이를 즐겨 입던 쑨원의 호(號)를 따서 이름 붙인 것으로 학생복처럼 생긴 양복이다. 이 옷은 국부(國父)인 쑨원의 의지를 계승한다는 이념을 담은 것으로[12] 커다란 주머니 네 개는 예의염치(禮義廉恥), 앞 섶 단추 다섯 개는 오권분립(五權分立), 소매 단추 세 개는 삼민주의(三民主義)를 상징하였다. 이렇게 정치색을 띨 뿐만 아니라, 실

〈그림 9〉 군복을 착용한 황포군관학교의 장제스
(「中国近代军服研究」, 87)

11) 위안저 · 후웨, 김승일 · 정한아 역, 『옷으로 읽는 중국문화 100년: 1901~2000』, 선, 2017, 133쪽.

12) 위안저 · 후웨, 김승일 · 정한아 역, 『옷으로 읽는 중국문화 100년: 1901~2000』, 138쪽.

용적이어서 황포군관학교의 교복으로 채택되었을 뿐 아니라, 이후 국민정부군의 군복으로도 널리 착용되었다. 군모(軍帽)(〈그림 9〉)는 대반모(大盤帽)라 불리는 모자의 윗부분이 큰 형태였는데, 쑨원과 장제스(蔣介石, 1887~1975) 등 학교 초창기 지도자들이 젊은 시절 일본에서 유학하며 접한 일본 문화가 수용된 것으로 보인다.

국민정부는 북벌(北伐)을 완수하고, 1929년 1월에 감군(減軍) 회의인 전국 편견회의(編遣會議)를 개최하였다. 그 결과에 따라 〈육군군상복기군예복잠행조례(陸軍軍常服暨軍禮服暂行條例)〉를 반포하여[13] 임시로 육군 군복을 제정하였고, 동년 9월에는 이 조례를 수정 · 보완한 〈육군군상복군예복조례(陸軍軍常服軍禮服條例)〉를 반포하여 군복 제도의 기틀을 마련하였다. 이 두 조례에 따른 군복은 황포군관학교의 교복을 이어받은 심회색(深灰色)의 중산복 양식이었으며,[14] 이 심회색은 천남색(淺藍色)을 띤 회색으로 알려져 있다.[15]

2. 〈육군복제조례〉와 한국광복군 군복

1936년 1월에 이르러 국민정부군 육군의 복제를 정립한 〈육군복제조례(陸軍服制條例)〉가 반포되었는데, 한국광복군 총사령부 성립전례식을 비롯해 한국광복군 사진에 등장하는 많은 수의 군복이 이 조례에 따른 것이다.

1929년의 조례와 비교해 눈에 띄게 다른 것은 독일군의 영향으로 군복 색상과 군모 형태가 변화한 점이다. 국민정부는 1920년대 후반부터

---

13) 中国第二历史档案馆 编,『民国军服图志』, 世纪出版集团上海书店出版社, 2003, 36쪽.

14) 江玲君,「中国近代军服研究」, 上海戏剧学院 박사학위논문, 2015, 91쪽.

15) http://www.hoplite.cn/Templates/hpjh0053.htm

독일과 긴밀한 군사 관계를 맺었고, 중앙군에 덕계사(德械師)를 조직하여 독일식 군사 체제와 훈련 방식을 따르게 하였다. 이 부대원들은 독일군의 것과 유사한 초황색(草黃色) 군복에 원통형 군모(〈그림 10〉)[16]를 착용했는데, 이것이 〈육군복제조례〉에도 반영된 것이다.

이 조례를 중앙군부터 적용해 나가던 중 1937년에 중일전쟁(中日戰爭)이 발발했고, 군복 색상이 초황색(草黃色)(〈그림 10〉)으로 규정되었음에도, 물자 조달 등의 문제로 실제로는 지방군은 물론이고, 일부 중앙군까지도 심회색의 군복을 착용할 수밖에 없었다. 한국광복군 대원 장준하(張俊河, 1918~1975)의 회고록에서 그가 일본군을 탈출해 1945년 1월 한국광복군에 합류했을 때 총사령부로부터 새 청색 군복을 지급받았다고 언급한 것으로 보아 한국광복군도 천남색(淺藍色)을 띠는[17] 심

〈그림 10〉 1930년대에 도입된 독일식 장교 군복
(『中国百年军服』, 67)

〈그림 11〉 1929년 1월 이후 착용된 장교 군복
(『中国百年军服』, 64)

16) 徐平 · 聂旭颖 · 徐海燕, 『中国百年军服』, 金城出版社, 2005, 67쪽.

17) http://www.hoplite.cn/Templates/hpjh0053.htm

회색(〈그림 11〉)[18] 군복을 착용했을 가능성이 높다.

한국광복군은 〈육군복제조례〉에서 정한 상복(常服)과 동일한 형태의 군복을 착용했는데, 한국광복군 총사령부 성립전례식 기념사진(〈그림 12〉)[19]에서 이를 확인할 수 있다. 앞서 언급한 대로 이 군복의 가장 큰 특징은 군모가 원통형(圓筒形)이라는 점이다.

〈그림 12〉 (왼) 총사령부 성립전례식 기념사진(1940.9.17)
(오) 왼쪽 사진 부분 확대, 원통형 군모를 착용한 대원들
(『자료로 본 대한민국임시정부』, 246)

국민정부는 기존의 대반모가 전쟁에 적합하지 않다고 판단, 독일 산악부대의 군모(bergmütze)(〈그림 13〉)[20]에서 유래한 원통형 군모를 착용하는 것으로 조례를 변경한 것이다. 이 모자에는 방풍(防風), 방서(防暑), 방진(防塵)의 기능을 하는 보호대가 달렸는데, 필요한 때에는 〈그

---

18) 徐平·聂旭颖·徐海燕, 『中国百年军服』, 64쪽. 〈그림 10〉과 〈그림 11〉은 『中国百年军服』에 수록된 일러스트로 인쇄 등의 과정에서 색상에 차이가 있을 수 있어 참고자료에 해당하며, 실제 색상은 유물을 통한 고찰이 필요하다.

19) 독립기념관 편, 『자료로 본 대한민국임시정부』, 2016, 246쪽.
이 도록은 '독립기념관 한국독립운동정부시스템(https://search.i815.or.kr)'에서 e-book으로 확인하였다.

20) Gordon Williamson, *Gebirgsjäger*, Osprey Publishing Ltd., 2008, 66쪽.

림 14〉[21]와 같이 내려서 뺨과 턱을 덮어 착용하고 평소에는 차양 위로 얹어 단추로 고정해 두었다. 시간이 지나면서 이 보호대는 장식화된 것으로 보인다.

〈그림 13〉 산악부대원의 군모
(*Gebirgsjäger*, 66)

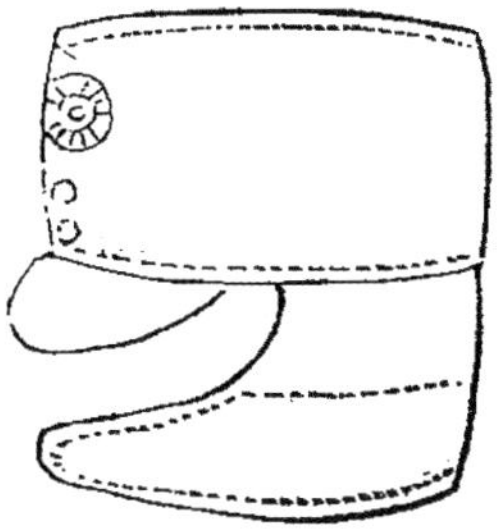

〈그림 14〉 중국 〈육군복제조례〉 부도(附圖) 13, 군모 3
(『民國政府公報』 第1950號)

상의로는 엉덩이를 일부 덮는 길이의 재킷을 착용했다. 중산복 양식에 뚜껑이 있는 커다란 주머니 네 개가 부착되었다. 하의(下衣)로 일자 바지를 입고, 말을 탈 때는 허벅지 부분이 넓은 승마 바지인 마고(馬褲)를 착용했는데, 총사령관 지청천(池靑天, 1888~1957)의 모습(〈그림 15〉)[22]에서 이를 확인할 수 있다. 황포군관학교 설립 시 마고를 착용하고 발목이 긴 군화인 마화(馬靴)를 착용하는 것이 고급 장교의 상징이었기에 총사령관 지청천이 〈그림 15〉의 차림을 하였을 것으로 보인다.

상의 위로는 허리띠를 했는데, 장교는 견대(肩帶)라 불리는 어깨끈이

---

21) 「陸軍服制條例」, 民國24年立法 25年公布, https://zh.wikisource.org/wiki/%E9%99%B8%E8%BB%8D%E6%9C%8D%E5%88%B6%E6%A2%9D%E4%BE%8B_(%E6%B0%91%E5%9C%8B24%E5%B9%B4%E7%AB%8B%E6%B3%9525%E5%B9%B4%E5%85%AC%E5%B8%83)

22) 독립기념관 편, 『자료로 본 대한민국임시정부』, 246쪽.

있는 무장대(武裝帶)(〈그림 15〉)를, 사병은 일반적인 허리띠[皮腰帶]를 착용하였다. 한국광복군 총사령부 성립전례식에 참여한 대원들은 여군을 제외하고 거의 모든 대원이 무장대를 착용하였는데, 무장대는 장교임을 나타내는 일종의 표식이었다. 그러나 무장대 때문에 장교임이 식별되어 적군에게 표적이 되는 단점이 있었고, 이에 국민정부는 전장(戰場)에서는 무장대 착용을 금지하게 된다.

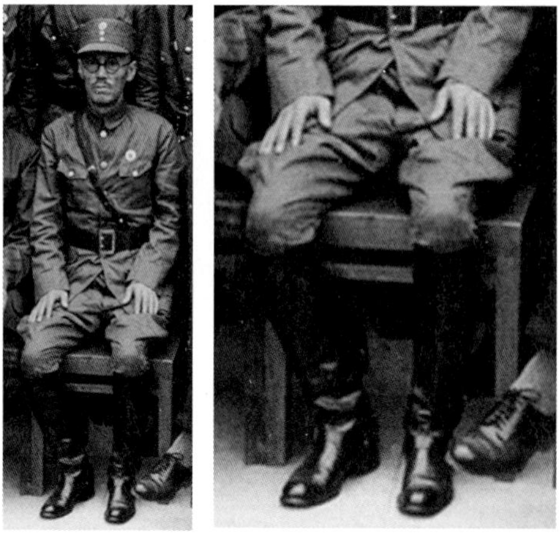

〈그림 15〉 마고(馬褲)를 착용한 총사령관 지청천, 총사령부 성립전례식 1940.9.17
(『자료로 본 대한민국임시정부』, 246)

마화 외에 신목이 낮은 신도 착용했는데, 여기에 무릎 아래까지 긴 띠 모양의 각반(脚絆)(〈그림 16〉)[23]을 함께 착용했다. 각반은 군복 하의의 바지통을 정리하여 몸에 밀착시키기 위해 사용한 것으로 군인의 기동성을 높여주었다. 신발에는 가죽으로 만든 피혜(皮鞋), 밑창에 천이

23) 韓國光復軍第二支隊 長安会, 『不屈의 民族魂: 寫眞으로 본 光復軍의 歷史』, 1994, 26쪽.

나 고무를 사용하고 발등은 튼튼한 천으로 만든 포혜(布鞋)(〈그림 16〉) 가 있었으며, 행군(行軍)과 작전에는 마(麻)로 만든 마혜(麻鞋)를 착용하게 하였다. 〈육군복제조례〉에 규정되진 않았으나, 실제로는 풀을 엮어 만든 초혜(草鞋)도 많이 착용되었는데, 중일전쟁 후반에 물자 부족으로 많이 사용되었고 재료를 현지에서 조달해 장교와 사병이 직접 손으로 짜서 착용했다. 실용적이었을 뿐만 아니라, 초혜를 착용하는 것이 고통과 어려움을 견뎌낸다는 상징이 되어 널리 착용되었다.[24]

〈그림 16〉 각반과 포혜를 착용한 대원들
(『不屈의 民族魂』(1994), 26)

한국광복군 대원들은 위와 같이 국민정부의 〈육군복제조례〉에 따른 군복을 갖춰 입었다. 한 선행연구는 1941년 11월 중국 군사위원회의 9개 준승으로 군수 보급을 받기 전까지 한국광복군은 주로 사복(私服)을 착

24) http://www.hoplite.cn/Templates/hpjh0053.htm

용하였고, 일부 중국 군사학교를 나온 인원만이 중국 군복을 착용했다고 기술하였으며, 1941년 11월 이후에도 보급 사정이 여의치 않아 국한된 작전 인원만 군복을 착용[25]한 것으로 보고 있다. 물론 총사령부 성립 이후 대원의 숫자가 증가하고 경제적 상황이 여의치 않아 군복 수급에 차질이 생겼을 수 있으나, 총사령부 성립전례식 사진 등 여러 사진 자료로 미루어볼 때, 군사 활동을 원활히 전개하고 대한민국임시정부 국군으로서의 위용을 보이기 위해 군복을 갖추려고 노력했던 것으로 생각된다.

3. 한국광복군의 태극 모표

앞서 살펴본 바와 같이 한국광복군이 〈육군복제조례〉에 따른 군복을 착용했기에, 한국광복군만의 정체성을 표현할 수단이 필요했을 것이다. 이에 한국광복군은 군모에 부착하는 표지장인 모표(帽標)에 그 정체성을 담고자 하였다. 당시 국민정부군의 모표(〈그림 17〉)[26]는 원형(原形)으로 그 안에 국민정부를 상징하는 청천백일(靑天白日)을 그려 넣었으나, 한국광복군은 그와는 달리 태극(太極)을 사용한 것으로 보인다. 〈그림 18〉[27]의 모표가 선명하지는 않지만, 음양(陰陽)이 가로로 놓인 태극으로 보이며, 이 태극 모표는 1945년 2월에 한국광복군의 〈육군휘장도안〉이 제정되기 전까지 사용된 것으로 추정된다.

---

25) 陸軍服制史編輯委員會, 『陸軍服制史』, 陸軍本部, 1980, 102쪽.

26) 독립기념관 편, 『자료로 본 대한민국임시정부』, 246쪽.

27) 육군박물관-이달의 유물(https://museum.kma.ac.kr/)

〈그림 17〉 제5전구 사령관 리쭝런(李宗仁, 1891~1969)의 국민정부군 군모와 모표
(http://news.ifeng.com)

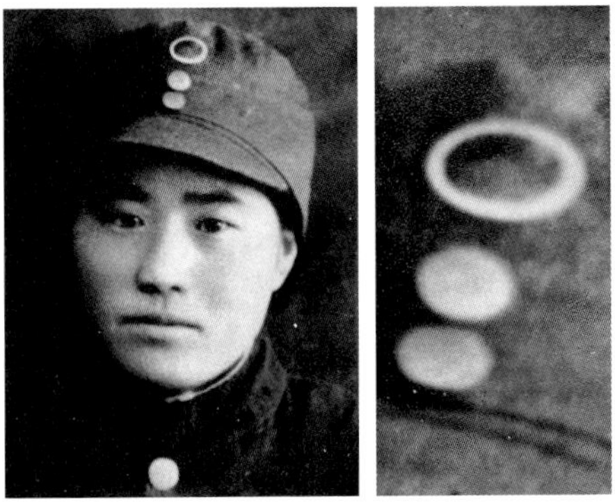

〈그림 18〉 한국광복군 제3지대원 오광심(吳光心, 1910~1976)의 군모와 모표
(https://blog.naver.com/mpvalove)

이러한 태극 모표는 1919년 12월 16일에 대한민국임시정부가 발표한 〈대한민국육군임시군제(大韓民國陸軍臨時軍制)〉[28]에서도 확인할 수 있다. 당시 육군의 편제와 조직을 규정하면서 제1편 5장에 '제복견장과 항선모자의 별(制服肩章 及 項縇帽子의 別)'이라 하여 군인의 복제(服制)를 정하고, 표지장으로 모표인 '모(帽)의 표장(表章)'과 병과 휘장인 '항선색별(項縇色別)', 견장인 '견장과 별표(肩章及別表)'를 정하였다. 이때 제정된 모표는 〈그림 19〉[29]와 같은데, 기록마다 태극 음양의 위치에

28) 韓時俊, 『韓國光復軍硏究』, 一潮閣, 1993, 8쪽.

29) ① 「1. 군무부의 역사보고 奉呈의 건(軍秘發 제1호 呈文 : 1921. 1. 7)」, 『대한민국임시정부자료집 9권 군무부』, 국사편찬위원회 (한국사데이터베이스)

차이가 있지만, 공통으로 교차한 화살 위에 태극이 얹힌 형태로 화살은 군(軍)을 상징하고 태극은 대한민국을 표현한 것으로 보인다.

〈그림 19〉 〈대한민국육군임시군제〉의 모표[表章], 부도(附圖) 제2호
(왼쪽부터) '군무부 자료', '일제 자료' 원문, 『韓國獨立運動史 資料 2 臨政篇』에 실린 '일제 자료'(180도 회전함)

이 태극과 화살은 대한제국군의 견장(肩章)에도 사용된 문양이다. 1897년 5월에 반포된 대한제국의 〈육군장졸복장제식(陸軍將卒服裝製式)〉[30]에서 위관(尉官) 견장의 중심에 태극을 두고, 좌우 화살 문양의 개수로 계급을 표시할 것을 정하였다. 이는 한국광복군이 총사령부 성립전례식에서 성립 경과보고를 통해 한국광복군이 대한제국군을 계승하였음을 밝힌 것과 같은 맥락인 것으로 보인다.

---

② 大韓民國文教部 國史編纂委員會, 『韓國獨立運動史 資料 2 臨政篇, 國史編纂委員會』, 1971, 56쪽.
③ 山崎馨一(上海總領事), 「機密 제83호 不逞鮮人의 行動에 관한 건」, 1920.6.1., 『不逞團關係雜件－朝鮮人의 部－上海假政府 2』 (한국사데이터베이스)

30) 『官報 第1624號』 1897.5.18, 「陸軍將卒服裝製式(建陽2年 5月 15日)」.

Ⅳ. 독자적 군복 제도의 제정과 시행

1940년 9월에 성립전례식을 치른 한국광복군은 복제(服制)도 정하지 못한 채, 국민정부의 조례에 따른 군복을 착용해오고 있었다. 그러다 1945년 2월에 한국광복군의 독자적인 군복 제도를 규정한 〈육군제복도안〉과 표지장(標識章)을 규정한 〈육군휘장도안〉을 공포·시행하기에 이른다.

대한민국임시정부는 1941년 11월에 9개준승을 불가피하게 수용한 뒤, 1944년 8월에 취소를 끌어냈는데, 동년 4월에 군무부(軍務部)가 작성한 '군무부공작계획대강(軍務部工作計劃大綱)'을 보면 9개준승을 취소하고 새로운 군사협정을 체결할 것을 계획하면서 '군인제복양식(軍人制服樣式) 및 군인표지(軍人標識)를 제정(制定)할 것'[31]을 함께 계획하였다. 이때부터 〈육군제복도안〉과 〈육군휘장도안〉[32]이 준비된 것으로 보이는데, 이는 한국광복군이 중국 국민정부에 예속(隸屬)되지 않은 자주적인 대한민국임시정부의 군대라는 것을 공표(公表)하고자 함이었을 것이다.

---

31) 「17. 군무부공작보고서(1945. 4. 1)」, 『대한민국임시정부자료집 9권 군무부』, 국사편찬위원회 (한국사데이터베이스)

32) 〈육군제복도안〉과 〈육군휘장도안〉은 국사편찬위원회의 『한국독립운동사(韓國獨立運動史)』 제4권에 채색화로 남아 있다. 1945년 4월 11일에 이와 관련된 것으로 추정되는 추인안(追認案)이 국무회의에서 논의되었으나, 그 내용을 담벼락에 붙여 회의 참석자들이 이를 확인하였을 뿐, 상세한 내용이 기록되어 있지 않아서 도안만 제정된 것인지, 그에 따른 조문(條文)도 있었는지는 알 수 없다.
「1. 第三十八回 議會速記錄」, 『한국독립운동사 자료 1권 임정편Ⅰ』, 국사편찬위원회 (한국사데이터베이스); 독립운동사 편찬위원회, 『독립운동사 제4권』, 독립유공자사업기금 운용위원회, 1972, 17쪽.

1. 〈육군제복도안〉의 시행

1945년 2월 19일에 공포 · 시행된 〈육군제복도안〉(〈그림 20〉)에는 '사병제복양식'이라 하여 모자, 저고리, 바지, 외투, 피대, 구두가 규정되었다. 장교의 제복은 따로 정하지 않았으나, 〈육군휘장도안〉에 장교와 사병의 모표에 구분이 있는 것으로 보아, 제복은 장교와 사병이 함께 착용하고 표지장을 달리 했을 것으로 볼 수 있다.

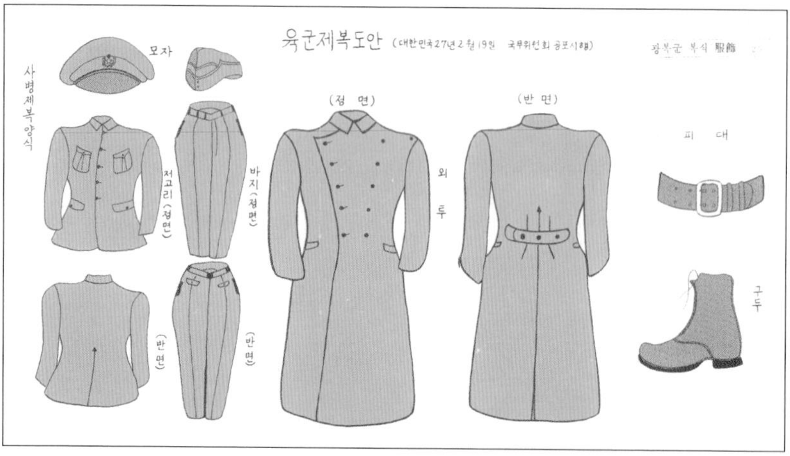

〈그림 20〉 〈육군제복도안〉, 1945년 2월 19일 국무위원회 공포 · 시행
(『독립운동사』 4권)

1) 색상

우선, 이 도안에서 확인할 수 있는 것은 군복의 색상이다. 1919년에 제정된 〈대한민국육군임시군제〉에서는 군복의 색상을 황담색(黃淡色)으로 규정하였다. 그러나 도안에 표현된 색상은 현대 색명(色名)[33] 중

---

33) 국립현대미술관, 『한국전통표준색명 및 색상』, 1992, 39쪽.

적황색(赤黃色)에 가깝다 할 수 있는데, 인쇄물이기 때문에 실제 색상과는 차이가 있을 수 있음을 고려해야 한다. 당시 국민정부의 〈육군복제조례〉에 군복 색상이 초황색(草黃色)으로 규정되어 있음에도 불구하고 적갈색(红棕色) 황갈색(黃棕色) 등 다양한 색상의 유물[34]이 남아 있다. 따라서 당시 한국광복군이 적황색에 가까운 색상의 원단이나 군복을 어렵지 않게 구매 또는 제작할 수 있었을 것으로 생각된다.

2) 군모

〈육군제복도안〉이 규정한 군모는 〈그림 20〉에서 보듯이 두 가지이다. 일반적으로 도안 왼쪽에 있는 윗부분이 큰 모자를 정복(正服)에 갖춰 쓰는 모자라 하여 정모(正帽)라 하고, 오른쪽 모자를 약식(略式) 모자라 하여 약모(略帽)라 칭한다. 하지만, 〈육군제복도안〉은 이 둘을 모두 '모자'라고만 칭하였으며, 용도 구분 등에 대해서는 기록하지 않았다. 원래 용도의 정함이 있었을 테지만, 사진 자료에서 일상생활이나 훈련 등의 구분 없이 정모를 착용한 대원들의 모습을 볼 수 있어 착용상황이 엄격히 구분된 것으로 보기는 어렵다.

〈육군제복도안〉의 이 군모들은 한국광복군 창설 이후부터 착용되어 온 원통형 군모와는 그 형태가 확연히 다르다. 정모(〈그림 21〉)[35]의 경우, 태평양 전쟁으로 미군의 복제(服制)가 국민정부군에 도입되었고,[36] 이때 미군 정모(service cap)의 영향으로 사라졌던 대반모가 다시 등장한 것이다.[37] 이것이 〈육군제복도안〉의 정모에 영향을 미쳤을 가능성

---

34) 楊桂霖, 『黃埔軍服－國民革命軍軍服典藏鑑賞(上篇)』, 老戰友工作室, 2008, 44~60쪽.
35) 韓國光復軍第二支隊 長安会, 『不屈의 民族魂: 寫眞으로 본 光復軍의 歷史』, 34쪽.
36) 楊桂霖, 『黃埔軍服－國民革命軍軍服典藏鑑賞(上篇)』, 58쪽.
37) 楊桂霖, 『黃埔軍服－國民革命軍軍服典藏鑑賞(上篇)』, 138쪽.

도 있고, 당시 한국광복군도 미국 전략첩보기구인 OSS와의 훈련에 참여하는 등 미군과 직접적으로 접촉했기 때문에 미군으로부터 곧바로 수용된 것일 가능성도 있다.

정모의 차양과 턱 끈은 모테보다 진한 색상의 가죽으로 만들었으며, 모자 앞면 중앙에는 모표를 달았다. 이 정모는 상부에 각이 잡히지 않은 형태(〈그림 21〉)와 각이 잡힌 형태 두 가지 모두 사진 자료에서 확인할 수 있다.

〈그림 21〉 군모를 착용한 제2지대원 홍재원(洪在源)
(『不屈의 民族魂』(1972), 34)

〈그림 22〉 약모를 착용한 제2지대장 이범석
(『不屈의 民族魂』(1994), 5)

한편, 약모(그림 22)[38]는 미군의 대표적인 군모로 떠올릴 만큼 미군이 널리 착용한 것으로 개리슨 캡(garrison cap)이라 불리는데, 한국광복군 대원 지복영(池復榮, 1920~2007)은 이를 '쪽배 모자'라 표현하였다.[39]

---

38) 韓國光復軍第二支隊 長安会, 『不屈의 民族魂: 寫眞으로 본 光復軍의 歷史』, 5쪽.
39) 지복영, 『민들레의 비상: 여성 한국광복군 지복영 회고록』, 민족문제연구소, 2015, 222쪽.

이 모자는 크기가 작고 벗어서 납작하게 접을 수도 있어 착용과 보관이 용이하여 실용성이 뛰어나, 세계적으로 착용되었다.

〈육군제복도안〉에 채택된 개리슨 캡의 형태는 영국군이 착용했던 것과 유사하지만, 〈그림 22〉 등의 사진 자료에서는 미군의 개리슨 캡과 동일한 형태임을 알 수 있다. 모자 양옆에 날개가 달렸는데 이 날개가 정면에서 교차하며, 기울여서 착용하고 모표를 모자의 앞쪽 왼편에 부착하였다. 국민정부군은 제2차 세계대전 종료 이후부터 개리슨 캡을 착용한 것으로 알려져 있고,[40] 한국광복군은 미군과 합작 훈련을 하면서 이를 착용한 사진 자료들이 있어 이는 미군으로부터 직접 수용하여 〈육군제복도안〉에 제정한 것으로 추정된다.

3) 제복

〈육군제복도안〉은 한국광복군의 제복으로 상의와 하의, 피대, 그리고 외투를 규정하였다. 일반적으로 군(軍)에서 착용 상황에 따라 차림을 구분되는 것과 달리 한 가지 제복만이 규정되어 범용이었던 것으로 보인다.

(1) 상·하의와 피대

'저고리'라 표기된 상의는 엉덩이를 덮는 길이로 목을 높이 감싸는 칼라가 달렸다. 앞섶에 단추가 다섯 개 있고, 가슴에는 한 쌍의 겉붙임뚜껑주머니가 있으며, 주머니 가운데에 세로로 주름을 잡아 장식적이면서도 소지품을 넉넉하게 수납할 수 있었다. 허리에는 속붙임뚜껑주머니 한 쌍이 있으며, 뒷중심에서 맞주름을 잡아넣어 활동하기 편리하게 하였다. '바지'로 규정된 하의는 상의와 같은 색상이었으며, 허리에는

---

40) 楊桂霖, 『黃埔軍服－國民革命軍軍服典藏鑑賞(上篇)』, 130쪽.

'피대'라 명명된 허리띠를 했다.

이러한 제복은 국민정부군이 착용하던 중산복 양식과 연합군인 미군과 영국군 제복이 혼합된 형태로 볼 수 있다. 〈육군제복도안〉의 제복 상의는 〈그림 23〉[41]에서 보듯이 장제스가 착용한 높은 칼라의 중산복에 미군 총사령관이 착용한 미군 정복(service coat)의 허리띠 양식이 수용된 것으로 볼 수 있으며, 이런 형태의 국민정부군 군복 유물도 찾아볼 수 있다.

〈육군제복도안〉에 근접한 제복을 착용한 한국광복군의 모습은 〈그림 24〉[42]에서 확인할 수 있다. 상의 위로는 허리띠를 착용했는데, 이것이 피대일 것으로 추정된다. 도안에 피대의 색상이 상·하의와 동일하게 나타나며, 사진 자료에서도 이런 착장을 많이 찾아볼 수 있다. 〈육군제복도안〉의 상·하의 차림은 여러 사진에서 찾아볼 수 있는데, 도안과는 달리 상의의 허리 쪽 주머니가 겉붙임뚜껑주머니이거나, 〈그림

〈그림 23〉 중산복을 입은 주석 장제스(왼쪽)와 정복을 입은 총사령관 스틸웰(오른쪽)
(www.britannica.com)

〈그림 24〉 군모와 제복을 착용한 제2지대장 노태준
(『한국광복군 그 뿌리와 발자취』, 40)

41) https://www.britannica.com/biography/Joseph-W-Stilwell

24〉와 같이 어깨에 견장대(肩章帶)가 추가된 형태도 많이 확인된다.

(2) 외투

〈육군제복도안〉에 규정된 외투는 더블 브레스티드(double-breasted)로 앞섶 좌우가 많이 겹치는 형태였으며, 단추 열 개가 부착되었다. 허리에는 양쪽으로 주머니가 있고, 뒷중심선을 따라 허리부터 긴 트임이 있는 형태이다. 그러나 사진 자료에서는 이에 정확히 부합하는 외투는 찾아보기 어렵다. 다만, 〈그림 25〉[43]의 국민정부군의 외투 유물과 유사할 것으로 추정된다.

〈그림 25〉 중국 국민정부군 장성의 외투[大衣]
(『黃埔軍服』 上篇, 154)

4) 군화

군화는 〈육군제복도안〉에 '구두'로 기록되었으며, 제복과 같은 적황색으로 채색되어 있다. 굽이 있는 앵클부츠 형태로 끈으로 발등을 조여 착용하는 형태였다. 이는 국민정부의 〈육군복제조례〉의 군화 또는 미군의 군화(〈그림 26〉)[44]로부터 영향을 받은

〈그림 26〉 미군 군화 Type II
(*GI Collector's Guide*, 58)

---

42) 독립기념관 편, 『한국광복군 그 뿌리와 발자취』, 2011, 40쪽.
43) 楊桂霖, 『黃埔軍服－國民革命軍軍服典藏鑑賞(上篇)』, 154쪽.

것으로 추정된다.

〈육군제복도안〉에 따른 군복에 관하여 선행연구[45]는 일부 사령부 요원만이 예식(禮式)이나 대한민국임시정부를 대표하는 업무수행을 위해 착용했다고 서술하였다. 그러나 수많은 한국광복군 대원들이 〈육군제복도안〉에 따른 군복을 착용하고 찍은 사진이 남아있을 뿐만 아니라, 예식을 비롯해 훈련 및 일상생활에까지 이를 착용하였음을 확인할 수 있다.

2. 〈육군휘장도안〉의 시행

1945년 2월 20일에 공포 · 시행된 〈육군휘장도안〉(〈그림 27〉)[46]은 한국광복군의 독자적인 표지장 도안을 규정하였다. 휘장(徽章)이란 신분 · 직위 · 명예 · 자격 등을 표시하기 위해 군복에 부착하는 표지물을 말하며[47], 본 논고의 '표지장'과 같은 개념이다.

도안은 당시 군무부(軍務部) 군사과 과장이었던 조지영(趙志英, 1916~1950)이 고안한 것으로 기록되어 있으며, 모표(帽標)인 '장교모희'와 '사병모희', 칼라에 부착하는 병과 휘장인 '장교영장'과 '사병영장', 견장인 '장교견장', 수장(袖章)인 '장관표시'와 '영관표시', '사병수장', 그리고 '단추'가 규정되었다.

---

44) Enjames, Henri-Paul, *G.I. Collector's Guide: Army Service Forces Catalog*, Histoire & Collections, 2008, 58쪽.

45) 陸軍服制史編輯委員會, 『陸軍服制史』, 102쪽.

46) 독립운동사 편찬위원회, 『독립운동사 제4권』, 17쪽.

47) 國防軍史研究所, 『韓國의 軍服飾發達史Ⅱ: 現代編』, 1998, 171쪽.

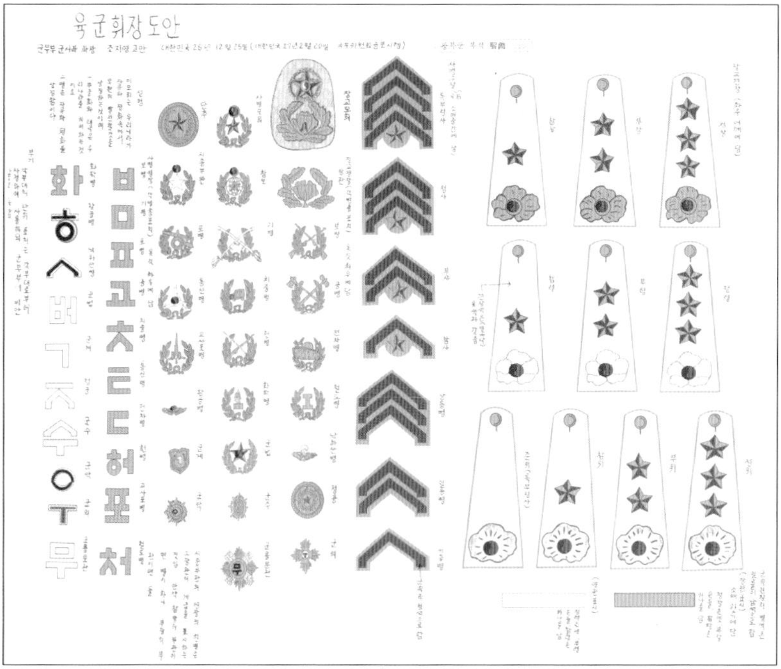

〈그림 27〉〈육군휘장도안〉, 1945년 2월 20일 국무위원회 공포 · 시행
(『독립운동사』 4권)

1) 모표

모표는 '모희' 또는 '모휘'로 기록되었는데, 장교와 사병의 것이 따로 규정되었다. 장교 모표의 하단에는 무궁화(無窮花) 꽃송이 한 개와 그것을 둘러싼 무궁화 잎이 있다. 상단의 원(圓) 안에 별이 한 개 있고, 그 중심에는 태극이 자리하고 있는데, 무궁화와 태극은 우리나라를, 별은 자유와 평화를 상징한다고 도안에 기록되어 있다.

이 도안이 실제 사용된 모습은 〈그림 28〉[48]과 같은데, 바탕천에 자수

48) 독립기념관 편, 『한국광복군 그 뿌리와 발자취』, 140쪽.

를 놓아 제작한 것으로 보인다. 사진 자료가 흑백이기에 확언할 수는 없지만, 도안이 황색 계열이고 〈그림 28〉에서 무궁화 잎맥이 수놓인 형태를 보았을 때 골드워크(goldwork) 자수 기법을 사용하였을 가능성이 있다. 한편 〈그림 29〉[49]의 장교 모표는 도안 테두리가 선명하고, 입체감이 두드러지는데, 이는 주물(鑄物)을 떠서 만든 것으로 추정된다.

〈그림 28〉 장교 모표를 착용한 제2지대장 이범석
(『한국광복군 그 뿌리와 발자취』, 140)

〈그림 29〉 장교 모표를 착용한 제2지대원 최봉진
(『不屈의 民族魂』(1994), 106)

사병 모표는 도안에 따르면, 나뭇가지가 별을 감싸고, 그 위에 태극이 있다. 이 형태의 모표는 사병의 것으로 규정되었으나, 이 모표를 장교가 약모(略帽)에 착용한 사례들을 사진 자료에서 쉽게 찾아볼 수 있

49) 韓國光復軍第二支隊 長安会, 『不屈의 民族魂: 寫眞으로 본 光復軍의 歷史』, 106쪽.

다. 이 도안에 따라 제작된 유물은 〈그림 7〉과 같고, 배경이 투각되지 않은 형태(그림 30)[50]도 사용되었다.

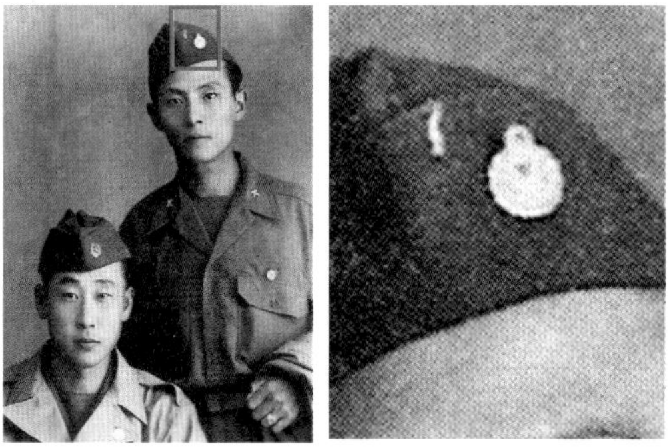

〈그림 30〉 사병 모표를 착용한 제2지대원 최봉상(왼쪽)과 장덕기(오른쪽)
(『不屈의 民族魂』(1994), 70)

2) 병과 휘장

〈육군휘장도안〉에는 '장교영장'과 '사병영장'이라 하여 장교와 사병의 병과(兵科) 휘장을 규정하였고, 한 쌍의 병과 휘장을 양쪽 칼라의 끝에 부착하게 하였다. 병과는 장관, 참모, 시종부관, 보병, 기병, 포병, 공병, 치중병, 통신병, 전차병, 헌병, 고사포병, 철도병, 화학병, 항공병, 낙하산병, 군법, 군계, 정공, 군수, 군악, 군의, 군용문관이며, 이 병과의 구분은 제2차 세계대전 당시 미군의 것과 상당 부분 일치한다.

장교용 병과 휘장은 나뭇가지에 각 병과를 상징하는 도안이 조합된 형태였는데, 보병 휘장에 교차하는 소총(springfield rifles)을, 기병 휘장에 교차하는 날이 휜 형태의 칼인 세이버(saber)를 사용하는 등 일부 장교 병과 휘장에는 미군의 도안을 차용하기도 하였다. 한편, 사병용은

50) 韓國光復軍第二支隊 長安会, 『不屈의 民族魂: 寫眞으로 본 光復軍의 歷史』, 70쪽.

각 병과 또는 병과와 관련된 단어의 한글 표기에서 자음이나 모음, 또는 글자를 따서 만든 것이다.

그러나 사진 자료에서 〈육군휘장도안〉에 따른 병과 휘장을 대원들이 사용한 흔적을 찾을 수 없어 시행에는 이르지 못한 것으로 보인다. 단, 몇몇 사진 자료에서 장교가 병과 휘장으로 추정되는 표지장을 칼라에 착용한 것을 확인할 수 있는데, 〈육군휘장도안〉에서 제정한 것과는 동일한 형태는 아닌 것으로 보여 이에 대한 추가적인 연구도 필요하다.

3) 견장과 수장

〈육군휘장도안〉은 계급장으로 장교의 견장(肩章)과 장교 및 사병의 수장(袖章)을 규정하였다. 견장은 좌우 어깨에 다는 것으로 하였으며, 사다리꼴 형태에 별의 개수와 무궁화의 색상으로 계급과 관등을 표지하였다. 〈그림 31〉[51]에서 총사령관 지청천이 견장을 패용한 모습을 볼 수 있는데, 대부분의 사진 자료에서는 견장을 착용한 대원들의 모습을 확인하기 어렵고, 몇몇 사진에서 정모(正帽)를 착용한 일부 장교만이 견장을 패용한 것을 볼 수 있다. 따라서 일부 장교들이 공식적인 자리에서 착용한 것으로 추정된다.

〈그림 31〉 견장을 착용한 총사령관 지청천
(『연합뉴스』 2011년 2월 27일)

〈육군휘장도안〉의 수장은 장교용과 사병용으로 구분되었다. 장교용은 장관(將官)과 영관(領官)의 것이 '장관표시'와 '영관표시'로 규정되었으며, 적황색 또는 흰색의 띠를 소매 아래에 부착하게 하였다. 사병용

51) 『연합뉴스』 2011년 2월 27일, 「광복군 총사령관 시절 지청천」.

은 특무정사, 정사, 부사, 참사, 상등병, 일등병, 이등병의 것이 규정되었으며, 오른쪽 소매 중간에 부착하게 하였다. 황색 별[星]과 적색 '∧' 문양으로 관등과 계급을 표시했는데, 별의 유무로 사관(士官)과 병원(兵員)을 구분하였으며, '∧'의 개수로 계급을 나타냈다. 또한, '∧' 문양에 청색을 사용하여 군속(軍屬)[52]임을 나타냈다.

당시 국민정부의 〈육군복제조례〉는 수장 체계를 규정하지 않았고, 계급을 상의 칼라에 부착하는 금장(襟章)으로 표시하였다. 따라서 한국광복군의 수장은 미군 또는 영국군의 영향으로 추정된다. 이 수장이 실제 사용된 사진 자료는 극히 드문데, 1945년 8월 말 허난성(河南省) 카이펑(開封)에서 개최된 운동회를 촬영한 것으로 추정되는 〈그림 32〉[53]에서 여성 대원이 착용한 사병용 수장을 확인할 수 있다.

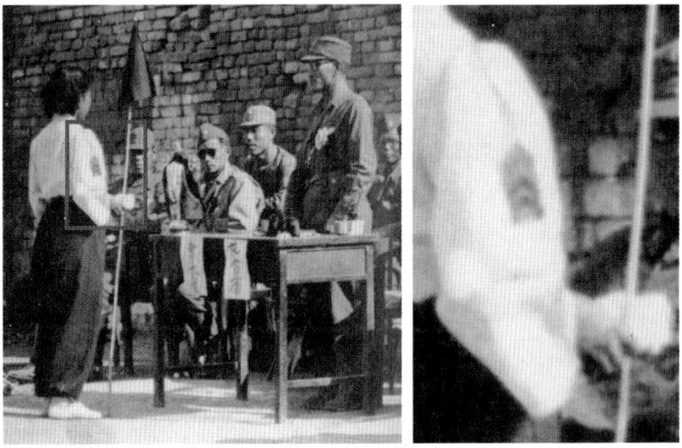

〈그림 32〉 한국광복군 여성대원과 수장(袖章)
(『한국광복군 그 뿌리와 발자취』, 127)

52) 군속(軍屬)은 '국군에 복무하는 특정직 공문원인 문관(文官)'을 말하며, 군무원(軍務員)을 가리킨다. 국립국어연구원 편, 『표준국어대사전』, 두산동아, 1999, 716쪽.

53) 독립기념관 편, 『한국광복군 그 뿌리와 발자취』, 2011, 127쪽.

4) 단추

단추는 현대 군에서는 표지장의 범주에 포함하지 않으나, 〈육군휘장도안〉에는 함께 규정되었다. 단추의 중심에 있는 별을 나뭇가지가 감싸고 있으며, 단추의 테두리를 따라 밧줄처럼 생긴 사선(斜線) 문양을 둘렀다. 〈그림 33〉[54]에서 단추 문양이 뚜렷이 보이지는 않으나, 〈육군휘장도안〉에서 규정한 단추인 것으로 추정되며 단추 중심에 위치한 별이 제일 돌출된 형태이다.

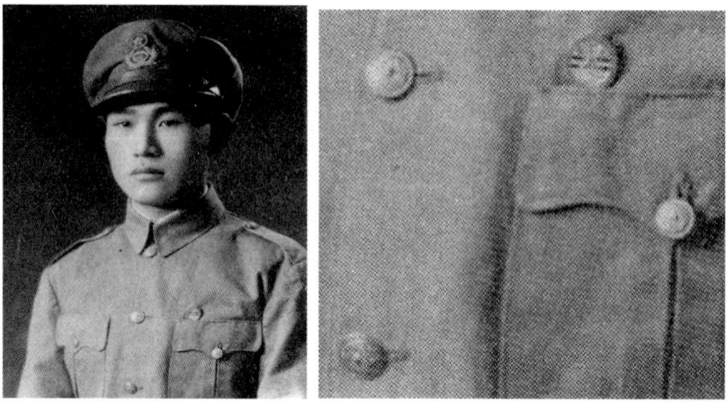

〈그림 33〉 제2지대원 이덕산의 제복 상의 단추
(『不屈의 民族魂』(1994), 96)

5) 소속(부대) 표지

〈육군휘장도안〉은 도안 외에 '각 부대의 단위 표치는 각 부대로부터 지정하여 사용하되 군무부에 비안함을 득함'이라고 부기(附記)로 규정하였다. 즉, 각 지대에서 부대 표지를 자체적으로 정하고 군무부의 허가를 받아 사용한 것으로 보이며, Ⅱ단원에서 살펴본 표지장 유물 중 〈그림 5〉와 〈그림 6〉이 이에 해당한다. 또 〈육군휘장도안〉에서 정한

54) 韓國光復軍第二支隊 長安会, 『不屈의 民族魂: 寫眞으로 본 光復軍의 歷史』, 96쪽.

표지장 외에 한국광복군의 영문 표기인 'Korean Independence Army'에서 제일 앞글자를 따서 만든 것으로 추정되는 K표지도 널리 착용되었음을 사진 자료를 통해 확인할 수 있다. 이러한 표지장을 통해 대원들이 소속감과 자긍심을 갖게 하고, 한국광복군이 대일항전(對日抗戰)에 참여하는 독립된 주체임을 나타냈을 것이다.

V. 맺음말

대한민국임시정부의 국군(國軍)으로 창설된 한국광복군은 조국 독립을 위해 끊임없는 무장독립투쟁을 전개하였다. 이 투쟁을 지속하는 데 있어 대원들의 신체를 보호하고, 소속감을 높이는 군복은 없어서는 안 될 필수품이었을 것이다.

그러나 외교적 문제와 더불어 막대한 군비(軍費)를 재외 교포의 후원과 국민정부의 지원에 의존해야 하는 경제적 사정으로 창설 초기, 별도의 군복 제도를 마련하지 못한 채 국민정부의 〈육군복제조례(陸軍服制條例)〉에 따른 군복을 착용하였다. 한국광복군은 국민정부군의 상복(常服)에 해당하는 원통형 군모, 제복 상·하의, 무장대(武裝帶)와 가죽 허리띠, 각반, 군화 등을 착용하였다. 그러나 한국광복군이 착용한 군복의 색상은 당시 규정에 따른 초황색(草黃色)이 아닌, 국민정부군 중 일부 중앙군과 지방군이 1929년의 군복 조례에 따라 착용하던 푸른빛이 도는 심회색(深灰色)이었을 것이다.

국민정부군의 복제를 유지하던 한국광복군은 1945년 2월에 이르러 독자적인 군복 제도인 〈육군제복도안〉과 〈육군휘장도안〉을 공포·시행하게 된다. 〈육군제복도안〉은 군모, 제복 상·하의와 허리띠, 외투,

군화를 규정하였으며, 도안에 채색된 군복의 색상은 적황색(赤黃色)에 가깝다. 군모는 미군 정모(service cap)의 영향을 받은 정모(正帽)와 미군 개리슨 캡(garrison cap)을 수용한 약모(略帽)로 나뉘었으며, 제복은 기존 중산복 양식에 연합군의 정복(service coat)이 반영된 형태였다. 이렇듯 〈육군제복도안〉의 제정으로 한국광복군만의 군복 제도가 정립되었지만, 그 내용은 국민정부군과 연합군의 영향을 받은 것이었다. 이는 한국광복군이 중국 본토에서 활동하면서 국민정부군 및 연합군과 함께 대일항전(對日抗戰)에 참여하기 위해 외교적·전략적으로 선택한 결과이며, 무장 독립투쟁을 효과적으로 수행하기 위해 최신의 군복을 수용했기 때문이기도 하다. 그러나 〈육군휘장도안〉으로 한국광복군만의 모표, 병과 휘장, 견장, 수장, 단추, 소속(부대) 표지를 정함으로써 한국광복군만의 정체성과 독자성(獨自性)을 표명하였다.

본 연구는 사진 자료와 문헌 자료에 근거하여 한국광복군의 군복에 대해 개괄적으로 고찰하였다. 이 과정에서 많이 공개된 제2지대의 사진이 연구의 주 자료로 활용되었기에 여타 지대의 사진 자료를 더해 종합적인 연구가 진행된다면 한국광복군 군복에 대한 보다 입체적인 고찰이 가능해질 것이다.

참고문헌

1. 자료

『구한국관보』

『경향신문』

『동아일보』

『연합뉴스』

2. 저서

國防軍史硏究所, 『韓國의 軍服飾發達史 Ⅰ: 古代－獨立運動期』, 1997.

國防軍史硏究所, 『韓國의 軍服飾發達史 Ⅱ: 現代編』, 1998

국립국어연구원 편, 『표준국어대사전』, 두산동아, 1999.

국립현대미술관, 『한국전통표준색명 및 색상』, 1992.

독립기념관 편, 『독립기념관 전시품 도록』, 1992.

독립기념관 편, 『한국광복군 그 뿌리와 발자취』, 2011.

독립기념관 편, 『자료로 본 대한민국임시정부』, 2016.

독립운동사 편찬위원회, 『독립운동사 제4권』, 독립유공자사업기금 운용위원회, 1972.

大韓民國文敎部 國史編纂委員會, 『韓國獨立運動史 資料 2 臨政篇, 國史編纂委員會』, 1971.

陸軍服制史編輯委員會, 『陸軍服制史』, 陸軍本部, 1980.

위안저 · 후웨, 김승일 · 정한아 역, 『옷으로 읽는 중국문화 100년: 1901-2000』, 선, 2017.

지복영, 『민들레의 비상: 여성 한국광복군 지복영 회고록』, 민족문제연구소, 2015.

韓國光復軍第二支隊 長安会, 『不屈의 民族魂: 寫眞으로 본 光復軍의 歷史』, 1994.

韓時俊, 『韓國光復軍硏究』, 一潮閣, 1993.

徐平 · 聂旭颖 · 徐海燕, 『中国百年军服』, 金城出版社, 2005.

楊桂霖, 『黃埔軍服－國民革命軍軍服典藏鑑賞(上篇)』, 老戰友工作室, 2008.

中国第二历史档案馆 编,『民国军服图志』, 世纪出版集团上海书店出版社, 2003.

Enjames, Henri-Paul, *G.I. Collector's Guide: Army Service Forces Catalog*, Histoire & Collections, 2008.

Gordon Williamson, *Gebirgsjäger*, Osprey Publishing Ltd., 2008.

3. 논문

김정민,「한국광복군 군복과 군용장구 연구」, 이화여자대학교 박사학위논문, 2019.

江玲君,「中国近代军服研究」, 上海戏剧学院 박사학위논문, 2015.

4. 인터넷 자료

국사편찬위원회 한국사데이터베이스(http://db.history.go.kr)

https://blog.naver.com/mpvalove/220819169692

https://zh.wikisource.org

www.britannica.com

www.hoplite.cn/Templates/hpjh0053.htm

www.thepingpong.co.kr

한유한(韓悠韓)의 중국 서북지역에서의 예술 활동과 그 영향

왕메이(王梅), 푸위안(蒲元)

한유한(韓悠韓)[1]은 한국근대사에서 전설적인 인물이다. 그는 한국광복군 장교, 민족음악가, 아동교육가로서 활약하였다. 항일전쟁시기에는 산시(陝西)의 시안(西安)을 중심으로 하는 중국 서북지역에서 활동하면서 예술과 프로파간다 및 교육 등의 분야에서 뛰어난 성과를 거두었다. 여러 이유로 인해 그의 생애는 한중 양국에서(특히 중국에서) 오랫동안 세상에 알려지지 못했지만, 2014년 5월에는 중국 시안에 한국광복군주지구지기념표시석(韓國光復軍駐地舊址紀念標示石)이 세워졌고, 2021년 부산에서는 한유한의 기념관 건립이 시작되었다. 중국 서북지역에서 한유한이 펼친 예술 활동을 조명하는 것은 한중교류사와 중국음악교육사 및 항일전쟁사 연구 발전에 긍정적인 의미가 있을 것이다.

---

1) [편집자주] 한유한은 한형석(韓亨錫, 1910~1996)의 이명으로 중국에서의 활동명이다. 본고에서는 한유한으로 성명 표기를 통일하였다.

Ⅰ. 한유한의 생애[2)]

한유한은 1910년에 부산에서 태어났다. 이듬해 그의 아버지 한흥교(韓興教, 중국동맹회 회원)는 중국에서 혁명 활동을 시작하였다. 한유한은 다섯 살이 되던 해에 어머니를 따라 자신의 아버지를 찾으러 중국으로 가게 되었고, 이후 한유한은 베이징(北京)에서 초등학교와 중학교를 졸업하였다. 1928년에는 상하이신화예술대학(上海新華藝術大學) 예술교육학과에 입학하여 음악 공부를 시작하였다. 1932년에 한국 독립운동가 윤봉길이 상하이(上海)에서 폭탄을 던져 일본군 대장(大將) 시라카와(白川)를 즉사시키면서 일본 정부가 상하이의 한인들을 대거 수색·체포하기 시작하자 한유한은 산둥(山東)으로 이주하였고 지난우쒼중학(濟南武訓中學)과 산둥성립여자사범중학부속소학(山東省立女子師範中學附屬小學)에서 음악교사로 활동하였다. 7·7사변(七七事變) 이후에는 난징(南京)으로 가서 중국희극학회항일연극대(中國戲劇學會抗日演劇隊) 제2대 대장(隊長)을 맡았고, 북방의 각 지역에서 항일 프로파간다 공연을 하였다.

1937년 말에 산시성 시안에 도착해서 곧바로 군사위원회(軍事委員會) 전시공작간부훈련단(戰時工作幹部訓練團) 제4단(이하 전시공작간부훈련단 제4단)의 음악교관을 맡았다. 1939년에는 중교주임교관(中校主任教官)으로 승진하였고, 그해 말에는 한국청년전지공작대(韓國青年戰地

2) 본 절의 내용은 량마오춘(梁茂春)의 관련 논문과 2014년에 필자가 한유한의 중국학생인 양치(楊祺), 량원량(梁文亮), 쑨이(孫毅), 그리고 친구인 시안화하합창단(西安華夏合唱團) 지휘자 훠펑(霍風)을 인터뷰한 내용을 정리하여 작성한 것이다. 그중 량마오춘의 논문으로는 「中韓音樂交流的一段佳話: 音樂家韓悠韓在中國」, 『音樂研究』, 2005年第1期, 56쪽; 「永恒精神的綻放: 在韓國釜山聆聽韓悠韓的抗戰歌曲」, 『人民音樂』, 2005年第11期, 12쪽; 「韓悠韓的歌劇〈阿里郎〉: 一部特殊的韓國歌劇」, 『中央音樂學院學報』, 2006年第1期, 35쪽 등이 있다.

工作隊) 예술조장(藝術組長)을 맡았다. 1940년 하반기에는 충칭칭무관국립음악학원(重慶青木關國立音樂學院)에서 작곡을 공부하였고, 시가낭송사(詩歌朗誦社) 사장직을 맡았다. 1941년 상반기에는 시안으로 돌아와 산시 주재 한국광복군에 입대하였다. 이와 비슷한 시기에 산시성전시제2보육원(陝西省戰時第二保育院)은 아동예술반(이하 예술반)을 만들었는데, 한유한이 초대 담임선생(班主任)으로 초빙되었다. 1942년 4월 이후에는 한국광복군 제2지대(第二支隊) 선전조장(宣傳組長)을 맡았다. 1944년 가을부터는 주로 한국광복군과 한미OSS특훈반에서 활동했지만, 여전히 주요 예술 활동에 참여하였고 예술반의 일부 주요 공연을 조직하였다. 그해 12월에는 산시의 한중(漢中)에서 열린 서북음악계여한연합음악연주회(西北音樂界旅漢聯合音樂演奏會)에 참여하였다.

1946년에는 시안을 떠나 산둥대학(山東大學)의 과외활동지도원(課外活動指導員)을 맡아서 칭다오(青島)에서 공연을 조직하기 시작하였다. 1948년에는 한국으로 돌아와 부산대학교에서 중국 서법을 가르쳤다. 대한민국 정부로부터 1977년 건국포장, 1990년에 건국훈장 애국장을 수여받았다. 그리고 1996년 6월, 부산에서 향년 86세를 일기로 별세하였다.

II. 한유한의 서북지역에서의 주요 예술 활동

시안은 예전에 창안(長安)이라고 불렸는데 위치가 전략적으로 상당히 중요하여 주나라, 진나라, 한나라, 당나라 모두 이곳에 수도를 건립하였고, 송대 이후 근대에 이르기까지도 여전히 서북지역의 경제·문화의 중심지였다. 중일전쟁이 발발한 이후에는 제10전구(第十戰區)와 제34집단군(第三十四集團軍) 총사령부의 소재지로서 서북지역의 군사·

정치의 중심지로 기능하였다.

1. 중국 군사훈련기구에서의 예술 활동

한유한은 산시에 도착한 지 얼마 되지 않아 전시공작간부훈련단 제4단 음악교관으로 초빙되었다. 전시공작간부훈련단은 국민정부(國民政府)가 전시 청년 간부를 육성하기 위해 설립한 군사 · 정치 훈련기구이고, 제4단은 1938년 9월에 시안에서 성립되었다. 단장은 선례에 따라 장제스(蔣介石)가 겸임하였고, 부단장은 제10전구사령장관(第十戰區司令長官)이자 산시성 주석인 장딩원(蔣鼎文)이 맡았으며, 실제 운영 책임자인 교육장(教育長)은 제34집단군 총사령관 후중난(胡宗南)이 맡았다.[3] 단은 시안 서남쪽에 있었던 동북대학(東北大學, 현재의 서북대학) 캠퍼스 내에 자리 잡았다.

전시공작간부훈련단 제4단의 교육 훈련은 정치 · 사상적인 것을 중심으로 하고 군사적인 것은 부차적으로 교육하였다. 문예 프로파간다는 전시 정치작업의 주요 부분으로 전시공작간부훈련단 제4단의 가장 주된 교육과정이었다. 그뿐만 아니라 이 훈련단은 특과대대(特科大隊)에도 예술반을 특설하여 미술, 연극, 음악, 무용 등의 전과훈련항목(專科訓練項目)을 만들었으며, 예술반에는 전간극단(戰幹劇團)이 부설되어 각종 항일 관련 연극을 공연하였다. 한유한은 정규적인 예술교육을 받았고 최전방에서 항일 프로파간다 사업에 종사했던 경험이 있어 전시공작간부훈련단 제4단의 업무 요구에 완전히 부합하였다. 그는 전시공작간부훈련단 제4단의 항일 관련 음악교육과 예술 프로파간다 및 교육 임무를 잘 완성하였기에 1939년에는 중교(中校)로 진급하였다. 1940년

---

3) 孫權科 외, 『文史資料存稿選編 · 軍事派系』 下冊, 中國文史出版社, 2002, 756쪽.

2월에 전시공작간부훈련단 제4단은 한국청년전지공작대의 인재양성을 돕기 위해 특과대대에 한국청년훈련반(韓國青年訓練班)을 만들었다.[4] 한유한은 이 훈련반의 교원을 겸임하게 되었고,[5] 한국 청년의 특성에 맞추어 교과목에 중국어와 항일 관련 지식 등의 내용을 추가하였다.

한유한은 강의와 더불어 전시공작간부훈련단 제4단에 있는 동안 항일을 주제로 하는 예술작품을 창작하였다. 그중에서 주목할 만한 작품으로는 「전사가(戰士歌)」와 「정의의 노래(正義之歌)」가 있다. 「전사가」는 한유한이 작곡하고 그의 전시공작간부훈련단 제4단의 전우인 부교육장(副教育長) 장지엔런(蔣堅忍)이 작사하였다. 제목만 보아도 이 곡은 군 생활을 주제로 한 작품임을 알 수 있고, "멜로디는 전형적인 서양의 장음계 행진곡 스타일이며, 강력하고 자유분방한 느낌을 준다."[6] 「정의의 노래」는 한유한이 연극 「중국의 노후(中國的怒吼)」를 위해 작곡한 합창곡이고, 한유한의 동료인 전시공작간부훈련단 제4단 예술반의 주임교원 링보(冷波)가 작사하였다.

사실상 중일전쟁 발발 이전에 한유한은 이미 예술의 음악적 방식으로 반일과 구국의 이념을 표현하고자 하였다. 한유한이 지난(濟南)에서 창작한 최초의 음악작품은 「여나(麗娜)」인데, 이는 폴란드가 망국한 후 애국 음악가들이 은밀하게 반항운동을 펼친 내용을 어린이 오페라의 형식으로 표현한 것이다.[7] 이 오페라의 OST인 「유랑인의 노래(流浪人之歌)」, 「반공급진곡(反攻急進曲)」 등은 한유한의 고향과 조국을 사랑하는 감정과 군사적 투쟁을 통해 조국의 광복을 이루고자 하는 지향이

---

4) 한시준, 『한국광복군연구』, 일조각, 1997, 242쪽.

5) 王建宏, 「韓國青年戰地工作隊研究」, 廣西師範大學 碩士學位論文, 2010, 25쪽.

6) 梁茂春, 「讓音樂史研究活起來: 關於音樂家韓悠韓的研究」, 『上海音樂學院學報』, 2006年第3期, 56쪽.

7) 梁茂春, 「中韓音樂交流的一段佳話: 音樂家韓悠韓在中國」, 46~47쪽.

나타나 있다. 이후 한유한은 난징에 온 후 항일전쟁의 열정을 불러일으킬 수 있는 삼막(三幕)으로 구성된 국방 오페라인 「신중국만세(新中國萬歲)」를 창작하고자 하였으나 유감스럽게도 전시의 열악한 조건으로 인해 결국 완성하지 못했다.

2. 한국 군사 조직에서의 예술 활동

1939년 말에 한유한은 시안에서 한국청년전지공작대에 들어갔다. 한국청년전지공작대는 중국에서 활동하던 한국독립운동가들이 조직한 항일전쟁 관련 프로파간다와 한인 교민을 모집하는 업무를 주로 맡은 준군사적인 조직인데, 국민정부 군사위원회의 비준을 받아 1939년 10월에 충칭(重慶)에서 성립되었고 산하에 정치, 군사, 프로파간다 등을 담당하는 3개 조(组)를 두었다.[8)]

한국청년전지공작대는 11월에 시안에 도착한 후 곧바로 화북지역에서 한인 교민을 모집하고 한인 포로를 받아들이는 업무를 시작하였고 특히 한국독립운동과 항일 프로파간다가 그들의 주된 업무였다. 한국청년전지공작대는 한유한의 장점을 최대한 살리기 위하여 예술조를 특설하여 한유한에게 조장직을 맡겼다. 그 후 한유한이 리드하는 한국청년전지공작대 예술조는 수많은 예술 프로파간다 활동을 진행하였는데, 그중에서 영향력이 가장 컸던 활동이 바로 오페라 공연 「아리랑」이다. 한유한이 창작한 「아리랑」은 4부로 구성된 대형 오페라로, 한국의 금수강산이 일본에 침략당하자 주인공 목동(牧童)과 촌녀(村女)가 중국으로 망명하여 한국혁명군(韓國革命軍)에 입대하였고 결국 둘 다 장렬히 희생하였지만 조국은 광복을 맞이하게 되었다는 내용의 작품이다.[9)] 한유

---

8) 王建宏, 「韓國青年戰地工作隊硏究」, 12~14쪽.

한은 이 오페라를 작곡하고 편곡했을 뿐만 아니라 감독 및 남자주인공 역할까지 맡았는데, 이를 통해 그의 다재다능한 예술적 재능을 확인할 수 있다. 「아리랑」은 1940년 5월 22일에 시안 남원문실험극장(南院門實驗劇場)에서 초연하였는데, 편곡이 세밀하고 시나리오가 감동적이며 연기가 뛰어나 공연하는 10일 내내 호평이 끊이질 않았다.

한유한은 1940년 하반기에 시안을 떠난 후 충칭국립음악학원(重慶國立音樂學院)에서 학업을 이어갔다. 그리고 1941년 봄여름 때쯤 다시 시안으로 돌아와 한국광복군 활동에 참여하였다. 한국광복군은 대한민국 임시정부가 창설하여 이끄는 반일과 광복을 목표로 하는 한민족의 군대인데 국민정부 군사위원회의 비준을 받아 1940년 9월에 충칭에서 창설되었다.[10] 11월에 한국광복군은 총사령부를 시안으로 옮겼고, 한국청년전지공작대와의 합병을 시도하기 시작하였다. 결과적으로 한국청년전지공작대는 1941년 신정에 조직개편을 통해 한국광복군 제5지대가 되었고, 학업을 이어가고 있던 한유한도 제5지대 소속이 되었다. 1942년 4월에 한국광복군은 개편을 통해 제2지대를 새로이 편성하였고, 지대부(支隊部)를 시안 남쪽의 두취(杜曲, 현재 한국광복군주지구지기념표시석이 있는 곳)로 옮겼으며, 한유한도 지대선전조장(支隊宣傳組長)으로 전임되었다.

1943년 3월 1일, 한국광복군 제2지대는 3·1운동을 기념하기 위해 시안 룽하이로(隴海路)의 예식장에서 대회를 개최하였는데, 이 대회에 산시의 당·군·정계 인사와 한인 교민 500여 명이 참석하였다. 회의 후반부에 열린 한국음악초대회(韓國音樂招待會)에서 한유한은 한국광복군 제2지대 선전조(宣传组)와 사병가영표연대(士兵歌詠表演隊)를 지휘

---

9) 梁茂春, 「中韓音樂交流的一段佳話: 樂家韓悠韓在中國」, 50쪽.

10) 石源華, 「韓國光復軍戰史述論」, 『軍事歷史研究』, 1998年第3期, 71~72쪽.

하여 한국민요「오동나무(梧桐樹)」,「세풍무곡(世風舞曲)」, 군가「최후의 결전(最後的決戰)」,「백두산진행곡(白頭山進行曲)」 등을 공연하였고,「아름다운 조국(美麗的祖國)」과「목가(牧歌)」를 직접 불렀다.[11] 중국군의 부상자를 위로하고 3·1운동을 기념하기 위해 한국광복군 제2지대는 1944년 3월에 에 시안 량푸가(梁府街) 청년당(青年堂)에서「아리랑」을 재차 공연하였다. 한유한은 여전히 편곡, 감독, 주연 등 여러 역할을 맡았다. 그 공연은 이전보다 더욱 화려한 출연진으로 구성되었는데, 유명한 무용가인 우샤오방(吳曉邦)이 직접 안무를 만들고 가르쳤으며 그의 제자 우이원(伍依文)이 여자주인공 역할을 맡았고 청년 바리톤 자이리중(翟立中)도 출연하였다.[12] 이 오페라는 4년 전에 이미 한 번 공연된 적 있었지만, 이번에도 여전히 큰 이슈가 되었다. 1944년 3월에서 6월 사이에 한유한은 또다시 한국광복군의 군인, 예술반의 일부 교사와 학생 등을 데리고 산시 바오지(寶雞)에 가서「아리랑」을 수십 회 공연하였다.[13]

이 과정에서 한유한은「광복군제2지대대가(光復軍第二支隊隊歌)」,「압록강진행곡(鴨綠江進行曲)」,「조국진행곡(祖國進行曲)」 등 애국 정서와 항일의 의지를 담은 노래들을 창작하였는데, 멜로디가 대부분 무겁고 강하며 낙관적이고 꿋꿋하며 씩씩하고 장렬하여 강렬한 예술적 감화력이 있다.

---

11) 王梅,「抗戰時期西安韓國光復軍事略」,『文博』, 2005年第3期, 15쪽.

12) 필자가 2014년 2월에 시안에서 량원량, 양치, 쑨이 등을 인터뷰한 내용을 토대로 작성.

13) 필자가 2014년 2월에 시안에서 양치를 인터뷰한 내용을 토대로 작성.

3. 중국 아동 교육기구에서의 예술 활동

한유한은 1941년 봄에 충칭에서 다시 시안으로 돌아온 후 바쁜 프로파간다 일정 와중에도 중국 아동 예술 교육기구에 몸을 담았다. 항일전쟁 발발 이후 쑹메이링(宋美齡), 덩잉차오(鄧穎超) 등은 전쟁 중 피난 아동의 부양과 교육을 목적으로 중국전시아동보육회(中國戰時兒童保育會)라는 자선 기구를 창설하였다. 1940년 4월에는 중국전시아동보육회의 산시 지부인 산시성전시제2보육원이 시안 허우자이문(後宰門) 일대에서 성립되었다.[14] 그리고 1941년 봄에 산시성전시제2보육원은 원내의 300여 명의 피난 아동 중에서 약 10세쯤 되는 예술적 잠재력이 있는 아동 수십 명을 뽑아 예술반을 만들었고, 그 초대 담임선생님으로 한유한이 초빙되었다.[15]

한유한은 예술반에 네다섯 개의 전공을 개설하였다. 본인은 거의 강의를 담당하지 않았지만,[16] 관주성(關築聲), 자오춘샹(趙春翔), 쑹카이사(宋凱沙), 우샤오방, 성제(盛婕), 우이원, 유후이하이(遊惠海), 왕하이톈(王海天), 류궈루이(劉國瑞), 저우산퉁(周善同), 왕츄우쑹(王秋松), 왕징이(王景羲), 자이리중, 랑위슈우(郎毓秀), 판리(範裏) 등을 포함한 수많은 유명 예술가와 실력파 청년들을 초빙하여 예술반에서 가르치게 하였다.

이와 동시에 한유한은 예술반에서 동화 오페라 「소산양(小山羊)」, 가창 낭독극 「집 없는 아이(沒有家的孩子)」, 뮤지컬 「승리무곡(勝利舞曲)」,

---

14) 中國戰時兒童保育會聯誼會, 『中國戰時兒童保育會大事彙編』, 中國戰時兒童保育會聯誼會, 27쪽. (http://www.zgzsetbyh.com에서 다운로드)

15) 梁茂春, 「抗戰時期西安的兒童音樂教育: 韓悠韓主持的陝西第二保育院兒童藝術班」(上), 『歌劇』, 2014年第4期, 52쪽.

16) 필자가 2014년 2월 시안에서 양치를 인터뷰한 내용을 토대로 작성.

역사 신화 오페라 「보검의 이야기(寶劍的故事)」, 순수 아동 오페라 「육족세계(六足世界)」와 「산시성제2보육원원가(陝西省第二保育院院歌)」 등 우수한 작품들을 창작하였다. 그중 그림동화를 토대로 개편한 「소산양」은 어미 양과 새끼 양이 협력하여 늑대를 물리치는 이야기인데, 한유한은 이 작품이 "10세 이하 아동을 위한 것"이라고 하였다.[17] 「집 없는 아이」는 항일전쟁으로 인한 아동의 비참한 생활과 투쟁을 묘사한 것인데, 이는 "14세 이하 아동을 위한 것"이라고 설명하였다.[18] 그리고 「승리무곡」은 완전히 성인을 대상으로 한 항일 주제의 작품인데 한유한 본인은 이것 역시도 "14세 이하 아동을 위한 것"이라고 하였다.[19] 루쉰(魯迅)의 소설 「주검(鑄劍)」을 토대로 개편한 「보검의 이야기」는 중국 고대 주검사(鑄劍師) 간장막야(干將莫邪)의 이야기를 다룬 것이고, 「육족세계」는 곤충의 세계를 묘사한 아동극(兒童劇)이다.[20]

예술반에서 한유한의 또 다른 주요 임무는 공연과 연습을 책임지는 것이었다. 전체 공연 중 가장 대표적인 작품으로는 대형 아동 뮤지컬인 「승리무곡」을 들 수 있다. 6곡으로 구성된 이 뮤지컬은 짜임이 완벽하고 스토리가 복잡하며 시대적 배경과 잘 부합하였다. 그러나 각각의 장면들이 너무 웅대하여 뮤지컬 배우만 무려 46명이 필요하였고,[21] 관현악단과 기타 스텝까지 모두 포함하면 그야말로 하나의 방대한 팀이기 때문에 연습 난이도와 조직 능력에 대한 요구가 상당히 높을 수밖에 없었다. 한유한이 체계를 잘 잡아 이끈 덕분에 연습은 문제없이 잘 진행

---

17) 韩悠韩, 「我怎样编导这叁个歌剧」, 『西北文化日报』.(발행시기 확인 불가)

18) 韩悠韩, 「我怎样编导这叁个歌剧」, 『西北文化日报』.(발행시기 확인 불가)

19) 韩悠韩, 「我怎样编导这叁个歌剧」, 『西北文化日报』.(발행시기 확인 불가)

20) 필자가 2014년 5월 8일과 28일에 시안에서 량원량, 양치, 쑨이 등을 인터뷰한 내용을 토대로 작성.

21) 梁茂春, 「抗戰時期西安的兒童音樂教育: 韓悠韓主持的陝西第二保育院兒童藝術班」(上), 55쪽.

되었고 그는 "입체적인 장치, 현대적인 조명, 새로운 패션, 위대한 장면"이라는 홍보문구까지 사용하였다.[22] 질서 있게 팀을 운영하고 과학적인 방법으로 연습을 했기 때문에 「승리무곡」, 「소산양」, 「집 없는 아이」 등은 예술반의 대표작품이 되었다. 시안에서 예술반의 공연을 본 적이 있는 국내외 각계 유명인사로는 장제스, 쑹메이링, 허잉친(何應欽), 린위탕(林語堂), 천나더(陳納德), 웨이더만(魏德曼), 그리고 영국의회방화단(英國議會訪華團) 등이 있고, 동대가(東大街) 리밍극원(黎明劇院), 이쑤사(易俗社) 등 시안시의 명소들에서도 공연하였다.[23]

1944년 가을부터는 한유한이 다른 곳에서 근무하게 되면서 예술반을 떠나게 되었다.

Ⅲ. 한유한의 서북지역에서 펼친 예술 활동의 영향과 평가

1. 항일전쟁과 한국독립운동의 프로파간다에 관하여

한유한은 시안에 도착한 후 정규 군사훈련 기구인 전시공작간부훈련단 제4단에 가입하였고, 중국군의 중교 계급을 받았다. 군대의 계급은 "군인의 신분을 나타내고 등급을 구분하는 호칭이자 상징"인데,[24] 그 역할은 군대 내에서의 지휘 관계와 상호적 책임을 명확하게 하는 것이고, 이는 동시에 국가가 군인에게 수여한 명예이기도 하다. 그러므로

---

22) 한유한의 아들 한종주(韩宗洙)가 필자에게 제공한 한유한의 유물 「연출설명서(演出說明書)」.

23) 필자가 2014년 2월에 시안에서 양치를 인터뷰한 내용과 2014년 4월에 전화통화를 통해 훠펑을 인터뷰한 내용을 토대로 작성.

24) 中國人民解放軍軍事科學院, 『中國人民解放軍軍語』, 軍事科學出版社, 1997, 164쪽.

한국인에게 있어서 이것은 큰 의미가 있는 것이다. 비록 한유한이 음악 교관의 신분으로 항일전쟁의 음악교육과 예술 프로파간다 활동을 해왔고 이는 직접적인 전투의 범주에 속하지는 않지만, 이는 그가 중국 항일전쟁의 군사훈련 활동의 공식적인 참여자로서 이미 중국 항일무장의 일원이 되었고 중국 군부의 인정을 받았음을 의미한다. 단순히 예술과 교육 활동으로 보일 수도 있는 한유한의 이러한 활동들이 전시상황에서의 간부 훈련 및 일본과 맞서 싸울 준비를 한 군사적인 측면으로써 주목받았던 것이다.

게다가 한유한이 전시공작간부훈련단 제4단 한국청년훈련반의 교원을 지냈던 경험은 그의 예술교육 활동과 한국독립운동과의 관계를 더욱 긴밀하게 연결해 주었다. 현재 확인된 70여 명의 한국청년훈련반 졸업생 중 최소 8명이 황푸군교(黃埔軍校) 제7분교(第七分校)에 합격하였고, 23명이 한미OSS특훈반에 들어갔으며, 4명이 인도 · 미얀마 작전구역에 가서 영국군과 협력하였고, 19명이 1963년에 한국 대통령 표창을 받았으며, 22명이 1977년에 한국 건국훈장을 받았다.[25] 이러한 사실은 한유한의 교육 활동이 특별한 역사적 의미가 있음을 말해준다. 또한 한유한이 전시공작간부훈련단 제4단에 있는 동안 창작한 「전사가」와 「정의의 노래」는 전형적인 항일애국의 특징을 담고 있을 뿐만 아니라, 이것은 한중 양국 항일운동가들이 합작한 결과물로서 양국이 공동으로 외적과 맞서 싸운 역사의 증거물 중 하나라고 볼 수 있다.

한유한이 한국청년전지공작대와 한국광복군에 참가한 이후에 보인 예술 활동에는 한국독립운동의 흔적이 깊이 새겨져 있다. 제2차 세계대전에서 한중 양국의 관계는 동맹 관계로 보는 것이 맞고 한국은 중국보다 더 일찍 일본의 압박을 받아왔다. 하지만 당시 모든 중국인이 이러

---

25) 한시준, 『한국광복군연구』, 320~345쪽 참조.

한 사실을 알고 있는 것은 아니었고, 한국인들이 중국에서 반일 독립운동을 하려면 중국 군인과 민간인의 협력이 필수적이었기에 이에 관한 효과적인 프로파간다가 필요하였다.

이 과정에서 한유한은 상당히 중요한 역할을 하였다. 「아리랑」을 예로 보면 이 작품은 예술적 수준이 높아 공연 이후 대중의 관심을 끌었고 4년 뒤 다시 공연을 올렸을 때도 사회적 이슈가 되었으며, 그 후 한유한이 극단을 이끌고 멀리 떨어져 있는 바오지에 가서 공연할 당시에는 이미 현지 문화생활에 있어 하나의 축제가 되어있었다. 당시 시안과 서북지역의 주요 신문들은 이에 대해 대대적으로 보도하였다. 「아리랑」은 사회적 이슈가 되었을 뿐 아니라 한국인이 보인 반일 투쟁의 비장한 역사를 중국인들이 알 수 있는 중요한 창구가 되었으며, 이 창구는 중국 서북의 광활한 지역으로까지 확산되었다. 물론 한유한의 우수한 작품에는 「아리랑」뿐만 아니라 「한국일용사(韓國一勇士)」 등도 포함된다.

단연하건대 한유한의 한국 항일의 발자취를 그린 예술작품은 모두 중국인이 한국독립운동을 동정하고 이해하는 데에 상당한 도움을 주었고, 재중한국인의 구국 활동에 유리한 방향으로 여론이 형성될 수 있는 사회적 환경을 마련하였다. 또 한편으로 한유한의 이러한 불굴의 정신을 담은 작품들은 잔혹한 대일투쟁을 벌이고 있는 중국군대와 국민 및 중국에 망명한 한국인에게 격려가 되었고, 한중 양국 국민이 협력하여 일본과 맞서 싸울 수 있는 완강한 의지를 더욱더 굳건하게 만들었다. 「아리랑」을 포함한 한유한의 여러 우수한 작품들은 이미 항일전쟁시기의 소중한 음악적 역사 문화재가 되었고, 한중 양국이 공동으로 외국의 침략에 저항한 소중한 예술적 증거가 되었다.

한유한은 한국광복군 제2지대 선전조장을 맡은 후 또 다른 프로파간다 활동을 조직하고 참여하였다. 1944년 3월, 한국광복군기념3 · 1운동기념대회(韓國光復軍紀念三·一運動紀念大會)의 음악초대회(音樂招待會)에서 산시성 주석 슝빈(熊斌), 부주임 구정딩(谷正鼎) 등은 한유한과 그의 부하들의 성실한 공연 준비와 완벽한 연출을 극찬하였다. 한유한의 연출은 이 중요한 회의가 성공적으로 개최되는 데에 있어 중요한 역할을 하였고, 그 예술공연 자체는 시안의 군부, 정계 등 각계가 한국 문화와 역사를 더욱 깊이 이해할 수 있게 해주었으며, 이를 통해 한국광복군과 한국독립운동은 그 영향을 확대할 수 있었다.

2. 중국 아동 예술교육에 관하여

한유한이 산시성전시제2보육원 예술반의 초대 담임선생님으로 활동할 때 거둔 성과는 중국 아동 예술교육사에 상당히 중요한 발자취를 남겼다.

우선, 한유한이 예술반을 위해 개설한 전공과 구축한 교사진은 그 시대 환경에서는 상상하기 어려울 정도로 높은 수준이었다. 한유한은 예술반을 5개의 전공으로 나누었다. 음악전공은 관주성이 주임을 맡았고, 미술전공은 자오춘샹이 주임을 맡았으며, 문학전공은 쑹카이사가 주임을 맡았고, 연극전공은 주임직을 두지 않았고, 무용전공의 책임자는 우이원과 유후이하이였다.[26] 전공을 나누어 수업함으로써 아이들은 자신의 특기와 취미에 따라 맞춤형 교육을 받을 수 있었는데, 이는 아이들의 다방면적인 성장에 도움이 되었을 뿐만 아니라 그들의 잠재력을 충분히 발휘하는 데에 도움을 주었다. 오늘날의 대학 교육방식과 흡사한

---

[26] 각 전공의 명칭은 한유한의 아들 한종주가 필자에게 제공한 한유한의 유물 아동예술반분계표(兒童藝術班分系表)를 근거로 하였다. 각 전공의 주임과 책임자의 이름은 필자가 2014년 5월에 시안에서 양치와 량원량을 인터뷰한 내용을 토대로 작성하였다.

이러한 아동 교육방식은 70여 년이 지난 지금의 기준으로 보아도 전혀 구식으로 보이지 않는데, 이는 한유한이 아동 예술교육에 대해 깊이 있게 이해하고 있었다는 점을 시사한다.

교사진에 있어서도 한유한은 뛰어난 능력으로 당시 손꼽히던 우수한 인재를 예술반에 영입하였다. 예를 들어 음악전공 주임 관주성은 유명한 만주족 바이올린 연주가였고, 미술전공 주임 자오춘샹은 린펑멘(林風眠), 판톈서우(潘天壽) 등 대가의 제자로서 당시 유명한 화가였다. 문학전공 주임 쑹카이사는 서북문화일보(西北文化日報)의 유명한 기자였고, 무용전공의 책임자 우이원과 유후이하이는 유명한 무용예술가이자 이론가인 우샤오방, 성제 부부의 학생으로 모두 우수한 청년 무용가였다. 음악교사 중 왕하이톈은 베이징사범대학(北京師範大學)의 독일인 피아노 교수의 제자였고, 저우산퉁은 탁월한 바이올린 연주가였으며, 자이리중은 청년 가수였고, 문학교사 왕징이는 유명한 사(詞) 작가였으며, 미술교사 판리는 유명한 판화가였다.[27]

둘째, 한유한은 아동을 위해 동화 연극, 낭송 연극, 뮤지컬, 가요 등 다양한 장르의 좋은 작품들을 창작하였다. 연극 작품만 보더라도 역사와 현실, 아동과 성인, 신화와 동물 등 다양한 주제와 유형을 망라하고 있으며, 아동을 대상으로 할 때는 간결하면서도 반전이 있고 각 연령층의 아이들이 이해할 수 있도록 차별화된 연출을 지향하였다. 연극 중 일부는 반일투쟁의 시대적 배경을 잘 살렸고 성인이 감상하기에도 적절하다. 게다가 예술반의 공연은 한유한이 심혈을 기울여 연습을 시켰기에 당시 서북지역 아동 예술교육의 성과를 보여주는 표상이 되었다. 또한 관객 중에는 미군 플라잉 타이거즈(Flying Tigers)를 창건한 셔놀트

27) 필자가 2014년 2월에 시안에서 양치, 량원량, 쑨이를 인터뷰한 내용과 2014년 4월에 전화통화를 통해 훠펑을 인터뷰한 내용을 토대로 작성.

(Claire Lee Chennault) 장군, 2차 대전 중국 전투 구역 참모장 웨더마이어(Albert Coady Wedemeyer), 영국의회 중국방문단 등 외국의 군·정계 인사와 단체가 포함되어 있었는데, 한유한의 작품은 전쟁시기 중국 외교활동에서 중요한 역할을 하였다.

셋째, 한유한은 학생들이 예술공연을 감상하는 과정을 통해 예술적 수준을 향상하는 것을 강조하였는데 이러한 새로운 교육방식은 상당히 좋은 교육적 효과를 거두었다. 시안은 당시 서북지역의 문화 중심지로 초대형 문예 공연이 자주 개최되었다. 한유한은 예술반 학생들이 이러한 높은 수준의 공연을 자주 감상하면서 예술을 가까이에서 느낀다면 예술적 감수성을 높이는 데에 도움이 되리라 판단하였다. 당시 유명한 연극인인 톈한(田漢) 등은 수시로 시안의 청년당에 가서 「뇌우(雷雨)」, 「일출(日出)」, 「원야(原野)」 등의 연극을 연습하였는데, 한유한의 주선으로 매번 공연 때마다 예술반을 위해 자리를 남겨두었고, 심지어 톈한은 특별히 예술반 학생들에게 캐릭터의 이해 등 연극 지식을 전수하기도 하였다. 청년당 외에 시안의 다른 극장에도 예술반 학생들이 참관하고 학습한 흔적이 남아있다. 그 외에도 한유한은 시안에 예술가가 머무른다는 소식을 들으면 그들을 초대하려고 노력하였고, 유명 가수인 위이시엔(俞以先), 벨기에 브뤼셀 왕립음악원에서 유학한 적 있는 유명한 소프라노 랑위슈우 등이 예술반을 위해 특별히 공연을 열거나 강좌를 개설하였다. 가끔 주말에 공연이 없을 때면 한유한은 시안의 성당·교회의 신부·목사를 예술반에 초대하여 소규모 고전음악회를 열기도 하였다.[28]

물자가 심각하게 부족했던 중일전쟁 시기였기에 예술반 역시 교재와 악기가 부족해서 교사들은 스스로 교재와 일부 악기를 만들어야 했고,

---

28) 필자가 2014년 5월에 시안에서 양치, 량원량을 인터뷰한 내용을 토대로 작성.

학생들의 급식도 상당히 소박하였다. 하지만 한유한의 선진적인 아동예술교육 이념과 고정적인 틀을 벗어난 다양한 교육 실천방식으로 인해 이처럼 열악한 환경 속에서도 고작 수십 명밖에 되지 않는 이 예술반은 수많은 뛰어난 예술 인재를 양성하였다. 건국 이후 장쿵판(張孔凡), 가오징화(高經華), 량칭린(梁慶林) 등은 모두 베이징중앙악단(北京中央樂團)에 입단하여 연주가가 되었다. 두멍산(杜夢山)은 베이징전영제편창(北京電影制片廠) 교향악단(交響樂團)의 연주가가 되었고, 허진샹(何金祥)은 중앙민족학원(中央民族學院) 음악학과의 주임이 되었다. 위안스정(袁世正)은 난징군구전선가무단(南京軍區前線歌舞團)의 악대지휘(樂隊指揮)가 되었고, 진위화(金欲華)는 중앙음악학원(中央音樂學院)의 교사가 되었다. 량원량은 서북대학(西北大學) 미술교연실(美術教研室)의 주임이 되었는데 그 시대 유명한 과슈 화가가 되었다. 양치는 오랫동안 시안시예술학교(西安市藝術學校)의 교장을 맡았는데 서북지역의 예술계를 위해 많은 인재를 양성하였다. 그 외의 일부 학생들은 나중에 문예 관련 업계에서 일하지는 않았지만, 학생 시절에 좋은 교육을 받았기에 각자의 분야에서 성공하였다. 예를 들어 쑨이는 시안의학원(西安醫學院)의 교수 겸 부속병원 산부인과 주임을 지냈다. 양슈란(楊秀蘭)은 시안철로공안국(西安鐵路公安局)의 고급 엔지니어가 되었는데 서북지역의 유명한 지문 기술 전문가였다.[29] 이러한 사실을 통해 한유한의 아동 교육방식은 성공적이었다는 것을 알 수 있다. 이는 오늘날 중국의 아동교육, 나아가 전반적인 교육사업에 있어서 중요한 참고적 가치가 있다고 생각된다.

---

29) 예술반 학생들의 진로에 관한 부분은 필자가 2014년에 한유한의 중국학생인 양치, 량원량, 쑨이를 여러 차례 인터뷰한 내용을 토대로 작성.

참고문헌

『西北文化日报』

한시준, 『한국광복군연구』, 일조각, 1997.

孫權科 외, 『文史資料存稿選編 · 軍事派系』 下册, 中國文史出版社, 2002.

中國人民解放軍軍事科學院, 『中國人民解放軍軍語』, 軍事科學出版社, 1997.

中國戰時兒童保育會聯誼會, 『中國戰時兒童保育會大事彙編』, 中國戰時兒童保育會聯誼會.

石源華, 「韓國光復軍戰史述論」, 『軍事歷史研究』, 1998年第3期.

梁茂春, 「中韓音樂交流的一段佳話: 音樂家韓悠韓在中國」, 『音樂研究』, 2005年第1期.

梁茂春, 「永恒精神的綻放: 在韓國釜山聆聽韓悠韓的抗戰歌曲」, 『人民音樂』, 2005年第11期.

梁茂春, 「韓悠韓的歌劇〈阿里郎〉: 一部特殊的韓國歌劇」, 『中央音樂學院學報』, 2006年第1期.

梁茂春, 「讓音樂史研究活起來: 關於音樂家韓悠韓的研究」, 『上海音樂學院學報』, 2006年第3期

梁茂春, 「抗戰時期西安的兒童音樂教育: 韓悠韓主持的陕西第二保育院兒童藝術班」(上), 『歌劇』, 2014年第4期.

王建宏, 「韓國青年戰地工作隊研究」, 廣西師範大學 碩士學位論文, 2010.

王梅, 「抗戰時期西安韓國光復軍事略」, 『文博』, 2005年第3期.

韩悠韩在中国西北地区的艺术活动及影响

王梅 · 蒲元

韩悠韩是韩国近代史上一位传奇人物，他集韩国光复军军官，民族音乐家，儿童教育家三重身份于一身。抗战期间，韩悠韩在以陕西西安为中心的中国西北地区工作和生活，在艺术宣教等领域取得了杰出的成就。但由于种种原因，其事迹在中韩两国（特别是中国）长期不为人所知。2014年5月，中国西安设立了韩国光复军驻地旧址纪念标示石，2021年，韩国釜山开始建设韩悠韩的纪念馆。进一步研究韩悠韩在中国西北地区的艺术活动，对于深化中韩交往史，中国音乐教育史和抗战史的研究具有积极意义。

一、韩悠韩生平[1)]

1910年，韩悠韩出生于韩国釜山。次年，其父韩兴教(中国同盟会会员)前往中国参与革命活动。5岁时，韩悠韩随母到中国寻父，在北京完

1) 本节内容由梁茂春相关论文、笔者2014年对韩悠韩的中国学生杨祺、梁文亮、孙毅及对韩悠韩的朋友——西安华夏合唱团指挥霍风的采访内容综合整理而成。其中，梁茂春的论文包括：《中韩音乐交流的一段佳话—音乐家韩悠韩在中国》,《音乐研究》 2005年第1期，第56页；《永恒精神的绽放——在韩国釜山聆听韩悠韩的抗战歌曲》,《人民音乐》2005年第11期，第12页；《韩悠韩的歌剧<阿里郎>——一部特殊的韩国歌剧》,《中央音乐学院学报》2006年第1期，第35页。

成中小学学业。1928年，进入上海新华艺术大学艺术教育科学习音乐。1932年，韩国志士尹奉吉在上海炸死日军白川大将，日本大肆搜捕旅沪韩人，韩悠韩于是转往山东，先后在济南武训中学和山东省立女子师范中学附属小学担任音乐教师。七·七事变后，韩悠韩赶赴南京，出任中国戏剧学会抗日演剧队第二队队长，在北方各地进行抗日宣传演出。

1937年底，韩悠韩抵达陕西西安。随即担任军事委员会战时工作干部训练团第四团(以下简称战时工作干部训练团第四团)音乐教官，1939年升任中校主任教官。1939年底，韩悠韩担任韩国青年战地工作队艺术组长。1940年下半年，韩悠韩赴重庆青木关国立音乐学院学习作曲，担任诗歌朗诵社社长。1941年上半年，韩悠韩返回西安，参与驻陕韩国光复军工作。大约同时，陕西省战时第二保育院成立儿童艺术班(以下简称艺术班)，韩悠韩受聘为首任班主任。1942年4月之后，韩悠韩担任韩国光复军第二支队宣传组长。1944年秋，韩悠韩主要精力投向韩国光复军以及韩美OSS特训班工作，但仍参加若干重要艺术活动并组织艺术班的部分重要演出。12月，韩悠韩赴陕西汉中参加“西北音乐界旅汉联合音乐演奏会”。

1946年，韩悠韩离开西安，任山东大学课外活动指导员，在青岛组织演出。1948年，韩悠韩返回韩国，后在釜山大学教授中国书法。1977年，1990年，韩悠韩两次获得韩国爱国勋章。1996年6月，韩悠韩在釜山病逝，享年86岁。

二、韩悠韩在西北地区的主要艺术活动

西安古称长安，战略位置极其重要，周秦汉唐皆建都于此，宋以后至

近代仍为西北经济文化中心。抗战爆发后，西安作为第十战区及第三十四集团军总司令部所在地，又成为西北军事政治的中心。

(一) 在中国军事训练机构中的艺术活动

韩悠韩抵陕后不久即受聘成为战时工作干部训练团第四团音乐教官。战时工作干部训练团是国民政府为了培养战时青年干部设立的军政训练机构，其第四团于1938年9月在西安成立，团长援例由蒋介石兼任，副团长由第十战区司令长官，陕西省主席蒋鼎文担任，负责具体工作的教育长由第三十四集团军总司令胡宗南担任。[2] 团址位于西安城西南角原东北大学(今西北大学)校内。

战时工作干部训练团第四团教育训练以政工为主，军事为辅。文艺宣传工作是战时政治工作的重要组成部分之一，故而成为战时工作干部训练团第四团的主干课程。不仅如此，该团在特科大队又专设艺术班，设置美术，话剧，歌咏，舞蹈等专科训练项目，艺术班内还附有战干剧团，以演出各类抗战剧目。韩悠韩具有正规艺术教育背景，又从事过前线抗战宣传实践，因此完全符合战时工作干部训练团第四团的工作要求。由于韩悠韩能够很好的完成战时工作干部训练团第四团有关抗战音乐教育和艺术宣传教育工作，1939年被授予中校军衔。1940年2月，战时工作干部训练团第四团为了帮助韩国青年战地工作队培养人才，在特科大队又成立了韩国青年训练班。[3] 韩悠韩理所当然的兼任了该班教员，[4] 并在教学上针对韩国青年的特点适时增加了汉语和抗战知识等内容。

---

2) 孙权科等：《文史资料存稿选编 · 军事派系》(下册)，中国文史出版社，2002，第756页。
3) [韩]韩诗俊：《韩国光复军研究》，一潮阁出版社，1997，第242页。
4) 王建宏：《韩国青年战地工作队研究》，硕士学位论文(广西师范大学)，2010，第25页。

在完成教学任务的同时，韩悠韩在战时工作干部训练团第四团期间还创作了一些抗日题材的艺术作品，其中比较值得注意的是《战士歌》和《正义之歌》。《战士歌》由韩悠韩谱曲，词作者是韩悠韩在战时工作干部训练团第四团的战友——副教育长蒋坚忍。顾名思义，这是一首军旅题材作品，“曲调采用了典型的西方大调式进行曲风格，音乐刚强而奔放”[5]。《正义之歌》则是韩悠韩为话剧《中国的怒吼》谱写了一首合唱曲，词作者也是韩悠韩的同事——战时工作干部训练团第四团艺术班主任教员冷波。

其实，早在抗战爆发前，韩悠韩就开始以音乐艺术的方式表现反日复国理想。韩悠韩在济南创作的其第一部音乐作品《丽娜》，即以儿童歌剧的体裁描写了亡国后的波兰爱国音乐家进行地下反抗运动的故事。[6] 该剧主要插曲《流浪人之歌》，《反攻急进曲》等也反映出韩悠韩的思乡爱国之情及通过军事斗争光复祖国的志向。韩悠韩到南京后又开始创作另一部旨在激发抗战热情的三幕国防歌剧《新中国万岁》，遗憾的是因战时条件艰苦而最终未能完成。

(二) 在韩国军事组织中的艺术活动

1939年底，韩悠韩在西安参加韩国青年战地工作队。韩国青年战地工作队是旅华韩国独立运动人士组建的一支主要从事抗战宣传和韩侨招募工作的准军事组织，经国民政府军事委员会批准于1939年10月在重庆成立，下设政治，军事，宣传三个组。[7]

---

5) 梁茂春：《让音乐史研究活起来——关于音乐家韩悠韩的研究》，《上海音乐学院学报》，2006年第3期，第56页。

6) 梁茂春：《中韩音乐交流的一段佳话—音乐家韩悠韩在中国》，《音乐研究》2005年第1期，第46~47页。

11月，韩国青年战地工作队到达西安，随即开始华北地区韩侨招募，韩籍战俘接收等工作，但主要精力集中在韩国独立运动和抗日宣传方面。为了更好的发挥韩悠韩的特长，韩国青年战地工作队特设艺术组，以韩悠韩为组长。此后，韩国青年战地工作队艺术组在韩悠韩的领导下开展了大量艺术宣传活动，其中最重要且影响最大的当属歌剧《阿里郎》的公演。《阿里郎》是韩悠韩创作的一部大型四场歌剧，描写了韩国锦绣河山遭到日本蹂躏，主人公牧童和村女流亡到中国参加韩国革命军，最后全部壮烈牺牲，但终于光复祖国的故事。[8] 韩悠韩不仅是这部剧的编剧，作曲，还兼任导演和男主角，这也充分展现了韩悠韩全面的艺术才能。1940年5月22日《阿里郎》在西安南院门实验剧场首演，由于编排巧妙，剧情感人，表演出色，10天的公演好评如潮。

1940年下半年，韩悠韩离开西安至重庆国立音乐学院深造。1941年春夏之际，返回西安后的韩悠韩开始参与韩国光复军的工作。韩国光复军是韩国临时政府创建和领导的一支以反日复国为目标的韩国民族武装力量，经国民政府军事委员会批准于1940年9月在重庆成立。[9] 11月，韩国光复军总司令部迁至西安，开始酝酿与韩国青年战地工作队的合并。1941年元旦，韩国青年战地工作队整建制改编为韩国光复军第五支队，外出学习的韩悠韩也随之转隶第五支队。1942年4月，韩国光复军调整编制成立新的第二支队，支队部迁于西安城南杜曲(即今韩国光复军驻地旧址纪念标示石坐落地)，韩悠韩又改任支队宣传组长。

1943年3月1日，为纪念三 · 一运动，韩国光复军第二支队在西安陇海

---

7) 王建宏：《韩国青年战地工作队研究》，硕士学位论文(广西师范大学)，2010，第12~14页。

8) 梁茂春：《中韩音乐交流的一段佳话—音乐家韩悠韩在中国》，《音乐研究》2005年第1期，第50页。

9) 石源华：《韩国光复军战史述论》，《军事历史研究》，1998年第3期，第71~72页。

路礼堂举行隆重大会，陕西党政军各界及韩侨五百多人参加。在会议后半段的韩国音乐招待会上，韩悠韩率韩国光复军第二支队宣传组及士兵歌咏表演队演出了韩国民歌《梧桐树》，《土风舞曲》，军歌《最后的决战》，《白头山进行曲》等节目，并亲自演唱了《美丽的祖国》和《牧歌》两首歌曲。[10] 1944年3月，为了慰劳中国伤兵并纪念三 · 一运动，韩国光复军第二支队在西安梁府街青年堂再次公演《阿里郎》，韩悠韩依然身兼编剧，导演，主演数职。此次表演阵容更为强大，著名舞蹈家吴晓邦亲自设计指导舞蹈动作，其高足伍依文饰演女主角，青年男中音歌唱家翟立中也在剧中一展歌喉。[11] 尽管该剧在四年前已经演出过一次，但此番仍然引起巨大反响。1944年3月至6月间，韩悠韩又率领韩国光复军部分官兵，艺术班少数教师和学生赴陕西宝鸡公演《阿里郎》十余场。[12]

在这个过程中，韩悠韩还创作了包括《光复军第二支队队歌》，《鸭绿江进行曲》，《祖国进行曲》等反映爱国情怀和抗争意志的歌曲，曲调大都沉雄刚毅，乐观坚定，豪迈壮烈，具有强烈的艺术感召力。

(三) 在中国儿童教育机构中的艺术活动

1941年春，韩悠韩从重庆返回西安后，在繁忙的宣传工作之余又投身于中国儿童艺术教育事业之中。抗战爆发后，宋美龄，邓颖超等创建了以抚养和教育战乱难童为宗旨的慈善机构——中国战时儿童保育会。1940年4月，中国战时儿童保育会在陕分支——陕西省战时第二保育院在西安后宰门成立。[13] 1941年春，陕西省战时第二保育院从全院300多

10) 王梅：《抗战时期西安韩国光复军事略》，《文博》，2005年第3期，第15页。
11) 笔者2014年2月在西安对梁文亮，杨祺，孙毅的采访。
12) 笔者2014年2月在西安对杨祺的采访。
13) 中国战时儿童保育会联谊会：《中国战时儿童保育会大事汇编》，中国战时儿童保育

名难童中，挑选了数十名大约十岁左右且具有艺术潜力的孩子组建艺术班，韩悠韩被聘为首任班主任。[14]

韩悠韩为艺术班设置了四至五个不同的专业方向，其本人基本不参与授课，[15] 但设法聘请了包括关筑声，赵春翔，宋凯沙，吴晓邦，盛婕，伍依文，游惠海，王海天，刘国瑞，周善同，王秋松，王景羲，翟立中，郎毓秀，范里等在内的一大批知名艺术家或中青年实力派在艺术班任教。

同时，韩悠韩在艺术班先后创作了童话歌剧《小山羊》，歌唱朗诵剧《没有家的孩子》，歌舞剧《胜利舞曲》，古装神话歌剧《宝剑的故事》，纯儿童歌剧《六足世界》及《陕西省第二保育院院歌》等优秀作品。其中，《小山羊》根据格林童话改编，叙述了羊妈妈和小羊合力打败大灰狼的故事，按照韩悠韩的说法，这是“献给10岁以下的儿童的”；[16]《没家的孩子》描写了抗日战争中儿童的悲惨生活和斗争，这属于“献给14岁以下的儿童”的；[17]而《胜利舞曲》则是一部完全的成人抗日题材的作品，在韩悠韩看来，这是“献给14岁以上的儿童”的；[18]《宝剑的故事》根据鲁迅小说《铸剑》改编，讲的是中国古代铸剑师干将莫邪的故事；《六足世界》则是一部描写昆虫世界的儿童剧。[19]

韩悠韩在艺术班另一项重要工作是排练与演出。在所有演出节目中，大型儿童歌舞剧《胜利舞曲》最具代表性。该剧有六首曲目，结构完整，

会联谊会网站(http://www.zgzsetbyh.com) 下载，第72页。

14) 梁茂春：《抗战时期西安的儿童音乐教育——记韩悠韩主持的陕西第二保育院儿童艺术班》(上)，《歌剧》，2014年第4期，第52页。

15) 笔者2014年2月在西安对杨祺的采访。

16) 韩悠韩：《我怎样编导这三个歌剧》，《西北文化日报》，时间版次不明。

17) 韩悠韩：《我怎样编导这三个歌剧》，《西北文化日报》，时间版次不明。

18) 韩悠韩：《我怎样编导这三个歌剧》，《西北文化日报》，时间版次不明。

19) 笔者2014年5月8日，28日在西安对梁文亮，杨祺，孙毅的采访。

情节复杂，与时代背景紧密贴合。但是，由于场面宏大，该剧仅演员就多达46人，[20] 再加上全套的管弦乐队和其他辅助人员，堪称一支庞大的队伍，其排练难度及对组织和协调能力要求之高可想而知。在韩悠韩等的精心组织下，排练结果令人相当满意，韩悠韩甚至打出了"立体派的装置，现代化的灯光，崭新的舞装，伟大的场面"这样的演出宣传。[21] 由于组织有力，排练科学，《胜利舞曲》及《小山羊》，《没家的孩子》等均成为艺术班的王牌节目。在西安观看过艺术班演出的国内外各界要人包括蒋介石，宋美龄，何应钦，林语堂，陈纳德，魏德曼及英国议会访华团等；演出地点则遍及包括东大街黎明剧院，易俗社等西安市各大知名场馆。[22]

1944年秋以后，韩悠韩因工作方向调整离开艺术班。

三、韩悠韩在西北地区艺术活动的影响与评价

(一) 抗战和韩国独立运动宣传方面

韩悠韩抵达西安后加入了正规的军事训练机构——战时工作干部训练团第四团，并被授予中国军队中校军衔。军衔是"区分和表明军人身份等级的称号和标志"[23]，其作用在于明确军中指挥关系和相互责任，同

[20] 梁茂春：《韩悠韩的儿童歌舞剧创作——被遗忘了的抗战时期的五部儿童歌舞剧》(下)，《歌剧》，2013年第8期，第55页。

[21] 韩悠韩之子韩宗洙提供给笔者的韩悠韩遗物《演出说明书》照片。

[22] 笔者2014年2月在西安对杨祺的采访及2014年4月对霍风的电话采访。

[23] 中国人民解放军军事科学院：《中国人民解放军军语》，军事科学出版社，1997，第164页。

时亦是国家给予军人的荣誉。对于一个韩国人来说，此中之意义无疑是深远的。这意味着，尽管韩悠韩以音乐教官的身份开展的抗战音乐教育和艺术宣传活动，并不属于直接作战行动的范畴，但作为中国抗战军事训练活动的正式参与者，韩悠韩已经成为中国庞大抗日武装力量中的一员，获得了中国军方的认可。韩悠韩原本看似单纯的艺术和教育活动，已经打上了战时干训和对日斗争准备的军事烙印。

而韩悠韩担任战时工作干部训练团第四团韩国青年训练班教员，更使他的艺术教育活动与韩国独立运动紧密的联系在一起。已知韩国青年训练班毕业学员70余人中，至少8人考入西安王曲黄埔军校第七分校，23人参加韩美OSS特训班，4人赴印缅战区与配合英军作战，19人于1963年获韩国总统表彰，22人于1977年获授韩国建国勋章。[24] 仅从这一点看来，韩悠韩的教学活动就具有特殊的历史意义。而韩悠韩在战时工作干部训练团第四团期间创作的《战士歌》和《正义之歌》，不仅具有一般抗日爱国歌曲的特性，更由于其为中韩两国抗日人士合作的结晶而成为两国共御外侮的历史见证之一。

在参加韩国青年战地工作队和韩国光复军的工作后，韩悠韩艺术活动中韩国独立运动的印记愈加凸显。第二次世界大战中的中韩两国应属盟国关系，而且韩国受到日本的压迫时间更早。不过，并非所有的中国人都了解这一情况，而韩国人士在中国进行反日独立运动又离不开中国军民的协助，这就需要进行大量卓有成效的宣传工作。

在这个过程中，韩悠韩发挥了十分重要的作用。仍以《阿里郎》为例，该剧由于艺术水准高超，甫经公演便取得轰动效应，4年后再次演出依然反响热烈，至于其后韩悠韩率领剧团远赴宝鸡的公演，则更成为当地文化生活的一次盛宴。当时西安乃至西北各主要报刊都先后进行了大幅

24) [韩]韩诗俊：《韩国光复军研究》，一潮阁出版社，1997，第320~345页综合整理。

报道，《阿里郎》不仅成为人们街巷议论的热点话题，更成功成为中国人民了解韩国反日斗争悲壮历史的一个重要窗口，而且这个窗口已经延伸到中国西北更广阔的地区。当然，韩悠韩的优秀作品并不限于《阿里郎》，还包括《韩国一勇士》等。

可以说，韩悠韩反映韩国抗日历程的艺术作品，都在相当程度上增加了中国各界对韩国独立运动的同情和理解，为旅华韩国人士展开救亡活动提供了有利的舆论基础和社会环境。从另一个角度去看，韩悠韩这些体现不屈抗争精神的作品，对于正在经历残酷对日斗争的中国军民和韩国流亡人士来说，亦是一种激励和鼓舞，进一步坚定了中韩两国人民并肩抗敌的顽强意志。包括《阿里郎》在内的韩悠韩的诸多优秀作品，已成为抗日战争期间珍贵的音乐历史文物，及中韩两国共同抵抗外国侵略的宝贵艺术见证。

担任韩国光复军第二支队宣传组长后，韩悠韩还组织参与了一些其他宣传活动。在1944年3月举行的的韩国光复军纪念三 · 一运动纪念大会的音乐招待会上，与会的陕西省主席熊斌，副主任谷正鼎等要员对韩悠韩及其部下精心的准备和完美的发挥颇为赞赏。韩悠韩的演出不仅为此次重要会议划上圆满的句号，其艺术表演本身也加深了西安军政各界对韩国文化和历史的了解，进而扩大了韩国光复军和韩国独立运动的影响。

(二) 中国儿童艺术教育方面

韩悠韩担任陕西省战时第二保育院艺术班第一任班主任期间所取得的成就，是中国儿童艺术教育史上浓墨重彩的一笔。

首先，韩悠韩为艺术班进行的专业设置，师资力量配备，达到那个时代和环境难以想象的超高水准。韩悠韩将艺术班分为五个“系”：一是音乐系，主任为关筑声；二是美术系，主任为赵春翔；三是文学系，主任为宋凯沙；四是戏剧系，未设主任；五是舞踊系，负责人是伍依文和游惠海。[25] 分专业教学可以使不同兴趣和特长的孩子能够受到不同侧重的教育，既有利于儿童的全面发展，又能够充分发挥他们的潜力。即使是在70多年后的今天，这种类似高等教育设置的儿童教育模式也并不落后，这反映出韩悠韩对儿童艺术教育理解的深入。

在师资力量方面，韩悠韩也以其超乎寻常的能量为艺术班选聘了一大批堪称一时之选的优秀人才。例如，音乐系主任关筑声是著名的满族小提琴演奏家；美术系主任赵春翔师从林风眠，潘天寿大师，系著名画家；文学系主任宋凯沙是《西北文化日报》知名记者；舞踊系负责人伍依文，游惠海是著名舞蹈艺术家和理论家吴晓邦，盛婕夫妇的学生，均为优秀青年舞蹈家；音乐教师中，王海天是北师大德国钢琴教授的高徒；周善同是卓越的小提琴演奏家；翟立中是青年歌唱家；文学教师王景羲是著名的词作者；美术教师范里则是著名版画家。[26]

第二，韩悠韩为儿童编写创作了包括童话剧，朗诵剧，歌舞剧，歌曲等一大批杰出作品。仅从戏剧类作品来分析，涵盖了历史与现实，儿童与成人，神话与动物等各种题材，类型相当广泛，既反映了儿童剧故事简单又不失曲折的特点，还以不同层次适应不同年龄孩子理解和表演能力的差别；其中一些剧目还体现了反日斗争的时代主题，也非常适合成人观赏。加上韩悠韩的精心排练，艺术班的演出成为展示西北地区儿童艺术教育成就的一张名片；同时，由于观众中包括了美军飞虎队的创建者陈纳德将军，二战中国战区参谋长魏德曼将军及英国议会访华团等外

---

25) 各系名称来自韩悠韩之子韩宗洙提供给笔者的韩悠韩遗物《儿童艺术班分系表》照片。各系主任，负责人名称来自笔者2014年5月在西安对杨祺，梁文亮的采访。

26) 笔者2014年2月在西安对杨祺，梁文亮，孙毅的采访及2014年4月对霍风的电话采访综合整理。

籍军政要员和团体，韩悠韩的作品又成为中国战时外交活动的一个小小闪光点。

第三，韩悠韩提倡通过观摩艺术演出来促进学生艺术水准的提升，这种新型教学形式获得了极佳的教育效果。西安作为当时西北地区的文化中心，经常举办大型文艺演出。韩悠韩认为艺术班学生经常性观看各种高水准演出，近距离接受艺术熏陶，很有益于艺术感悟力的提升。当时著名戏剧家田汉等常来西安青年堂排演《雷雨》，《日出》，《原野》等话剧，经韩悠韩协调，每次演出都会为艺术班预留座位，田汉还曾专门为艺术班学生讲解角色处理等戏剧知识；除青年堂外，西安市其他不少剧院也都留下过艺术班学生观摩学习的足迹；另外，每当有艺术家途经西安，韩悠韩闻讯必定设法邀请，著名歌唱家俞以先及曾就读于比利时布鲁塞尔皇家音乐学院的著名女高音歌唱家郎毓秀等都曾专门为艺术班演出或做讲座；有时遇到周末没有演出，韩悠韩则会将西安的天主教堂和基督教堂的神父，牧师们请到艺术班，举办小型的古典音乐会。[27]

抗战期间物质严重匮乏，艺术班缺乏教材和乐器，为此教师们不得不自行编写教材和自制部分乐器，师生们的饮食也极简陋。然而，在韩悠韩先进的儿童艺术教育理念和不拘一格，丰富多彩的教育实践方式的指导下，这个仅有几十人而且条件非常艰苦的小班级，却培养为数众多的杰出艺术人才。建国以后，张孔凡，高经华，梁庆林均进入北京中央乐团成为演奏家；杜梦山成为北京电影制片厂交响乐团演奏家；何金祥担任中央民族学院音乐系主任；袁世正担任南京军区前线歌舞团乐队指挥；金欲华在中央音乐学院任教；梁文亮任西北大学美术教研室主任，是知名水粉画家；杨祺长期担任西安市艺术学校校长，为西北曲艺界培养了大批人才。还有一些学生以后未从事文艺工作，但由于早年接受了

---

27) 笔者2014年5月在西安对梁文亮，杨祺的采访。

良好的教育，也在各自的领域取得成功。例如，孙毅曾任西安医学院教授，附属医院妇产科主任；杨秀兰是西安铁路公安局高工，西北地区著名指纹技术专家。[28] 不难看出，韩悠韩的儿童教育方法是成功的，这对于今天的中国儿童教育乃至整个教育工作仍有深刻的借鉴意义。

---

28) 艺术班学生去向问题由笔者2014年对韩悠韩的中国学生杨祺，梁文亮，孙毅的多次采访内容综合整理而成。

제2부

한국광복군의 기억

사회적 기억 매체의 한국광복군

정호기

Ⅰ. 광복 이후의 한국광복군

한국광복군(이하 광복군)은 일제강점기 중국 관내에 거점을 두고 활약한 대표적인 한인 무장 세력이었다. 광복군은 어느 날 불현듯 등장한 것이 아니라, 오랜 기간의 독립운동과 독립전쟁에서 형성되었던 다양한 기원과 성격을 갖는 군사단체들이 시차를 두고 결집하면서 발전하고 조직되었다. 대한민국임시정부(이하 임시정부)는 광복군을 산하의 유일한 무장조직 즉, 군대로 창군했다. 하지만 광복군이 한인 무장 세력을 모두를 포괄하고, 이들을 대표했던 것은 아니다. 그리고 중국군사위원회와 임시정부 및 광복군은 긴장관계에 있었다. 최대 쟁점은 광복군의 독립성 보장과 독자적인 운영이었다. 광복군은 1944년 8월 23일 이른바 '9개 준승'이 취소된 이후에 독립성을 갖게 되었는데, 광복이 머지않은 시점이었다.

한반도에 무장한 광복군이 처음으로 입성한 날은 1945년 8월 18일이었다. 이날 새벽 이범석, 신일, 노능서, 장준하와 미군 18명이 탑승한 C-47수송기가 중국 시안(西安)비행장을 이륙했다. 이들은 12시경 일본이 1916년에 군사용으로 건설한 여의도비행장에 착륙했다.[1] 중국에 파견된 미국 전략사무국(OSS, Office of Strategic Services)의 협조 아래 1945년 5월부터 준비했던 국내진입작전은 아니었지만, 광복군이 고국 땅을 밟았다는 것만으로 상징적인 의미가 컸다.

안타깝게도 광복군과 미군은 여의도비행장을 벗어날 수 없었다. 이들이 머물렀던 시간은 하루가 조금 넘었다. 일본군이 전시태세를 유지한 채 항복 선언을 수용하지 않고, 완강하게 저항했던 것이다.[2] 결국 광복군 일행은 8월 19일 오후 5시경 여의도비행장을 떠나 7시 50분경 산둥성(山東省) 웨이시엔(維懸)비행장으로 귀환했다. 계획했던 바를 이루지 못했으나, 광복군은 한반도로 귀국할 준비를 시작했다. 오광선을 국내잠편 지대장으로 임명하고, 상하이 · 항저우 · 한커우 · 난징 · 베이징 · 광저우에서 확군(擴軍) 활동에 들어갔다. 언론은 광복군의 활동과 환국 준비 소식을 종종 기사로 다루었다. 완전한 국가 건설을 열망하던 한국인에게 광복군은 자긍심과 선망의 대상이었다.

광복군이 꿈꾸었던 장밋빛 전망은 얼마 지나지 않아 구름이 드리웠다. 이를 명시적으로 보여준 사건은 임시정부 요인들이 1945년 11월부터 개인 자격으로 환국한 것이었다. 임시정부의 위상과 입지는 미군정의 통치 목표와 방침 그리고 미소관계에 따라 흔들렸고, 점점 위축되었다. 이런 정국에 광복군이 정규군으로 인정받고 귀국하리라는 바람은 실현 가능성이 낮았다. 신문에서는 광복군이 정규군으로 편제되고 있

1) 장준하, 『돌베개』, 세계사, 2007, 343쪽.

2) 기광서, 「소련군의 '해방적' 역할과 북한의 인식」, 『8 · 15의 기억과 동아시아적 지평』, 선인, 2006, 194쪽.

으며,[3] 지원자가 늘어나고 있다고 보도했다.[4] 광복군은 곧 귀환하리라 고대했으나, 한반도 내외의 대립과 갈등은 악화 일로로 치달았다. 일정 순간부터 중국의 광복군은 관심 대상에서 밀려났고, 이들의 귀환은 화급한 현안으로 고려되지 않았다. 결국 광복군은 1946년 2월경부터 개인적으로 귀국하기 시작했다. 이렇게 귀국하는 광복군의 숫자가 만만치 않았다.[5] 이것은 군대로서의 광복군이 와해되고 있음을 의미했다.

미군정은 1946년 1월 21일 법령 제28호를 발표해 모든 군사단체의 해산을 명령했다. 이 법령은 광복군의 존립과 집단적 귀국에 심각한 부정적인 영향을 미쳤다. 오광선이 이끌던 광복군 국내지대도 미군정의 압박을 이겨내지 못하고 3월 2일 해산했다. 상황을 주시하던 광복군 총사령관 지청천은 1946년 5월 16일 중국에서 '광복군 복원 선언'을 했다. 이 선언은 광복군의 해산과 다름이 없었다. 이로써 광복군이 군사적 성격을 갖는 임의단체로 인정받을 제도적 근거와 명분도 미약해졌다.

그렇다고 광복군이 일순간 아무런 흔적이 없이 해산할 수는 없는 일이었다. 광복군은 여러 가지 연고를 따라 각종 청년단체들의 설립에 참여하거나, 미군정이 승인한 군사적 성격의 단체들에 합류했다. 이를테면, 국내지대 대원의 일부는 오광선이 중심이 되어 1946년 4월에 결성한 광복청년회로 흡수되었다. 일부는 미군정 산하의 해안경비대와 국방경비대로 편입되었다.[6] 다른 지대의 광복군 대원들도 지휘관을 따라 인연을 쫓아 흩어졌다. 그 가운데 광복군 출신이 가장 많이 합류한 청년단체는 이범석이 구심이 되어 1947년 5월 결성한 조선민족청년단과

---

3) 『동아일보』 1945년 12월 4일, 「정규국방군 새로 편제」.

4) 『동아일보』 1945년 12월 5일, 「순충에 넘치는 진정의 혈서」.

5) 『동아일보』 1946년 2월 5일, 「광복군 오백오십 명 전재 동포와 함께 환국」.

6) 김민호, 「한국광복군 국내지대의 결성과 활동」, 『한국독립운동사연구』 49, 2015, 217쪽.

지청천이 주도하여 제 청년단들을 통합해서 1947년 9월 21일 결성한 대동청년단이었다. 광복군이 창군의 모체가 되어야한다는 주장이 대세를 이루었고, 실행된 측면도 있었으나, 현실은 미군정의 구상 속에서 다양한 기원을 갖는 세력이 경합과 각축을 벌였다.

광복군에 관한 연구는 오랫동안 임시정부 활동과 역사의 일부로 다루어져서 주목을 받지 못했다. 한국전쟁이 발발하기 이전부터 광복군 수기나 전기 그리고 평전이나 소설 등이 간행되었으나,[7] 조사와 연구 주제로 관심을 받았던 것은 1970년대에 들어서였다.[8] 전반적으로 논문은 1980년대에 들어 점진적으로 늘어났고, 단행본은 1990년대에 가시화되었다.[9] 광복군에 관한 연구들의 대부분은 1945년 이전까지를 시간적 범위로 설정했다. 1945년 이전 시기에서 주제와 소재를 찾았으며, 창립에서 해산까지 조직 구성의 변화와 활동상의 복원에 역점을 두었다. 따라서 광복군 창립과 운영, 체제와 구조의 변화, 중국 국민당과의 관계, 인도와 버마 전선의 활약, 미군과 연합 훈련 작전, 광복군 여성대원의 활약 등이 주요한 연구의 주제들이었고, 근래에 들어 광복군 확군과 국내지대 결성으로 관심이 확산되었다.[10]

---

7) 이러한 유형의 광복군 기록은 지헌모가 1949년에 발간한 『청천장군의 항일투쟁사』, 삼성출판사가 처음이었던 것으로 보인다.

8) 1970년대에 간행된 광복군 연구 또는 자료는 다음과 같다. 독립운동사편찬위원회, 『독립운동사(제4권) 임시정부사』, 독립유공자사업기금운용위원회, 1972. 자료로는 국사편찬위원회가 1970~1973년에 간행한 『한국독립운동사자료(임정편)』 1~3, 독립운동사편찬위원회가 1973~1976년에 간행한 『독립운동사자료집(임시정부자료집)』이 있다.

9) 이현희, 『한국광복군』, 독립기념관 한국독립운동사연구소, 1991; 한시준, 『한국광복군 연구』, 일조각, 1993이 초창기 연구들로 파악된다.

10) 윤정란, 「일제 말기 한국광복군 여성대원들의 활동 양상」, 『여성학논집』 23-1, 2006; 박민영, 「한국광복군 인면전구공작대 연구」, 『한국독립운동사연구』 33, 2009; 박민영, 「독립군과 한국광복군의 항일무장투쟁」, 『동양학』 47, 2010; 손염홍, 「한국광복군 북경에서의 활동」, 『한국학논총』 37, 2012; 김민호, 「대한민국임시정부 『보병조전

이 글은 1946년 광복군이 해산한 뒤 사회적 기억(social memory)이 어떤 계기로 어떻게 달라졌으며, 기억매체들에서는 어떻게 조명되었고 변화했는가를 살펴보고자 한다. 사회적 기억은 시간성을 중시하여 집단기억의 변화와 재구성을 파악하는데 초점을 둔다. 기억매체는 제프리 K. 올릭(Olick, Jeffrey K.)이 페터 라이첼(Reichel, Peter)의 연구를 통해 유형화한 것을 다소 변형해 적용했다.[11] 이 글에서 다루는 사회적 기억의 매체는 정치적-인지적 매체로서의 포상, 정서적 매체로서의 기념일과 의례, 미학적-표현적 매체로서의 전시공간이다.

이러한 기억매체들을 주목하는 이유는 첫째, 사회구성원에 미치는 영향력이 상대적으로 우월하며 압도적이기 때문이다. 둘째, 국가의 직간접적인 관리와 개입으로 재현된 공식적인 집단기억이기 때문이다. 셋째, 불특정 사회구성원에게 작용하며, 교육제도 외부에서 학습과 동질적인 공감을 유발하는 효과를 갖기 때문이다. 이 글에서 기념일은 국경일을 포함한 국가기념일을 주로 의미한다. 의례는 정부가 주관하는 기념식과 추모식, 그리고 정부가 주관하지 않으나 그와 동등한 의식을 가리킨다. 전시공간은 육군박물관, 국립서울현충원 호국관, 전쟁기념관, 독립기념관, 백범김구기념관, 대한민국역사박물관의 사례를 다룬다.

초안』의 편찬과 성격」, 『군사연구』 144, 2017; 한시준, 「한국광복군 제2지대의 OSS 훈련 장소에 대한 검토」, 『한국독립운동사연구』 63, 2018; 차현지, 「태평양전쟁기 한국광복군과 미전략첩보군(OSS) 합작의 국제적 배경」, 『사회과교육』 59-1, 2020; 류동연, 「한국광복군 인면전구공작대의 파견 배경과 성격」, 『한국근현대사연구』 95, 2020; 손염홍, 「한국광복군의 자주권 확보와 한중교섭」, 『한국근현대사연구』 95, 2020; 조은경, 「한국광복군총사령부 간부의 회고를 통해 본 한국광복군 인식과 활동」, 『한국근현대사연구』 95, 2020; 황선익, 「한국광복군의 병력 증강과 편제 개편」, 『한국근현대사연구』 95, 2020.

11) 제프리 K. 올릭, 강경아 역, 『기억의 지도』, 옥당, 2011, 26쪽, 169쪽.

II. 정부포상으로 본 한국광복군의 위상 변화

독립운동에 관한 사회적 기억과 기념의 대표적인 방식은 기념일의 지정이었다. 그 가운데에서도 높은 위상을 갖는 국가기념일은 국경일이다. 5대 국경일 가운데 독립운동과 관련된 경우는 3·1절과 광복절인데, 이는 독립운동이 대한민국의 건설과 정체성을 형성하는 핵심적인 역사 자원임을 가리킨다.[12] 국가는 3·1절과 광복절에 기념식을 비롯해 다채로운 행사와 사업을 벌여 사회적 기억을 전파하고 안착을 도모했다.

그런데 광복군을 중심으로 사회적 기억의 변화를 살펴보면 상황이 달랐다. 광복 이후 광복군의 활동에 관한 회고는 한동안 화제였으나, 얼마 지나지 않아 시들해졌다. 광복군 경력을 발판으로 정계에 진출한 고위층들도 한 줄의 이력으로 기재하는 게 일반적이었다. 이승만 정부는 임시정부, 김구, 광복군으로 연결되는 것을 탐탁지 않아 했다. 광복군의 존재감이 위축되었던 배경에는 김구의 암살을 둘러싼 갈등과 반목도 한 몫 했다. 이러한 시대상과 분위기는 이승만 시대 전반을 관류했다.

광복군이 사회적으로 조명을 받을 기회는 기념일이었다. 구체적인 형태는 기념일을 맞이하여 부정기적으로 실시되는 정부포상(政府褒賞)[13]이었다. 이승만 시대에는 독립유공자 포상이 있기는 했지만, 한국인 포

---

12) 김민환, 「한국의 국가기념일 성립에 관한 연구」, 『한국학보』 99, 2000, 133쪽.

13) 포상은 상훈(賞勳)과 같은 의미이고, 서훈(敍勳)에 표창(表彰)을 더한 것이다. 행정안전부, 『정부포상 업무지침』, 2021, 3쪽. 독립유공자 서훈의 역사와 제도화 일반에 대해서는 윤선자, 「광복 후 애국선열 선양정책 재조명」, 『사학연구』 100, 2010; 이성우, 「독립유공자 서훈의 역사와 제도화 추이」, 『한국독립운동사연구』 73, 2021을 참조 바람.

상은 단 한 차례 2명뿐이었다. 즉, 1949년에 대통령 이승만과 부통령 이시영이 대한민국장을 받았다. 제3, 4호 포상자는 외국인으로, 1950년에 미국인 호머 베잘렐 헐버트(Homer Bezaleel Hulbert)에게 독립장이, 1953년에 대만 총통 장제스(蔣介石)에게 건국훈장 대한민국장이 수여되었다.[14] 따라서 이승만 시대의 3·1절과 광복절에 임시정부와 광복군이 조명될 리 없었다.

광복군에 대한 정부포상이 처음으로 확인되는 시점은 1960년이었다. 4·19혁명으로 등장한 제2공화국 장면 정부는 10월 1일을 '신정부 수립 경축의 날'로 지정하고, 이를 기념해 독립유공자 11명에게 표창과 기념품을 수여했다. 이들 가운데 이강, 신숙, 김중화, 김학규, 오광선이 광복군이었다.[15] 표창은 한국전쟁에 관한 훈포장에 비해 훈격이 현저하게 낮았다. 김창숙은 표창 수상 대상자 선정 기준이 모호하다며 기념식 참석을 거부했다.[16]

광복군이 훈포장의 대상이 된 것은 1962년 제43주년 3·1절이었다.[17] 5·16군사정부가 훈격을 높여 독립유공자 206명을 포상했다. 김구를 비롯해 지청천에게 건국공로훈장(중장)이 수여되었으나, 광복군 면면은 언론에 소개되지 않았다. 이때의 정부포상도 정밀하게 계획되고 치밀하게 준비되지 않았으며, 부실 검증 논란이 일었다. 훈포장 대상자의 적합성과 상훈 등급 선정을 두고 문제제기가 있었고, 수여 의미는 반감했다.[18] 이 시기에 광복군이 그나마 사회적으로 관심을 받은 시점은 광

14) 김신섭, 『달력 속에서 만나는 숨은 우리 날 찾기 1』, 씨앤드씨그룹, 2000, 42쪽.

15) 『경향신문』 1960년 9월 30일, 「독립운동자 표창 신정부 수립 경축일에 11명」.

16) 『동아일보』 1960년 10월 1일, 「김창숙 씨 참석 거부」.

17) 『동아일보』 1962년 2월 26일, 「건국공로훈장수상자 프로필 길이 살아있는 선열의 얼」.

18) 『경향신문』 1962년 2월 27일, 「독립운동유공자 포상계획 수정돼야」.

복절이었다. 이를테면, 광복절을 전후해 『경향신문』이 '항일투쟁회고'를 연재하면서 광복군의 성명과 활동 그리고 회상과 의미를 정리했다.

군사정부는 제44주년 3·1절과 제18주년 광복절에도 1,275명의 독립유공자를 포상했다. 1963년은 민정 이양, 제5대 대통령 선거(10월 15일), 제6대 국회의원 선거(11월 26일)가 예정되어 있었다. 군사정부는 집권연장방안을 저울질하며 유리한 상징전략의 활용을 고심하던 시국이었다. 3·1절에는 지난해에 비해 월등히 많은 670명을 부문별로 할당하여 독립유공자로 포상했다. 광복군으로는 이범석이 건국공로훈장 복장을 받았다. 단장을 받은 광복군은 '임정광복군'으로 고운기 외 14명이, '만주광복군'으로는 조병준 외 7명이었다.[19] 광복절에는 605명이 포상을 받았다. 사회부문 인사들은 훈장 또는 포장을 받았고, 광복군 342명은 품격이 낮은 대통령 표창을 받았다.[20] 하지만 이번에도 선정 대상자의 합당성을 놓고 논란이 일었다. 지난해 3·1절에서 훈포장 실행과 같이 부자격자가 포함되었고, 반드시 포함되어야 할 사람이 배제되었다는 것이다.[21] 특히 친일부역자와 이승만 시대에 독재의 선봉에 섰던 사람들이 표창을 받았다는 점이 문제였다. 대통령 표창은 광복절 경축식에서 수여되지 않고, 집으로 배송되었다. 이것은 경축식의 상징적 효과만 취한 것 아닌가 하는 의문의 여지를 남겼다.

광복군 포상이 재개된 것은 1968년 제49주년 3·1절이었다. 1963년 12월 14일에 「상훈법」이 제정되었음을 고려하면,[22] 법률에 의거 독립유공자를 처음 포상한 것이라고 할 수 있다. 건국공로훈장 수여자들은

---

19) 『경향신문』 1963년 2월 23일, 「3·1절에 670명 표창」.

20) 『동아일보』 1963년 8월 14일, 「포상에 빛나는 605명」.

21) 『동아일보』 1963년 8월 21일, 「횡설수설」.

22) 「상훈법」 제정 이전에는 1949년 4월 27일 공포된 「건국공로훈장령」에 근거했다.

「국가유공자 및 월남귀순자 특별원호법」에 따라 연금과 가족수당 등 각종 보상금과 각종 생활보조금 지급대상이 되었다. 포상대상자는 559명이었는데, 중국의 쑨원(孫文)과 천치메이(陳其美)를 비롯해 외국인 16명에게는 건국공로훈장이 수여되었고, 광복군으로는 채원개, 노태준, 김천성이 포상을 받았다.[23] 1962년과 1963년에 비하면, 광복군 포상자는 수적으로 감소했다. 박정희는 경축사에서 '우리는 지금 북괴로부터 6·25 이래 최대의 도전을 받고 있다'라고 규정하고, 이에 맞서기 위해 백만 명의 향토예비군 창설을 비롯해 각종 전력을 강화 또는 증강할 것이라고 했다. 3·1절 경축사였으나, 주된 내용은 북한과 관련된 것이었고, 요지는 전쟁 경각심의 고취였다.[24] 이것은 제3공화국이 출범한 뒤 중단했던 독립유공자 포상을 왜 이때 대규모로 재개했는가를 가늠하게 해준다.

1968년과 1970년 3·1절에도 독립유공자 포상이 있었으나, 광복군의 존재는 더욱 희미해졌다. 이때까지 포상이 수여된 독립유공자는 총 1,770명이었다. 전례와 달리, 박정희 시대의 마지막 독립유공자 포상은 1,330명을 대상으로 삼았다. 본래 이 계획은 광복절을 기념해 이루어질 예정이었으나,[25] 심사가 지연되면서 어긋났다. 1974년 광복절 경축식에서 육영수가 피살된 뒤에는 대통령이 참석하지 않았다는 점도 고려하지 않을 수 없었다. 박정희 정부는 1976년 하반기부터 포상 준비에 착수했고, 1977년부터는 보훈청이 공적심사위원회 구성을 주관했다. 보훈청은 건국포장 대상 확대와 기 표창장 수여자들 일부에게 건국포장을 수여하는데, 1977년 11월 30일에 이루어질 것이라고 발표했다. 박정희

23) 『매일경제』 1968년 2월 19일, 「3·1절 맞아 유공자 559명 포상」.
24) 『경향신문』 1968년 3월 1일, 「전 국민이 투쟁대열에」.
25) 『경향신문』 1977년 11월 30일, 「객관적 거증자료를 기준 2천 5백여 건 미비로 탈락」.

시대 마지막 독립유공자 포상이 준비되던 1977년 1월에 카터 대통령의 취임과 함께 주한미군 철수가 단행되었고, 하반기에는 반유신 민주화 운동이 대학가에서 분출했다. 정부는 포상 대상자가 최대 규모인 이유를 누락자가 축적되어 있었고, '통일 이전 마지막 기회'[26]라고 하여 신청자가 많았으며, 독립운동사 자료를 새로 많이 발굴 · 정리했기 때문이라고 했다.[27]

이듬 해 언론에서는 박정희의 삶을 미화하는 수단으로 광복군이 활용되었다. 즉 『경향신문』은 "중국 장춘에 있는 만주군관학교에서 조국 광복을 이루겠다는 일념으로 열심히 군사지식을 습득한 후 이어 일본 육군사관학교에서 2년 동안 본과 과정을 마치고 1944년 소위로 임관되었다. 광복이 될 때까지 만주벌판에서 준동하고 있는 공산게릴라 토벌을 진두지휘했다." "8 · 15해방을 맞아 박정희 중위는 광복군에 들어가 활약하다가 다음 해에 고향으로 돌아왔다"고 보도했다.[28]

신군부도 집권 초반인 1982년 제37주년 광복절에 독립유공자 428명을 포상했는데, 광복군이 65명이었다.[29] 그해 7월은 일본교과서의 한국사 왜곡과 관련하여 양국의 대립과 갈등이 정점을 이루던 국면이었다. 이 사건이 발화점이 되어 '민족박물관 설립계획'이 독립 혹은 광복을 기념하는 것으로 선회했다. 시국에 따른 영향이 컸을 터이나, 친일부역자 문제로부터 자유로운 신군부였기에 실현 가능했던 측면이 없지 않았다.

---

26) 『경향신문』 1977년 11월 30일, 「독립유공 1,330명 추가 포상, 정부 수립 후 최대 규모」.

27) 『동아일보』 1977년 11월 30일, 「이제야 햇빛 본 '독립유공' 77년도 포상자」.

28) 『경향신문』 1978년 7월 6일, 「국민과 호흡 함께하는 민족적 지도자」.

29) 『경향신문』 1982년 8월 14일, 「독립유공자 428명 포상」.

Ⅲ. 기념식과 추모의례의 한국광복군

1. 기념식

정부포상이 광복군의 사회적 기억에 미치는 효과는 1980년대에 들어서면 거의 확인이 되지 않는다. 1980년대 말부터는 기념일을 매개로 광복군 대원이 아니라 그 자체를 직접 조명하는 두 가지 현상이 나타났다. 하나는 3·1절과 광복절에 광복군의 존재와 의미를 다루고, 더 나아가 국군의 날과 현충일에도 광복군을 조명하는 것이었다. 다른 하나는 광복군의 결성 및 활동과 관련된 기념일을 국가기념일로 지정하고, 정부가 기념식을 주관하게 되었다.

이러한 변화를 가능하게 한 단초는 1985년에 촉발된 개헌운동이었다. 개헌운동의 정점은 1987년 6·10민주항쟁이었다. 6·10민주항쟁의 성과였던 8개 항의 '6·29선언'에서 첫 번째가 '조속한 대통령 직선제 개헌'이었다. 이로 인해 1987년 10월 29일 제9차 개헌이 단행되었다. 이른바 '1987년 헌법'이 등장한 것이다. 헌법은 법규범 가운데 최고 지위를 갖는 것인바,[30] 개정 전문의 서사와 함의가 미치는 효과가 컸다. 개헌안을 두고 여야의 입장이 대립했으나, 헌법 전문에 '상해임시정부, 3·1운동, 4·19혁명'을 포함한다는 것에는 이견이 없었다.[31] 그리하여 "유구한 역사와 전통에 빛나는 우리 대한민국은 3·1운동으로 건립된 대한민국임시정부의 법통과 불의에 항거한 4·19민주이념을 계승하고"라는 문장이 포함되었다.[32] 개헌헌법 전문의 "기미 삼일운동으로 대한민국을 건

---

30) 정종섭, 『대한민국 헌법 이야기』, 대한민국역사박물관·나남, 2014, 1쪽.

31) 민주화운동기념사업회 한국민주주의연구소 엮음, 『한국민주화운동사 3』, 돌베개, 2010, 381쪽.

32) 개정 헌법 서문에 '대한민국임시정부의 법통을 계승한다'라는 문장을 포함하는 데

립하여 세계에 선포한 위대한 독립정신을 계승하여"라는 문구가, 제6차 개헌(1963년 12월 17일 시행)에서 "3·1운동의 숭고한 독립정신을 계승하고"라는 문구로 수정되면서 대한민국의 법통과 정통성이 명확하지 않다는 문제가 해소되었다. '대한민국임시정부의 법통'을 계승한다고 명시했으므로, 임시정부의 재인식과 재평가 그리고 이에 걸맞은 기억과 기념이 후속되어야 했다. 이와 연계되어 임시정부의 군대였던 광복군도 주목을 받았다. 1988년부터 임시정부와 광복군을 재조명하는 학술 활동이 이루어졌고, 1989년에는 임시정부와 광복군의 중국 내 흔적과 자취를 발굴하고 기념하는 활동도 착수했다.

1988년 광복절 경축사에서 "우리들 선열들이 깜깜한 식민통치시대에 대한민국 임시정부를 세운 이래 우리 온 겨레가 염원하고 합의해 온 민족의 이상을 구현하는 길인 것입니다"라고 한 것은 변화의 서막이었다. 임시정부 법통론은 다음 해의 3·1절 기념사에서는 "3·1운동으로 모아진 민족의 광복 의지는 그 이후 대한민국임시정부의 수립과 해방의 그날까지 줄기찬 독립운동으로 이어졌습니다"라고 명시되었다. 한 문장에 불과했으나, 중요한 변화로 해석하기에 충분했다. 이와 유사한 문구는 1990년과 1991년의 3·1절 기념사에서도 관행처럼 반복되었다. 1992년 3·1절을 기념한 보신각 타종식에는 광복회장과 광복군 총사령관의 딸이면서 광복군이었던 지복영이 초청되었다.

이러한 변화의 양상은 민간단체가 주관하는 광복군 관련 기념행사들에 영향을 미쳤다. 언론에서 민간단체가 주관한 기념행사들을 보도하기 시작한 것이다. 여기에는 상해임시정부 수립 70주년에 맞춰 조성된 분위기가 한몫을 했다. 한국독립유공자협회는 1989년 4월 11일 세종문

큰 역할을 한 사람은 광복군 김준엽이었다. 김건우, 『대한민국의 설계자들』, 느티나무책방, 2017, 265쪽.

화회관 별관에서 '임시정부수립 70주년 기념 세미나'를 개최했다. 명칭은 세미나였으나, 기념식의 성격이 포함되어 있었다.[33] 참석자들은 대한민국 정부와 국군의 법통이 상해임시정부와 광복군에 있음을 강조했다.[34] 한편 한국광복군동지회는 광복군 창설기념식을 개최해왔는데, 1989년에는 9월 12일 향군회관(잠실동) 강당에서 열렸다.[35]

1990년대에는 광복군을 별도로 기념하는 행사들에도 변화가 나타났다. 그것은 1989년 12월 30일 '대한민국임시정부의 법통과 역사적 의의를 기'림을 목적으로 4월 13일을 법정기념일로 지정한 효과였다.[36] 그래서 제71주년부터는 정부가 기념식을 주관했는데,[37] 이는 광복군 창설기념식과 연동되어 이루어졌다. 언론은 9월 17일 윤봉길의사기념관(양재동)에서 열린 '광복군 창설 50돌 기념식'을 기사화했다.[38] 그리고 1992년 제73주년 대한민국임시정부 수립 기념식에서 독립유공자 200명이 포상을 받았다.[39] 3 · 1절과 광복절에 독립유공자 포상이 이루어졌던 전례로 보면, 의미를 부여하기에 충분했다.

임시정부와 광복군의 재조명이 확대되면서 1992년 12월 10일에 대한민국임시정부 대일선전포고 제59주년 기념식이 처음으로 열렸다.[40] 기

---

33) '대한민국임시정부 수립 기념식'은 한국독립유공자협회 주최로 일찍이 개최되고 있었다. 이를테면 1986년 세종문화회관에서 열린 제67주년 기념식에는 국가보훈처장이 참석하여 기념사를 했다. 『조선일보』 1986년 4월 15일, 「임정 67주년 기념식」.

34) 『한겨레』 1989년 8월 16일, 「광복 참뜻 못 끌어낸 '노변정담' KBS 광복 특집」.

35) 『조선일보』 1989년 9월 13일, 「광복군 49주 기념식」.

36) 김신섭, 『달력 속에서 만나는 숨은 우리 날 찾기 1』, 89쪽. 대한민국 임시정부 수립 기념일은 2019년 '임시정부 수립 100주년'을 맞아 "대한민국 임시헌장"을 헌법으로 공표했던 4월 11일로 변경되었다.

37) 『동아일보』 1990년 4월 13일, 「임시정부 수립 기념일」. 대한민국임시정부 수립 기념식은 1979년 제60주년을 기념해 효창공원에서 합동추모제로 개최되었다. 언론에는 1982년 제63주년부터 보도되었는데, 세종문화회관 대회의장에서 열렸다.

38) 『한겨레』 1990년 9월 18일, 「광복군 창군 50돌」.

39) 『동아일보』 1992년 4월 11일, 「독립유공자 2백 명 포상」.

념식은 1941년 12월 10일 임시정부가 일본에 선전포고하고, 광복군이 연합군 일원으로 합류한 것을 기념했다. 기념식은 한국독립유공자협회와 한국광복군동지회가 공동으로 주관했으며, 강연회가 후속되었다.[41]

김영삼 정부가 출범하면서 임시정부와 광복군은 한층 강하게 조명되었다. 대통령은 1993년 광복절 경축사에서 "새 문민정부는 이 같은 임시정부의 빛나는 정통성을 이어받고 있습니다"라고 밝혔다. 광복군과 관련해 보면, 제45주년 국군의 날 기념식이 변곡점이었다. 기념사에서 "이 고귀한 구국의 투쟁은 광복군의 구국 이념과 더불어 우리 국군의 정신적 지주가 되고 있습니다"라고 말했기 때문이다. 이를 계기로 3·1절과 광복절에는 임시정부에, 국군의 날에는 광복군에 초점이 맞춰지게 되었다. 그리하여 제47주년 국군의 날 기념사에는 "우리 국군은 일제에 끝까지 항거한 광복군의 빛나는 전통을 이어받아 1948년 '민족의 군대'로 탄생했습니다"라고 담겼다.

이를 기화로 국군의 날 개정을 둘러싼 논의가 재활했다. 군부시대를 마감하고 문민시대를 개막하자는 국정 철학의 실현에 적합한 의제로 채택되었던 것이다. 대한민국재향군인회는 대한제국 군대 해산에 따라 결성된 의병으로부터 군맥이 형성되었다고 정의했다. 이것은 북한의 항일투쟁사관과 대척점을 명확히 하는 것으로, 통일을 위해서라도 광복군의 적통이 확정되어야 한다고 주장했다.[42] 대한제국 국군해산명령에 박승환 참령이 자결한 1907년 8월 1일, 광복군이 창설된 1940년 9월 17일, 국방부가 성립된 1948년 8월 15일, 조선경비대가 창설된 1946년 1월 15일 가운데 기원이 가장 오랜 것이었다.[43] 이후에는 1895년에 국

---

40) 광복회, 『광복회 50년사』, 2018, 102쪽.

41) 『동아일보』 2000년 12월 7일, 「독립유공자협회 등 대일선전포고 59주년 강연회」; 『동아일보』 2000년 12월 11일, 「임정 대일 선전포고 59돌 기념식」.

42) 이상준, 『광복군전사』, 대한민국재향군인회, 1993.

군의 기원을 두어야 한다는 주장도 등장했다.[44] 군통을 재조명해야 한다는 여론은 광복절과 광복군 창설(창군) 기념식, 국군의 날 등을 계기로 재연되었다. 그러나 사회적 합의를 모으기는 간단하지 않은 일이었다. 1956년 9월 21일 대통령령 제117호 제정 · 공포된 국군의 날은 상당한 역사의 무게가 실려 있었던 것이다.

김대중 정부는 임시정부의 법통을 한층 강조했으나, 광복군에 대한 언급은 예년 수준을 유지했다. 이는 김대중 정부가 역점을 두고 추진하던 남북화해 정책과 무관해 보이지 않는다. 대비적으로 노무현 정부는 출범한 해인 제55주년 국군의 날에 "광복군을 계승한 우리 군"이라고 선언했다. 임시정부와 광복군의 재조명과 제자리 찾기가 시작되면서 담론과 해석에 균열이 생겼다. 광복이 강대국들의 전쟁 결과로 주어진 것이 아니라, 다양한 활동과 독립전쟁을 통해 일궈낸 것이라는 서사가 강조되었다.

이러한 흐름은 이명박과 박근혜 정부에서는 소강 단계에 접어들었다. 대한민국임시정부 수립 기념일을 제외하고는 대통령이 참석한 기념일의 기념사에서 광복군은 거론되지 않았다. 이때는 역사논쟁이 벌어지면서 과거사의 주요 쟁점들에 대한 해석을 놓고 요동을 치던 시대였다. 대한민국 정부의 법통에 관한 대립과 갈등은 광복 60주년(2005년)과 70주년(2015년)의 의미와 교과서 개정을 두고 격렬한 양상을 띠었다. 대척점은 '정부수립인가', '건국인가'였다.[45] 이 논쟁은 민주화로 과거사의 재평가와 정리 활동이 이루어진 것에 대한 반동이었다. 하지만 대한민국 정부의 법통이 임시정부에 있다는 '1987년 헌법'이 존립하는 한 반

43) 『동아일보』 1993년 9월 29일, 「국군의 날 '10월 1일' 전통성 없다」.

44) 한용원, 『대한민국 국군 100년사』, 오름, 2014.

45) 서중석, 「해방과 대한민국 정부 수립」, 『대한민국의 정통성을 묻다』, 철수와 영희, 2009, 188쪽.

전시킬 논리와 명분이 미약했다.[46)]

광복군이 국군의 날 기념사가 아닌 다른 국가기념일에 언급되었던 것은 2017년 현충일 추념사부터였다. 대통령은 “항일 의병부터 광복군까지 국권 회복과 자주독립의 신념이 태극기에 새겼습니다”라고 발언했다. 그해 12월 16일 대통령이 충칭(重慶)의 임시정부청사를 방문하면서 광복군의 사회적 기억은 한층 강조되었다. ‘광복군은 대한민국 최초의 정규 군대’라는 규정은 많은 걸 함축했다. 이러한 흐름은 국방부가 2018년에 독립군과 광복군을 국군의 기원으로 공식 확인함으로써 일단락되었다.

2019년은 3·1운동과 임시정부 수립 100주년이 되는 해였다. ‘제100주년 대한민국임시정부 수립 기념식’을 여의도공원 문화의 마당에서 개최함으로써 1945년 8월 18일 광복군의 국내 입성을 상기시켰다.[47)] 제64년 현충일 추념사에서는 광복군 창설이 좌우합작에 의한 것이며, 일제에 대한 전면전 선포, 조선의용대의 광복군 편입, 인도·버마전선에 진출해 영국군과 작전, 그리고 미국 OSS와 국내진공작전 준비, 국군 창설의 뿌리 등이 언급되었다. 또한 2020년 현충일 추념사에서는 광복군의 역사적 위상을 되새기고, 광복군과 국군에서 활약한 몇몇 인물의 활동과 공적을 상세하게 열거했다. 그럼에도 국군의 날 개정과 관련해서는 뚜렷한 개진이 없었다. 2019년 역사학계의 논쟁이 보여주듯이, 임시정부와 광복군의 법통 재정립은 순탄하게 전개되지 않았다. 쟁점은 임시정부와 관련해서는 법통론 담론에 의거한 역사적 해석의 곤궁함이었고,[48)]

46) 김영삼 대통령은 1993년 8월에 ‘우리 정부의 뿌리가 임시정부에 있음을 재천명’했다. 『한겨레』 1993년 8월 17일, 「광복군 창설일을 국군의 날로」.

47) 『코리안스피릿』 2019년 4월 11일, 「100주년 대한민국임시정부수립 기념식 11일 여의도 공원서 개최」.

48) 『한국일보』 2019년 4월 18일, 「임시정부 법통론, 이승만의 논리」.

광복군과 관련해서는 창설 일을 국군의 날로 지정할 것인가 여부였다.

2. 추모의례

광복군의 사회적 추모의례는 임시정부 통수부 군무부장으로 광복군 통수권을 행사했던 조성환의 사회장이 시초였다. 조성환은 1948년 10월 7일 숙환으로 사망했다. 사후 7일째가 되던 13일에 동대문 훈련원(현 동대문역사문화공원) 부민회장에서 '청사 조성환 선생 사회장'이 개최되었다. 장례위원장은 부통령 이시영이었고, 부위원장은 조소앙, 이범석, 조완구였다. 조성환의 유해는 효창원에 안장되었는데, 김구가 추도사를 낭독했다.[49]

두 번째 추모의례는 1957년 1월 15일 사망한 지청천이었다. 당초에는 가족장으로 준비되었으나,[50] 1월 21일 '고 백산 지청천 장군 사회장'으로 치러졌다. 장례기간은 7일이었고, 영결식장은 중앙청 야외음악당이었다. 수만 명의 시민이 참석했고, 육군군악대가 조가를 연주했다. 장례위원장은 전 부통령 함태영이었다. 광복군 창설 때 부관이던 조시원이 약력보고를 했고, 3부와 정당 단체 대표들이 조사를 낭독했다. 운구 행렬은 세종로와 종로 동대문을 경유해 우이동에 도착했다.[51] 국민장과 유사한 형식과 절차였다.

박정희 시대에는 광복군의 사회적 추모의례가 세 차례 있었다. 첫 번

49) 김희곤, 『독립군을 기리고 광복군을 조직한 군사전문가 조성환』, 독립기념관 독립운동사연구소, 2013.

50) 『경향신문』 1957년 1월 17일, 「지청천 씨 별세 조국광복의 공로자」.

51) 『동아일보』 1957년 1월 22일, 「지청천 씨 사회장, 어제 중앙청 앞서 엄수」; 『경향신문』 1957년 1월 22일, 「고 지청천 장군 사회장」. 1994년 4월 14일 국립현충원 임시정부 요인묘역으로 이장했다.

째는 1967년 9월 26일 서울시민회관 뒤편(예총회관 앞) 광장에서 열린 '고 백파 김학규 장군 사회장 영결식'이었다.[52] 이 사회장도 국민장에 준해서 이루어졌다. 장례위원장은 1961년 국회의장을 역임했고 5·16군사정변을 지지했던 곽상훈이었다. 정일권 국무총리, 유진오, 이범석, 최두선 등이 영결식에 참석했다. 애도사는 이은상이, 조사는 국무총리가 했다. 국무총리는 "국력발전과 통일대업의 완수에 분골쇄신할 것"이라고 웅변했다.[53] 참석한 위원들의 면면이 보여주듯이, 친일부역 혐의를 받던 인사들과 군사정부의 인사들이었다. 김학규는 동작동 국립묘지 애국선열묘역에 안장되었다.

두 번째는 1969년 8월 19일 서울 공군본부 광장에서 공군장으로 개최된 '고 최용덕 장군 영결식'이었다.[54] 공군장은 공군의 내규에 따른 장례의식이다. 최용덕의 영결식은 광복군보다는 공군 창설의 선구자이며 고위공직자임이 주목되었다. 군부대에서 영결식이 개최되었던 만큼, 시민들의 참석과 관심은 저조할 수밖에 없었다.

세 번째는 1972년 5월 17일 남산야외음악당에서 이루어진 '고 철기 이범석 장군 영결식'이었다. 이 영결식은 1967년 1월 제정된 「국장·국민장에 관한 법률」에 의거한 광복군의 첫 국민장이었다.[55] 국민장으로 개최된 이유는 국무총리를 역임했기 때문이었다. 집행위원장은 전 국회부의장 이재형이었고, 조사는 백두진 국회의장과 김종필 국무총리 그리고 김홍일 신민당 당수, 조시원이 맡았다. 영결식에는 민복기 대법원장을 비롯해 정당과 주한 외교사절, 자유중국 장제스 총통의 특사 등

52) 『경향신문』 1967년 9월 22일, 「독립투사 김학규 옹 별세」.

53) 『경향신문』 1967년 9월 26일, 「항일지사 김학규 옹 사회장 엄수」; 『동아일보』 1976년 9월 26일, 「백파 김학규 장군 사회장 엄수」.

54) 『경향신문』 1969년 8월 19일, 「고 최용덕 장군의 영결식」.

55) 조현범, 「현대 한국의 국가의례에 대한 시론적 연구」, 『종교연구』 19-1, 2000, 227쪽.

2만여 명이 참석했다. 국민장의 규정상 시민들은 영결식 당일 조기를 게양했다. 장의행렬은 시민이 지켜본 가운데 동작동 국립묘지로 이동했고, 모윤숙의 헌시 낭독 후 안장되었다.[56)]

光復軍慰靈祭
14日 曹溪寺서

한국광복군전우회에서는 오는十四일 상오十一시부터 시내 조계사(曹溪寺)에서 조국광복을 위하여 전몰한 광복군유해八주를 안장위령하는 장례식을올리기로되었다

〈그림 1〉 광복군 전몰유해장례식 관련 기사
(『경향신문』 1961년 5월 10일)

지청천이 강북구 우이동에 안장되면서 광복군의 성지와 같이 인식되었다. 그래서 4월혁명 이후 통일운동의 분위기가 무르익던[57)] 1961년 5월 14일 한국광복군전우회가 지청천의 묘 아래에 광복군 8위의 유해를 안장했다. 8위는 전일묵, 김찬원, 김천성, 문학준, 정상섭, 김운백, 김성률, 안일용이었다.[58)] 안장에 앞서 태고사(조계사)에서 공군군악대 조악에 맞춰 '전몰유해장례식'이 거행되었다.[59)] 광복군이 귀국하면서 이

56) 『경향신문』 1972년 5월 17일, 「이범석 장군 국민장 엄수」.

57) 1961년 5월 13일 서울운동장에서는 3만여 명이 참가한 가운데 '남북학생회담 환영 및 통일촉진 궐기대회'가 열렸다.

58) 『경향신문』 1961년 5월 3일, 「팔주의 광복선열 지 장군 묘하 안장」.

59) 『경향신문』 1961년 5월 14일, 「광복군 동지 안장식」.

들도 함께 돌아왔으나, 안장되지 못한 채 태고사에 안치되어 있었다. 한때 태고사에 전사자 유해가 안치되었다는 것과 연결해서 생각할 수 있다. 그렇지만 오랜 기간 이곳에 있었다는 것은 이승만 시대에 광복군의 위상과 대우를 보여주는 일례라고 할 수 있다.

한국광복군동지회는 1967년 4월 27일 수유동에 후손이 없는 '광복군 선열묘소'를 조성했다. 1985년 5월부터는 '한국광복군 무후선열 공동추모제전'에서 18위(현재는 17위)의 제례를 지낸다.[60] 이 행사는 광복군 창설기념식과 더불어 가족이 없는 광복군의 추모의례로 뜻이 깊었다. 1995년부터 국가보훈처 차장이 제전에 참석했고, 언론에 보도되었다.[61] 공동추모제전이 개최된 해의 8월에는 국가보훈처가 묘소 단장과 관리를 시작했고, 2017년에 광복군전사상 조형물이 건립되었다.[62] 2020년부터 3월 17일 「국립묘지의 설치 및 운영에 관한 법률」 개정안이 의결되면서 '국가관리 묘역'으로 지정되었다.[63]

Ⅳ. 전시공간의 한국광복군

광복군을 가장 입체적이고 다채롭게 구성한 기억매체는 전시공간이다. 전시공간은 목적과 주제를 전달하기 위해 각종 기록물은 물론 다양한 예술적 기법과 첨단 기법을 활용한다.[64] 그래서 전시공간은 기념일

---

60) 『코리안스피릿』 2018년 5월 30일, 「후손 없는 광복군들 한 분 한 분의 이름을 불러봅니다」.

61) 『경향신문』 1995년 5월 27일, 「광복군 선열 18위 추모제, 어제 수유리 묘소에서」.

62) 광복회, 『광복회 50년사』, 132쪽.

63) 『코리안스피릿』 2020년 3월 19일, 「독립유공자 등 57개 합동묘역 이제 국가가 관리한다」.

을 계기로 이루어진 사회적 기억과 학교교육의 제약 및 한계를 넘어설 수 있는 기억매체이다. 전시공간에 재현된 광복군은 주제 또는 소재에 대한 선택과 배제, 강조와 압축을 거친 결과물이다. 전시공간의 건립 목적과 목표 그리고 주제가 시대 담론과 분리되어 존재하기 어렵다는 것도 부인할 수 없는 현실이다. 광복군에 관한 전시공간 조성에서 중요하게 활용되었던 초창기의 자료는 1987년에 간행되었던 『사진으로 보는 독립운동 (하)』였던 것으로 보인다. 이는 전시품에 사용된 사진의 상당부분이 이 책에 수록된 것의 범위를 넘어서지 않는다는 점에서 알 수 있다.

〈표 1〉과 같이, 광복군을 재현한 대표적인 전시공간은 6개이다. 이외에도 광복군을 다룬 전시공간은 있지만, 단편적 소개에 머물고 있다. 이 글에서 살펴볼 사례들의 공통점은 국가 차원에서 건립이 계획 및 추진되었다는 것이다. 건립비용에는 시민과 기업으로부터 모금한 금액이 일부 포함되어 있지만, 대부분은 국비에서 충당된다. 이들의 관리·운영은 민간에 위탁한 백범김구기념관을 제외하고는 국가 기관 혹은 공공기관들이 맡고 있다. 그래서 관리와 운영에 소요되는 비용도 국비에서 충당된다. 이러한 점들은 광복군과 관련한 전시공간들이 국가의 직접적인 영향하에 있음을 의미한다. 개관 시점으로 보면, 가장 오랜 것은 1985년이며, 가장 최근은 2020년에 재개관한 것이다. 6·10민주항쟁 이전에 개관한 전시공간은 육군박물관뿐이다. 개관 이후 그 상태를 유지한 사례는 드물고, 전시교체보완이 수차례 이루어졌다.

광복군을 재현한 전시공간은 시설의 건립 목적과 성격에 따라 두 가지 주제로 구분이 가능하다. 즉, 군대의 특성을 부각하여 '전쟁사'의 맥락에서 재현한 경우와 다양한 '독립운동'들 가운데 하나의 사례로 재현

64) 테사 모리스-스즈키, 김경원 역, 『우리 안의 과거』, 휴머니스트, 2005, 16~17쪽.

한 경우로 나뉜다. 이들 두 가지의 경우는 광복군에서 동전의 양면과 같다고 할 수 있으나, 전시공간을 건립한 목적과 목표에 따라 차이와 강조점이 일정하게 다름을 보여준다. 이는 광복군이 임시정부의 군대였음을 달리 해석하는 것이라기보다는 전시공간의 전체적인 주제와 배치에서 재현의 내용과 강조점이 어디에 있었는가를 주목하는 것이다.

〈표 1〉 광복군 관련 전시공간들의 (재)개관과 주제

주제 분류	전시관 명칭	(재)개관	전시실	주제
전쟁사	육군박물관	1985년	제2전시실	독립군과 한국광복군
	국립서울현충원 호국관	1991년	제2전시관	항일독립운동과 광복
	전쟁기념관	1994년	전쟁역사실Ⅱ	대한제국 · 일제침략기
		2016년	전쟁역사실Ⅱ	대한제국과 일제강점기
독립운동	독립기념관	1987년	제6전시관	대한민국임시정부실(광복군실)
		1999년	제5전시관	광복군실
		2009년	제5전시관	광복 직전의 해외 무장투쟁
	백범김구기념관	2002년	2층 전시관	대한민국임시정부 활동(1939~1945)
	대한민국 역사박물관	2012년	제1전시실	대한민국임시정부와 독립운동
		2020년	역사관(통합)	광복의 준비

1. 전쟁사의 흐름

광복군의 재현이 가장 먼저 이루어진 전시공간은 육군사관학교 내의 육군박물관으로 파악된다. 육국박물관은 1985년 5월 1일 개교기념일에 맞춰 '군사문화재의 보존과 군 정신교육의 도장으로 활용'한다는 목적으로 실내전시관을 개관했다.[65] 육군박물관은 개관 당시의 모습을 유지

---

65) 1996년 육사교훈탑 1층에 육사기념관이 개관하면서 전시실이 추가 설치되었다. 여기에서 광복군은 다음과 같이 설명되어 있다. "한편, 상해 임시정부는 1919년 육군

하다가 근래에 들어 일부 전시품을 교체하고 보완했다.[66] 실내전시관은 2개의 전시실로 구성되었다. 제1전시실은 선사시대에서 대한제국 이전까지를, 제2전시실은 광복 이후부터 현재까지를 대상으로 한다. 육군박물관이 창군의 기원을 군사영어학교를 계승한 남조선 국방경비사관학교와 국방경비대를 계승한 조선경비대라고 규정했기 때문이다. 시기 구분으로 보면, 일제강점기를 배제하고 있지만, 제2전시실에 "1910~1945"라는 소주제의 공간이 있고, 그 일부로 '독립군과 한국광복군'이 다루어졌다. 다른 설명이 없이 독립군과 광복군을 창군 이전 시기에 이루어진 군사 활동으로 배치했다.

전시공간의 건립 목적을 반영해 개관 당시 광복군의 재현은 창립과 활동이 주요했다. 〈그림 2〉와 같이, 전시품은 광복군의 겨울 복장, 각종 무기류, 문서, 그리고 기록화 등으로 구성되었다. 가장 시선을 끄는 것은 "광복군총사령부 창립기념식"이라는 기록화였다. 설명문에는 '1940년 9월 17일 중국 충칭 영빈관에서 열린 한국광복군 총사령부 창립기념식 광경'이라고 명시했다. 그런데 당시 사진들과 기록화를 대조해보면,[67] 이상한 점들이 많다. 우선 행사명과 설명 내용이 달랐다. 행사의 정식 명칭은 '한국광복군총사령부성립전례'였고, 장소는 충칭의 자링빈관(嘉陵濱館)이었다. 자링빈관은 서양인이 애용한 호텔로, 일종의 프레스센터로 기능했다. 임시정부는 광복군 창설을 해외에 널리 알리기 위해 이

무관학교를 설립하여 독립군 간부를 양성하였다. 그리고 1940년 「광복군」을 창군하고, 그 간부를 양성하기 위해 중국군관학교에 「한광반」(한국광복군 특별반) 등을 설치하기도 하였다." 이것은 육군사관학교의 역사가 대한제국시기부터 기원했음을 표방한 것이다.

66) 육군박물관의 광복군 관련 현 전시는 교체 및 변경된 것이다. 2018년 3월 대한민국 임시정부 수립 99주년을 기념한 특별전시회 개최를 전후해 변화가 있었던 것으로 보인다.

67) 대한민국임시정부기념사업회 대한민국임시정부기념관 건립추진위원회 엮음, 『사진으로 보는 대한민국 임시정부 1919~1945』, 2017, 176~189쪽.

〈그림 2〉 육군박물관의 광복군 관련 전시품과 기록화(2012년)

곳을 행사장으로 선택했다. 성립전례식장은 일정한 간격으로 기둥이 배열된 실내였고, 행사는 일본 공군기의 공습을 유념해 아침 일찍 열렸다. 참석자는 광복군 관계자들, 임시정부와 중국 측의 기관 대표들, 외교사절과 신문사 대표들이었으며, 대부분 착석한 상태였다.[68] 따라서 기록화와 같이 밝은 광장에서 광복군 사열은 불가능했다. 아이들을 비롯해 한복을 입은 일반인이 태극기를 들고 악대 연주에 맞춰 광복군을 환영할 상황도 아니었다.

전쟁을 주제로 만들어진 전시공간에서 광복군이 재현된 두 번째 사례는 국립서울현충원 호국관(사진전시관)이다. 1991년에 개관한 호국관은 3개의 전시관으로 구성되었다. 이 가운데 제2전시관 제2주제가 '항일독립운동과 광복'이다. 광복군에 대한 전시는 여러 곳에 단편적으로 산개되어있다. 육군박물관과 대비적으로 전시품은 없으며, 간단한 설명과 사진들이 주요 전시물이다. 〈그림 3〉과 같이 "한국광복군 창설"은 '중국 각지에 흩어져 독립운동을 하던 애국단체들이 중경에 이전한 임시정부를 중심으로 통일된 군사 활동과 외교활동을 하기 위해 설립하였다'라고 설명한다. 이 글의 배경에 '한국광복군총사령부성립전례식'(개회를 선포하는 김구와 김학규), '광복군 참모장 이범석', 광복군 모자와 3종의 배지(총사령부, 2지대, 한국광복군) 사진들이 배치되었다. 임시정부의 활동과 관련하여 '한국광복군 창건'과 '광복군이 연합군의 일원으로 제2차 세계대전에 참전'이라고 소략했다. '치열했던 독립전쟁'이라는 전시판에서는 "1940년 9월 중경에서 대한민국 임시정부 산하의 한국광복군이 창설되어 광복의 그날까지 대일항전을 벌였다"라고 기록했다. '광복군(Korea Independence Army)'이라는 전시판에서는 광복군 총사령관 지청천, 사격 훈련 중인 광복군, 광복군 훈련 광경, 나라를 위해 헌신할 것을 선서하는 광복군, 광복군의 고사 기관포 훈련, 영국군에 배속되기 위해서 인도 방면으로 파견되는 광복군 제1지대라는 설명문

68) 한국광복군 총사령부 성립 전례식 정황은 독립운동사편찬위원회, 『독립운동사(제4권) 임시정부사』, 895~899쪽 참조.

〈그림 3〉 국립서울현충원 호국관의 광복군 관련 전시(2016년)

과 사진이 배치되었다. '임시정부의 활동'에서는 한국광복군 창설, 대일 선전포고문 발표, 연합군의 일원으로 제2차 세계대전에 참전한 광복군이 소개되고, 하단에는 1945년 8월 19일 산둥성 웨이시엔 비행장으로 불시착한 정진대의 사진이 있다.

이처럼 호국관의 광복군 재현은 의병, 독립군, 광복군으로 계승된다는 서사 구조를 기본으로 한다. 임시정부와 광복군의 관계를 소개하나 연관성만을 언급했을 뿐이고, 양과 질에서 모두 열악하다. 주요 전시 내용은 광복군의 결성과 복장, 훈련, 파견 활동이다. 전시의 설명으로 보면, 제1지대에 국한된 전시처럼 보인다. 하지만 사격 훈련 중인 광복군과 선서하는 광복군은 제2지대이며, 광복군 훈련 광경은 제3지대의 전투체조 장면이다.[69]

1994년 서울 용산에 조성된 전쟁기념관은 광복군이 전쟁을 주제로 재현된 세 번째 전시공간이다. 광복군의 전시는 '전쟁역사실Ⅱ'에서 이루어졌다. 2016년에 재개관한 때에도 마찬가지로, '전쟁역사실Ⅱ'에 배치되었다. 이 둘 사이에는 소소한 차이가 있는데, 앞에서는 '대한제국·일제침략기'라는 소주제에서, 재개관에서는 '대한제국과 일제강점기'라는 소주제에서 '한국광복군의 창설'이라는 소제목으로 전시되었다. 광복군의 재현은 구상단계에서부터 임시정부에 법통이 있고, 임시정부의 직할부대인 광복군이 국군의 모체였음을 드러내는 것이었다. 그래서 임시정부가 외교 전략에 치중한 무력한 정부가 아니었음을, 광복군은 명목상의 군대가 아니라 무력투쟁을 수행했음을, 광복은 민족투쟁으로 성취한 것임을 보여주는데 역점이 있었다.[70] 이것은 김영삼 정부시대

69) 독립기념관, 『한국광복군, 그 뿌리와 발자취』, 2021 등과 대조해서 살펴보면 확인할 수 있다.

70) 전쟁기념사업회, 『전쟁기념관 건립사』, 1997, 342쪽.

의 임시정부와 광복군에 대한 인식을 반영한 것이라고 할 수 있다.

〈그림 4〉 전쟁기념관의 광복군 관련 전시(2020년)

광복군에 관한 서사는 재개관에서 한층 강조되었다. 〈그림 4〉와 같이 이는 설명문에 광복군의 창설, 조직과 편제 개편, 군사 작전과 활동, 여성광복군, 훈련, 대일선전포고, 인면전구 공작대 파견, 국내진공작전 계획 수립과 훈련 등이 두루 기술된 것에서 포착된다. 주요 전시품은 광복군이 사용한 태극기, 정복과 전투복 그리고 군화, 군모(육군박물관 대여품),[71] 각종 무기류, 기관지, 문서, 교재, 사진, 지도 등이다. 이러한 변화는 전시품들을 보완하고 확대해서 개편한 것이다. 광복군사령관 지청천의 유품과 지복영의 회고록 및 사진 등이 대표적인 추가 구성품이다.[72] 전쟁기념관의 전시에서 특별히 주목되는 것은 국내 진공작전 지도를 제시했으며, 광복 이후의 광복군의 행적을 기술했다는 점이다.

[71] 전쟁기념관, 『전쟁기념관 도록』, 2003, 77쪽.

[72] 전시한 사진은 한국광복군 총사령부 성립 전례식, 영국군과 연합작전을 전개한 광복군, 구호대원, 여자광복군 지복영의 경례 장면, 경기관총으로 무장한 광복군, 제2지대의 사격 훈련 장면 등이다.

즉, 설명문의 마지막 문장에 “1946년 귀국한 광복군 중 일부는 대한민국 국군에 참여하여 활동하였다”라고 정리했다. 이와 같이 전시공간에서 광복군과 국군의 연계성을 보여주는 경우는 전쟁기념관뿐이라고 할 수 있다.

2. 독립운동의 흐름

독립운동의 흐름에서 광복군이 재현된 전시공간은 3개의 사례가 있다. 가장 중요하며 선도적이었던 전시공간은 독립기념관이다. 독립기념관은 1987년 8월에 개관한 이래 2회에 걸쳐 전시실을 교체하고 보완했다. 1982년 12월 10일 이사회가 의결한 「기본계획 성안을 위한 지침」은 15개의 상설전시관과 1개의 특별전시관으로 구성하고, 그 가운데 하나를 ‘광복군관’으로 구성하는 것이었다.[73] 기본계획은 1984년 3월 28일 제15차 이사회에서 변경 확정되면서 제6전시관(광복쟁취) 제13전시실 대한민국임시정부실(광복군실)로 변경되었다.[74] 광복군실은 ‘임시정부의 정규 국군으로 창립된 광복군의 활약을 전시함으로써 대한민국의 민족사적 정통성을 뒷받침한다’는 것이 취지였다. 광복군실은 광복군 조직, 훈련, 활동, 한·중합동작전, 한·영합동작전, 한·미합동작전, 국내 진공작전, 일제의 패망, 임정의 환국을 내용으로 배치되었다.[75] 전시도록을 살펴보면, 제1차 전시교체보완사업 이전에도 광복군실 전시품 일부가 교체되었음을 알 수 있다.[76]

73) 독립기념관 한국독립운동사연구소, 『독립기념관건립사』, 1988, 171~174쪽.
74) 독립기념관 한국독립운동사연구소, 『독립기념관건립사』, 161~162쪽.
75) 독립기념관 한국독립운동사연구소, 『독립기념관건립사』, 411~417쪽.
76) 독립기념관 한국독립운동사연구소, 『독립기념관 전시품 도록』, 1988, 1997, 160~161쪽.

독립기념관은 1994년부터 순차적으로 전시교체보완사업에 들어갔다. 광복군실은 1999년에 제5전시관(독립전쟁관)으로 변경해 재배치했다. 제5전시관은 ⑧ 독립전쟁실, ⑨ 광복군실, ⑩ 의열투쟁실로 구분되었다. 그리고 제7전시관은 대한민국임시정부관으로 재구성했다.[77] 제7전시관에도 광복군에 관한 언급이 있으나, 전쟁사의 흐름이 보다 강조된 것이라고 할 수 있다. 제1차 전시교체보완사업에서 광복군과 관련한 주요 변화는 '한국광복군 훈련장면 재현 모형'을 설치한 것이었다.[78]

현재의 광복군 재현은 2009년 제5전시관의 제2차 전시교체보완사업 결과물이다. 제5전시관의 대 주제는 '나라 되찾기'로 바뀌었고, 독립전쟁, 의열투쟁, 해외 무장투쟁이 소 주제였다. 광복군은 총 5개의 ZONE 가운데 '4 ZONE 광복 직전 해외 무장투쟁'의 '4-1 한국광복군과 4-3 한국광복군의 창설과 활동'에서 주로 전시되고 있다.[79] 4-3은 다시 한국광복군 창설, 한국광복군 편제, 한국광복군 훈련, 한국광복군의 활동으로 세분되었다. 4-2는 '조선의용대와 조선의용군'에 관한 간략한 설명이다.

독립기념관에서 광복군의 재현은 임시정부와 연계한 독립운동의 흐름을 기본적인 배경으로 하지만, 구체적인 내용에 있어서는 전투와 관련된 활동이 강조되었다. 그로인해 광복군의 일상생활을 비롯해 여성광복군 등 다양한 주제들에 대한 조명은 미흡하다. 이러한 양상은 제5전시관이 독립전쟁에 초점을 맞추었던 것에서 비롯된 바 크다. 그래서 광복군에 관한 설명문의 주요 서사는 대한민국임시정부의 국군, 일본군 탈출 학병과 중국 내에 흩어져 있던 한인 청년 모집, 항일무장활동, 대일선전포고, 연합군의 일원으로 광복이 되는 그날까지 자주독립군으로

77) 박걸순, 「독립기념관 전시의 교체·보완 추이와 향후 과제」, 『한국독립운동사연구』 42, 2012, 474쪽.

78) 독립기념관, 『독립기념관 30년사』, 2017, 83쪽.

79) 독립기념관, 『독립기념관 제5관 나라되찾기』, 2009, 77~93쪽.

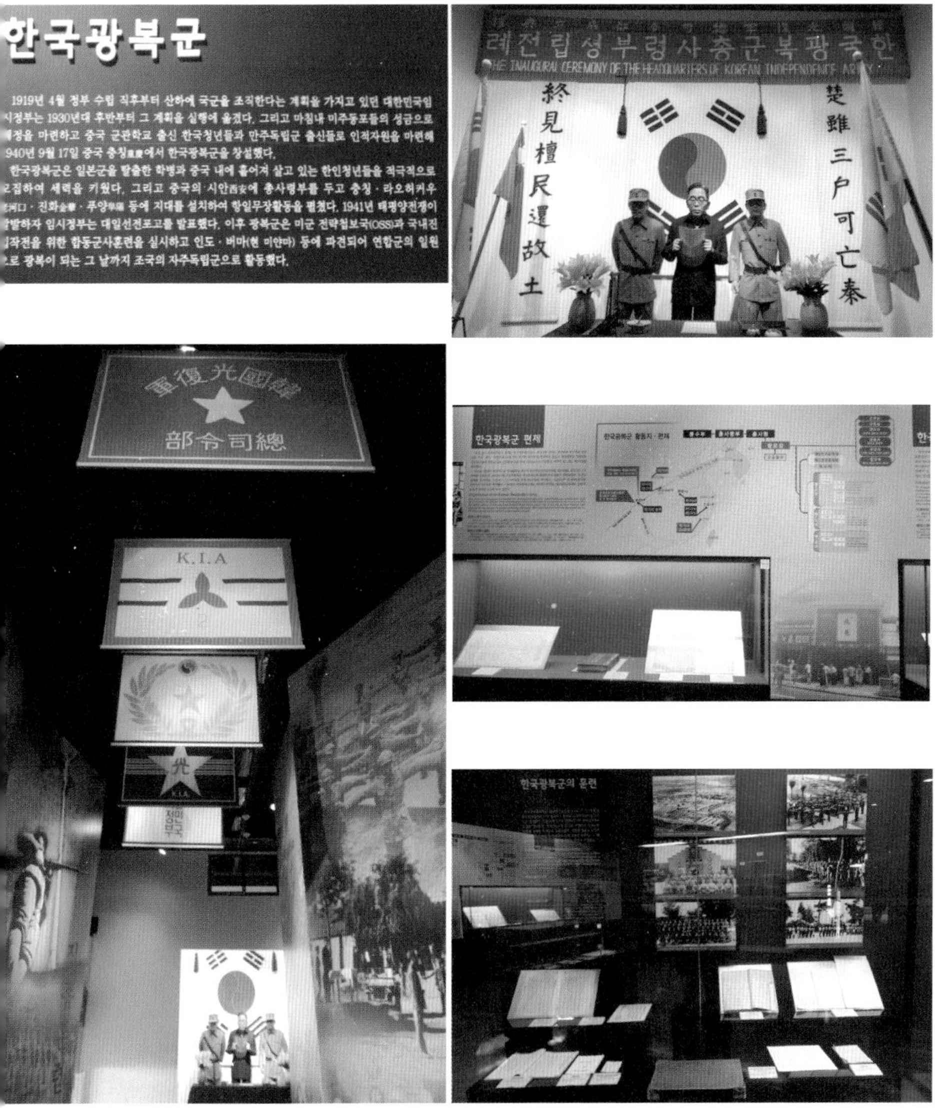

〈그림 5〉 독립기념관의 광복군 관련 전시(2020년)

활동이다. 광복군의 주요 인물들에 대한 언급은 절제되어 있다. 반면, 광복군 활동지와 편제를 그림으로 제시한 것이 특징인데, 다른 전시공간과 달리 제5지대에 관한 사진도 포함되어 있다. 이러한 점들은 전쟁사적 측면을 보다 부각시켜준다.

〈그림 5〉와 같이 독립기념관의 광복군 재현은 사진과 각종 자료 그리고 박물 등의 전시품을 가장 많이 다채롭게 활용하고 다양한 전시기법을 적용한 전시공간이다. '한국광복군 창설과 활동'에서 공을 많이 들인 전시물은 '한국광복군총사령부성립전례' 모형이다. 이는 김구가 전례식 개회를 선언하는 장면이다. 그런데 모형과 달리 사진에서는 김학규(창설 당시 참모) 한 명만 옆에 도열했음을 알 수 있다. 편제에서는 각 지대의 단체 사진들을 전시품으로 활용했다. 훈련과 관련해서는 자료와 모형, 배지 등을 전시했다. 활동과 관련해서는 대일선전성명서를 비롯한 자료들, 인도와 버마전선의 활약, 미군과의 특수훈련과 국내진입작전, 복장과 무기 등을 이용해 구성했다. 개관 당시의 전시품이었던 생활용품이나 의약품 등은 철거되었다.

독립기념관의 광복군 군복은 사병과 장교 복장인데, 육군박물관의 복장 및 전쟁기념관의 복장들과 대비된다. 대외 관계로 보면, 광복군은 중국 및 미국과 밀접한데, 전시에서는 선택적 친화성을 보여준다. 이를테면 중국과 광복군의 관계에서는 1941년 11월 15일 중국군사위원회 판공청이 통보한 '한국광복군 행동 9개 준승'이 핵심이지만, 관련 내용을 찾아보기 어렵다. 중국 정부와의 관계와 협조는 최소화한 반면, 연합국과의 공동작전은 부각시키고 있다. 광복 이후 광복군이 중국 내 한인의 귀환 업무를 수행했다는 기록은 있으나, 활동 목표와 조직 편제가 어떻게 달라졌으며, 궁극적으로 어떻게 되었는지에 대해서는 다루지 않았다.[80)]

독립운동 흐름에서 이루어진 두 번째 전시공간은 백범김구기념관이다. 백범김구기념관은 1986년 8월 29일 서울 용산구 효창동 소재 백범회관 2층에 있던 40여 평의 전시실이 모태였다. 전시실은 백범김구선생기념사업회가 수집한 자료와 독립기념관 건립과정에서 대만이 기증한 자료의 복본을 기반으로 구성했다.[81] 백범김구기념관 건립의 당위성은 헌법 전문에 임시정부의 법통을 잇는다고 선언한 것에 있다. 그리고 백범이 임시정부 주석으로 큰 지도력을 보였고, 이봉창과 윤봉길 의사의 의거가 한국의 독립을 가져온 결정적 요인으로 작용했던 것에서 찾는다.[82] 이러한 배경으로 1999년 4월 30일 백범기념관건립위원회가 발족했고, 2002년 10월 2일 준공식과 개관식이 열렸다.

광복군은 2층 전시관의 "대한민국임시정부 활동(1939~1945)"의 '한국광복군'이라는 소주제에서 전시되고 있다. 여기에서 광복군은 철저하게 임시정부의 활동 일부로 배치되어 있다. 광복군에 관한 재현은 네 부분으로 구분된다. 첫째, 광복군 창설, 즉 성립 전례식에 관한 주요 전시물은 행사 사진들과 참석자들의 방명록이다. 둘째, 대일선전포고문, 총사령부와 각 지대의 기념사진들이다. 셋째, 광복군의 훈련 모습들과 훈련부대들의 사진이다. 넷째, 광복군의 활동으로, 특수임무 파견 요원, 영국군과의 연합작전에 파견된 광복군, 미국 OSS 훈련 관련 기념사진들이다.[83]

---

80) 독립기념관 제5전시관은 제3차 전시교체보완사업을 하여 2021년에 재개관할 계획이다.

81) 『경향신문』 1986년 8월 15일, 「백범전시관 29일 개관」.

82) 백범기념관, 『백범기념관 전시도록』, 2002, 74~95쪽.

83) 김삼웅, 「백범기념관 건립연혁」, 『백범과 민족운동 연구』 1, 백범학술원, 2003, 244쪽.

〈그림 6〉 백범김구기념관의 광복군 관련 전시(2020년)

〈그림 6〉과 같이 백범김구기념관에서 광복군은 높은 비중을 갖는 전시 주제이다. 이는 충칭에 정착한 임시정부가 추진했던 대표적인 성과가 광복군 창설이라고 할 수 있기 때문이다.[84] 여기에서 광복군은 중국에 주둔했으나 자율적으로 활동하던 군대였고, 중국과의 갈등은 거의 없었던 것처럼 설명된다. 또한, 임시정부의 국군으로 창설된 후 무정부주의 계열을 비롯해 좌익 진영의 무장대조직이 합류하고, 일본군에 끌

84) 한시준, 「백범 김구와 중경 임시정부」, 『백범과 민족운동 연구』 1, 백범학술원, 2003, 138쪽.

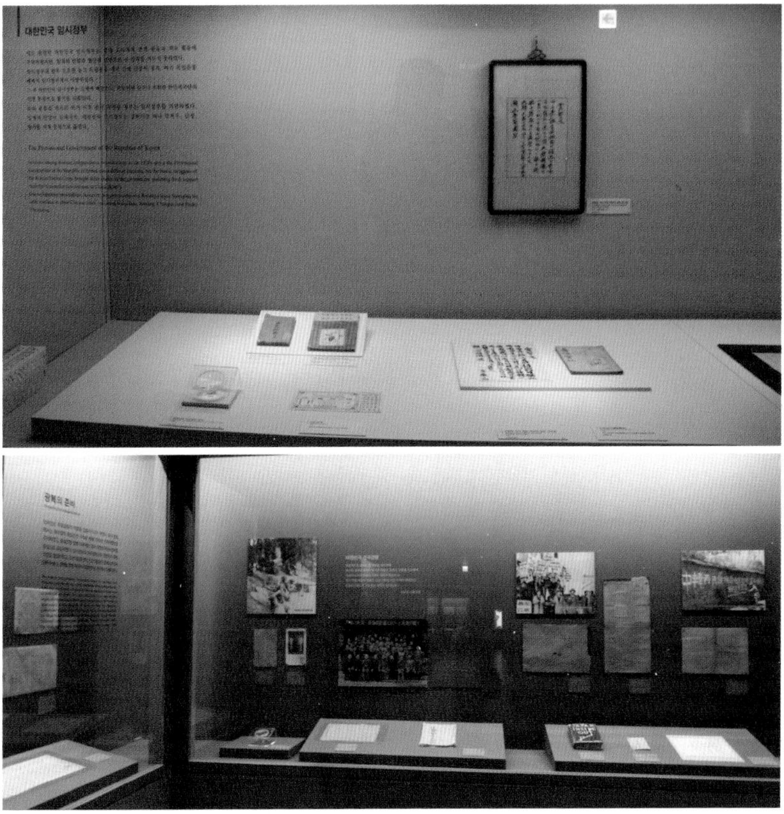

〈그림 7〉 대한민국역사박물관의 광복군 관련 전시(2013, 2020년)

려간 학병이 탈출해 참여함으로써 명실상부한 대표성이 있는 것으로 정리했다. 광복군의 활동과 관련해서는 중국군과 연합전, 영국군과 연합전, 미군과 공동작전수립 및 훈련을 중심으로 구성했다. 이러한 구성과 서사는 역사교과서를 약간 확장한 것이라고 볼 수 있다. 특히 눈에 띄는 전시는 김구와 장제스를 한자리에 배치한 기록화이다.

세 번째 사례로는 대한민국역사박물관이 있다. 대한민국역사박물관은 2012년 개관 당시에는 광복군을 제1전시실(대한민국의 태동)의 '대한민국임시정부와 독립운동'에서 '임시정부의 활동과 해외 독립운동'의 일부로 재현했다. 전시는 박물과 기록, 사진 위주였다. 전시의 주요 구성품은 성립 전례 배관기, 광복군 배지와 수첩, 대일선전성명서, 독립공채, 보병조전, 그리고 훈련 사진들이었다. 광복군의 활동은 미국 OSS와 협약을 맺고 국내진공작전을 준비했다는 것만 기술되었다.[85)]

대한민국역사박물관은 2020년에 재개관하면서 2개 층 4개의 전시실을 5층 '역사관'으로 통합했다. 〈그림 7〉에서 볼 수 있듯이, 광복군은 역사관의 '광복의 준비'라는 영역에 배치되었다. 설명문은 '임시정부의 광복군은 연합국과 공동전선을, 조선독립동맹의 조선의용군은 중국공산당과 함께 싸웠다'라고만 기록했다. '광복을 향한 마지막 대일항전이 곳곳에서 진행되었다'라는 서사는 광복군 이외에도 독립전쟁을 수행한 무장 세력이 존재했음을 함축한다. 전시품은 개관 당시보다 감소했으나, 광복군 제2지대 훈련 모습 사진을 확대 게시한 것이 차이가 있다. 또한 '투성한국청년신분장(投誠韓國靑年身分帳)'의 전시가 눈에 띄게 달라진 것이다.

V. 맺음말

광복군이 공식적으로 존재했던 기간은 1940년 9월 17일부터 1946년 5월 16일까지이다. 수많은 군사단체들이 독립전쟁에 참여했으나, 광복군은 대한민국임시정부의 군대였다는 점에서 정통성과 자긍심이 특별했다. 마침내 고대하던 광복이 이루어졌는데, 군대로서의 광복군은 부정되었

---

85) 대한민국역사박물관, 『대한민국역사박물관』, 2012, 94~107쪽.

다. 광복군 창설까지 오랜 세월이 필요했고, 체계와 군사력을 갖춘 군대로 거듭나기까지 많은 노력과 희생이 수반되었지만, 해산과 소멸의 시간은 짧았고 무기력했다. 광복군은 그렇게 역사의 소용돌이에 묻혔고, 존재와 활동 그리고 의의는 제대로 된 사회적 기억을 형성하지 못했다. 그러다가 30여 년 전부터 광복군이 재조명되기 시작했고, 오늘날에는 독립전쟁에서 최고의 군대로 권위와 존재감이 급상승했다.

광복군에 대한 평가의 변천을 정부포상에 의거해 살펴보면 다음과 같다. 정부포상은 1980년대 중반까지 광복군이 사회적 기억에서 어떤 위상을 지녔는가를 잘 보여주는 기억매체이다. 정부포상에서 광복군은 독립유공자의 일부분으로 간주되었다. 광복군에 대한 정부포상은 4·19혁명 직후에 소규모로 처음 이루어졌다. 박정희 시대로 보면, 군정시기에는 1962년과 1963년에, 민정시기에는 1968년과 1970년 그리고 1977년에 정부포상이 실시되었다. 박정희 시대의 정부포상은 정치적인 목적이 노골적이었고, 위기국면을 타개할 수단으로 활용된 측면이 컸다. 광복군에 대한 정부포상은 초기에는 품격은 낮았으나 다수에게 수여된 반면, 후반에는 품격은 높아졌으나 소수로 한정되었다. 전두환 정부에서도 광복군에 대한 포상이 이루어졌으나, 사회적 기억의 효과는 미비했다. 광복군에 대한 사회적 기억의 측면에서 보면, 1987년 6·10민주항쟁은 변곡점이었다. 민주화를 위한 선행 조치의 일환으로 제9차 개헌이 단행되면서 개정 헌법 전문에 임시정부의 법통을 계승한다는 내용이 명시된 것이 주요했다. 이것이 미친 효과는 3·1절과 광복절 기념식의 기념사와 경축사를 통해 나타났다. 그런데 이때의 변화는 임시정부를 중심으로 이루어진 것이었다. 광복군이 보다 직접적으로 선명하게 부각되었던 시점은 1989년 대한민국임시정부수립기념일이 국가기념일로 지정되면서부터라고 할 수 있다.

광복군에 대한 사회적 기억이 한층 새로워진 계기는 문민정부를 표방한 김영삼 정부가 출범하면서였다. 대통령은 1993년 국군의 날 기념식의 기념사에서 국군의 정신적 지주가 광복군에 있다고 강조했다. 광복군과 국군의 군맥을 연결하는 기획과 논의는 점점 강화되었으며, 이는 국군의 날 개정 논의의 활성화로 이어졌다. 임시정부 정통론이 강조되는 것에 병행하여 광복군의 위상과 의미도 고양되었다. 이러한 현상은 이명박, 박근혜 정부에서 주춤했으나, 문재인 정부에서 다시 힘이 실렸다. 특히 2017년과 2020년에는 현충일 추념사에서 광복군을 중요하게 언급하여 변화를 실감하게 했다. 또한 2019년 임시정부 수립 100주년 기념식을 광복군 정진대가 도착했던 여의도공원에서 개최함으로써 사회적 기억을 고양시켰다.

한편 광복군의 사회적 추모의례는 이승만 시대에는 조성환과 지청천이, 박정희 시대에는 김학규, 최용덕, 이범석을 대상으로 이루어졌다. 이들 광복군의 추모의례는 국민장 또는 이에 준하는 사회장으로 개최되었는데, 사회적 기억에 미친 효과의 지속성은 확인하기 어려웠다. 한편 가족이 없는 광복을 위해 조성한 '광복군 선열묘소'는 지청천의 유해 안장을 계기로 1967년에 조성되었고, 2020년에 국가관리 묘역으로 지정되었다. 문민정부가 광복군을 재조명한 것에 힘입어 1995년부터 국가보훈처 고위 관료가 추모제전에 참석하고 있다.

전시공간도 광복군에 대한 사회적 기억의 변천을 살펴볼 수 있는 중요한 기억매체이다. 광복군을 재현한 대표적인 전시공간은 6개로 파악되는데, 6 · 10민주항쟁 이전에 개관한 것은 육군박물관이고, 나머지 전시공간은 이후에 개관 또는 재개관했다. 전시공간들은 건립 목적에 따라 전쟁사의 흐름과 독립운동의 흐름으로 구분할 수 있다. 물론 광복군은 두 가지 측면을 분리해 사고할 수는 없으나, 재현에서 강조하는 측면이 다를 수 있다. 전쟁사의 흐름에서는 의병과 독립군 그리고 광복군으로 이어지는 군맥과 계승의 서서와 의미가 근간을 이룬다. 재현의 방법과 내용은 초기에는 부정확하고 단편적이었으나, 근래로 올수록 전시품의 종류와 대상이 다양해지고 독립전쟁을 선도적으로 수행한 군대라는 주제가 부각되고 있다.

독립운동의 흐름에서 재현된 광복군은 독립기념관과 백범김구기념관 그리고 대한민국역사박물관인데, 차이가 미미하다고 보기 어렵다. 독립기념관은 개관 시에는 임시정부와의 관계를 중요하게 고려하여 광복군을 재현했으나, 제1차와 제2차 전시교체보완사업을 거치면서 전쟁사의 흐름으로 무게중심이 이동했다. 백범김구기념관은 김구와 임시정부의 활동과 성과를 입증하고 부각하기 위한 맥락에서 광복군을 재현했다. 대한민국역사박물관에서는 동시대 항일전쟁을 수행한 군사단체가 광복군 이외에도 존재했음을 암시한다.

이와 같이 광복군의 기억매체들은 점점 전쟁사의 측면이 강조되는 경향을 보여주는데, 임시정부 정통론의 공고화와 연동해서 작동하고 있다. 이는 광복군의 사회적 기억매체의 구성과 내용이 정치체제의 변동과 밀접한 관계를 맺고 있음을 보여준다. 이러한 흐름은 광복군에 대한 사회적 기억의 정형화와 동일화에는 효과적일 것이지만, 독립운동의 내포와 외연의 축소와 배제, 외면과 누락에 영향을 미칠 수 있다.

참고문헌

광복회, 『광복회 50년사』, 광복회, 2018.
국사편찬위원회, 『한국독립운동사자료(임정편) 1~3』, 1970~1973.
김건우, 『대한민국의 설계자들』, 느티나무책방, 2017.
김광재, 『한국광복군』, 독립기념관 한국독립운동사편찬위원회, 2007.
김신섭, 『달력 속에서 만나는 숨은 우리 날 찾기 1』, 씨앤드씨그룹, 2000.
김영범, 『민중의 귀환, 기억의 호출』, 한국학술정보(주), 2010.
김희곤, 『독립군을 기리고 광복군을 조직한 군사전문가 조성환』, 독립기념관 독립운동사연구소, 2013.
대한민국역사박물관, 『대한민국역사박물관』, 2012.
대한민국임시정부기념사업회 대한민국임시정부기념관 건립추진위원회 엮음, 『사진으로 보는 대한민국 임시정부 1919~1945』. 2017.
독립기념관, 『독립기념관 제5관 나라되찾기』, 2009.
독립기념관, 『독립기념관 30년사』, 2017.
독립기념관, 『독립전쟁 100주년 특별기획전 : 나는 독립군입니다』, 2020.
독립기념관, 『한국광복군, 그 뿌리와 발자취』, 2020.
독립기념관 한국독립운동사연구소, 『독립기념관 전시품 도록』, 1988, 1997.
독립기념관 한국독립운동사연구소, 『독립기념관건립사』, 1988.
독립운동사편찬위원회, 『독립운동사 제4권 임시정부사』, 독립유공자사업기금운용위원회, 1972.
독립운동사편찬위원회, 『독립운동사자료집(임시정부자료집)』, 1973~1976.
민주화운동기념사업회 한국민주주의연구소 엮음, 『한국민주화운동사 3』, 돌베개, 2010.
백범기념관, 『백범기념관 전시도록』, 2002.
서중석, 『사진과 그림으로 보는 한국현대사』, 웅진지식하우스, 2005.
윤영오, 『역사 바로 세우기』, 미래미디어, 1996
이규헌 해설, 『사진으로 보는 독립운동 (하)』, 서문당, 1987(1996).

이상준, 『광복군전사』, 대한민국재향군인회, 1993.
이현희, 『한국광복군』, 독립기념관 한국독립운동사연구소, 1991.
장준하, 『돌베개』, 세계사, 2007.
장준하선생추모문집간행위원회 편, 『민족혼 · 민주혼 · 자유혼』, 나남출판, 2010.
전쟁기념관, 『전쟁기념관 도록』, 2003, 2018.
전쟁기념사업회, 『전쟁기념관 건립사』, 1997.
전진성, 『역사가 기억을 말하다』, 휴머니스트, 2005.
정종섭, 『대한민국 헌법 이야기』, 대한민국역사박물관 · 나남, 2014.
제프리 K. 올릭, 최호근 외 역, 『국가와 기억』, 민주화운동기념사업회, 2006.
제프리 K. 올릭, 강경아 역, 『기억의 지도』, 옥당, 2011.
지헌모, 『청천장군의 항일투쟁사』, 삼성출판사, 1949.
테사 모리스-스즈키, 김경원 역, 『우리 안의 과거』, 휴머니스트, 2006.
한시준, 『한국광복군 연구』, 일조각, 1993.
한용원, 『대한민국 국군 100년사』, 오름, 2014.
행정안전부, 『정부포상 업무지침』, 2021.

기광서, 「소련군의 '해방적' 역할과 북한의 인식」, 『8 · 15의 기억과 동아시아적 지평』, 선인, 2006.
김민호, 「한국광복군 국내지대의 결성과 활동」, 『한국독립운동사연구』 49, 2015.
김민호, 「대한민국임시정부 『보병조전초안』의 편찬과 성격」, 『군사연구』 144, 2017.
김민환, 「한국의 국가기념일 성립에 관한 연구」, 『한국학보』 99, 일지사, 2000.
김삼웅, 「백범기념관 건립 연혁」, 『백범과 민족운동 연구』 1, 백범학술원, 2003.
류동연, 「한국광복군 인면전구공작대의 파견 배경과 성격」, 『한국근현대사연구』 95, 2020.
박걸순, 「독립기념관 전시의 교체 · 보완 추이와 향후 과제」, 『한국독립운동사연구』 42, 2012.
박민영, 「한국광복군 인면전구공작대 연구」, 『한국독립운동사연구』 33, 2009.
박민영, 「독립군과 한국광복군의 항일무장투쟁」, 『동양학』 47, 2010.
서중석, 「해방과 대한민국 정부 수립」, 『대한민국의 정통성을 묻다』, 철수와 영희,

2009.
손염홍, 「한국광복군 북경에서의 활동」, 『한국학논총』 37, 2012.
손염홍, 「한국광복군의 자주권 확보와 한중교섭」, 『한국근현대사연구』 95, 2020.
신주백, 「역사교과서에서 재현된 8 · 15, 망각된 8 · 15」, 『8 · 15의 기억과 동아시아적 지평』, 선인, 2006.
윤선자, 「광복 후 애국선열 선양정책 재조명」, 『사학연구』 100, 2010.
윤정란, 「일제 말기 한국광복군 여성대원들의 활동 양상」, 『여성학논집』 23-1, 2006.
이성우, 「독립유공자 서훈의 역사와 제도화 추이」, 『한국독립운동사연구』 73, 2021.
정근식, 「기념관 · 기념일에 나타난 8 · 15의 기억」, 『8 · 15의 기억과 동아시아적 지평』, 선인, 2006.
조은경, 「한국광복군총사령부 간부의 회고를 통해 본 한국광복군 인식과 활동」, 『한국근현대사연구』 95, 2020.
조현범, 「현대 한국의 국가의례에 대한 시론적 연구」, 『종교연구』 19-1, 2000.
차현지, 「태평양전쟁기 한국광복군과 미전략첩보군(OSS) 합작의 국제적 배경」, 『사회과교육』 59-1, 2020.
한시준, 「백범 김구와 중경 임시정부」, 『백범과 민족운동 연구』 1, 백범학술원, 2003.
한시준, 「한국광복군 제2지대의 OSS훈련 장소에 대한 검토」, 『한국독립운동사연구』 63, 2018.
황선익, 「한국광복군의 병력 증강과 편제 개편」, 『한국근현대사연구』 95, 2020.

한국인의 항일투쟁과 현대 중국의 한국인 제재 시가 창작

김재욱

Ⅰ. 머리말

중국현대문학사(1917~1949)[1]에 등장하는 한국인의 모습은 크게 3가지 유형으로 나눌 수 있다. 하나는 '국내외에서 항일독립운동을 하는 한국인', 다른 하나는 '생계를 위해 중국에 이주한 후 새로운 삶을 꾸려나가는 한국인', 나머지 하나는 '직·간접적으로 일제에 순응하여 생활하는 한국인(중국인과 충돌하는 한국인 포함)'이다.

중국에서 문학혁명이 시작된 1917년부터 일본이 패망한 1945년까지는 중국인에게 있어 생사존망의 시기였다. 가장 가까웠던 '조선'이 일본의 식민지가 되었으니 중국은 다음 차례였다. 이와 같은 특수한 시기 진행된 중국 작가의 한국인 관련 작품 창작은 단순한 한국인에 대한 감정 표현의 범위를 넘어섰다. 서로를 필요로 했던 양국 관계 외에 대체

---

1) 중국문학사는 1917년 시작된 문학혁명을 기준으로 근대와 현대, 중국 대륙이 중국 공산당에 의해 통일된 1949년을 기점으로 현대와 당대(當代)로 각각 나뉜다.

로 정치와 밀접한 관련을 맺으며 성장하였던 중국 작가의 어떤 희망과 설계도 반영되었다. 바로 이 지점에서 선행연구와 관련하여 점검할 부분이 생긴다.

20세기 전반기 한국인의 삶을 추적해 보면 앞에서 언급한 한국인의 모습 중 뒤의 2가지 유형에 속하는 한국인이 압도적으로 많다. 하지만 중국현대문학사에는 첫 번째 유형, 즉 '국내외에서 항일독립운동을 하는 한국인'을 다룬 작품이 상대적으로 많다－물론 한국인의 항일독립운동을 긍정적으로 묘사한 작품들이다. 찬양과 분노, 슬픔과 기쁨 등 작가의 주관적인 감정이 직접적으로 드러나는 시가의 경우 장르의 특징으로 인해 서사 장르인 소설·극본 등에 비해 이러한 특징이 좀 더 뚜렷하게 나타났다. 소설·극본과 달리 현재까지 한국인의 부정적인 면의 묘사에 초점을 맞춘 시가는 아직 발견되지 않았다. 이것은 '중국 현대 한국인 제재 시가' 창작이 보이는 하나의 경향성이다. 그런데 지금까지 주로 한중(韓中) 연구자에 의해 진행된 한국인 제재 시가 연구에서는 대체로 이 경향성의 외면만이 논의되었고, 일부 연구자의 경우 반복되는 일본 정부의 과거사 부정에 대한 반발로 자신의 역사관까지 투영했다.[2)]

'중국 현대 한국인 제재 시가'는 중국현대문학의 한 부분이다. 그래서 지금까지 이 연구는 주로 '항일', '중한우의', '약소민족', '국제주의', '인도주의' 등으로 대표되는 중국현대문학의 주류 담론을 중심으로 관련 논의가 이루어졌다.[3)] 이러한 관점에서 진행된 연구에는 구조적인 문제점이 존재한다. 즉 중국 작가의 사상과 예술관은 주목을 받지만, 묘사 대상인 한국인은 객체 혹은 피동적인 요소로 취급받는다. 하지만 최근 재

2) 김재욱, 「역사성과 정치성의 복원과 극복－韓中日의 중국 현대 한인제재시가 연구 고찰」, 『중국어문학지』 63, 2018, 260쪽.

3) 김재욱, 「역사성과 정치성의 복원과 극복－韓中日의 중국 현대 한인제재시가 연구 고찰」, 251~270쪽 참조.

조명되었듯이 시가를 포함한 현대 중국의 한국인 제재 작품 창작은 국가의 위기에 반응한 중국 작가의 노력에 의해서만 진행된 것은 아니다. 국가 멸망 후 민족 부흥을 도모하는 한국인(특히 항일독립투사)의 역할도 적지 않았다.[4)]

중국 작가의 정치관이 투영된 작품에 연구자의 역사관을 투영한 '이중투영', '중국 현대 한국인 제재 시가'의 의의와 가치를 중국문학사의 시각에서 해석하려는 태도는 현재 한국인의 입장에서 기존 '중국 현대 한국인 제재 시가' 연구를 바라볼 때 발견되는 대표적인 문제점이다. 이 글은 후자의 해결에 주안점을 둔 글로, 필자는 이 글에서 한국인의 항일투쟁과 중국 작가의 한국인 제재 시가 창작과의 관계에 대해 논하여 보겠다.

본론에 앞서 이 글에서 참고한 한국인 제재 시가 텍스트에 대해 간략하게 언급하고 넘어가겠다. 중국 현대 한국인을 묘사한 시가는 그 사용 언어에 따라 크게 신시(新詩, 즉 백화시)와 구체시(舊體詩, 즉 문언시)로 나뉜다. 이 글에서는 신시만을 연구 대상으로 삼았고, 원문 텍스트는 기본적으로 2014년과 2020년 중국에서 출판된 '중국현대문학과 한국' 연구 자료집[5)]에 근거하였다. 다만 앞의 자료집에 수록된 신시 중 총 3수는 이 글에 적합하지 않아 제외하였다. 장쭤윈(張作雲)의 「유고려원(遊高麗園)」(1933)[6)]은 한국과 직접적인 관련이 없는 시가로 판명되어 제외하였고,[7)] 양징위(楊靖宇) 부대가 불렀던 「중한 민족이여 연합하라(中韓

4) 金宰旭, 「"新韓國人"的反日活動與中國作家的對韓敍事－觀察中國現代韓人題材文學創作的視角之一」, 『中國文學』 94, 2018, 86~95쪽.

5) 金柄珉 · 李存光 主編, 『"中國現代文學與韓國"資料叢書(5)』, 延邊大學出版社, 2014, 3~105쪽; 李存光 · 金宰旭 編, 『"中國現代文學與韓國"文獻補編(上)』, 社會科學文獻出版社, 2020, 297~305쪽.

6) 이 글에서 작품 옆 소괄호의 연도는 작품 발표일을 기준으로 삼았다. 다만 창작일과 발표일이 크게 차이 나는 일부 작품의 경우는 창작일을 기준으로 삼았다.

民族聯合起來)」와 「중한 민중 연합 항일가(中朝民族聯合抗日歌)」는 구전되다 후일 기록된 시가라 원래의 모습과 차이가 있을 것이라 생각되어 역시 제외하였다.[8] 그리고 이 글을 통해 처음 소개하는 대한민국임시정부의 3 · 1운동 3주년 기념행사를 묘사한 캉바이칭(康白情)의 「올림픽 극장의 비극(阿令配克戲院的悲劇)」(1922)[9]은 광시사범대학(廣西師範大學)의 천옌칭(陳燕清)이 발굴하여 필자에게 전달한 작품이고, 본문에서 인용된 한국인 제재 시가의 한국어 번역은 출판 예정인 김자은의 번역본을 사용하였다.

II. 3·1 운동과 한국인 제재 시가 창작의 전변

한국인의 항일투쟁은 한반도에서 시작되어 중국으로 옮겨갔다. 중국 문학 작품에서 확인되는 한국인의 항일투쟁을 바라보는 중국 작가의 시선이 처음부터 따뜻하고 우호적인 것은 아니었다. 처음 중국 작가들-특히 당시 '조선'의 멸망 과정을 지켜보고 있었던 청말민국초(淸末民國初) 문인들-은 대체로 '조선'의 멸망을 안타깝게 생각했지만 우매한 '조

---

7) 「유고려원」의 공간적 배경인 高麗花園의 원래 이름은 治貝園이다. 당시 이 화원 한쪽 모퉁이에 조선인들이 거주하고 있어 별도로 고려원이라는 이름으로도 불렸다. 고려원은 단순한 명칭 문제로 「유고려원」을 통해 나타난 시인의 감정은 한국인과 크게 관련이 없다. 고려원의 명칭 유래와 관련하여 焦菊隱, 「無題」, 『晨報·副刊』, 1927년 6월 28일; 焦菊隱 著, 「無題」, 『焦菊隱文集 4 作品』, 文化藝術出版社, 2005, 107~110쪽 참조.

8) 필자의 조사에 의하면 1933년 초에 창작된 것으로 알려진 「중한 민족이여 연합하라」는 卓昕 著, 『抗日民族英雄楊靖宇傳奇』, 解放軍出版社, 2002, 200쪽에, 1938년경 창작된 것으로 알려진 「중한 민중 연합 항일가」는 蕭三 主編, 『紅旗飄飄叢書-革命烈士詩抄』, 中國青年出版社, 1959, 134~137쪽에 각각 처음 수록되었다.

9) 康白情 著, 『草兒(再版)』, 亞東圖書館, 1923, 63~68쪽.

선인'들이 자초한 일로 보았다. 왜냐하면 이들에게는 이미 신구사상(新舊思想)에 근거한 왕조 멸망을 바라보는 '기준'[10]이 있었기 때문이다. 량치차오(梁啟超)가 안중근 의거를 반영한 장편서사시 「추풍단등곡(秋風斷藤曲)」(1909)에서 안중근을 추모하는 동시에 이토 히로부미의 죽음에도 애도하는 마음을 나타내고, '조선'의 멸망 과정을 묘사한 장편서사시 「조선애사오율이십사수(朝鮮哀辭五律二十四首)」(1910)에서 한국인의 정서와 동떨어진 감정을 표현한 것은 이와 같은 이유에 기인한다.[11] 청말민국초 진화론에 심취에 있었던 중국 작가의 관점에서 보면 안중근 의거와는 별개로 '조선'은 내부 모순으로 망할 수밖에 없는 나라였고, '조선'을 멸망시킨 일본은 중국이 본받아야 할 나라였다.

그런데 시간이 지나도 한국인의 투쟁은 멈추지 않았다. 그러는 사이 중국인들에게서 근대화에 성공하면 일본과 같이 열강이 될 수 있다는 희망은 사라지고 중국은 오히려 열강의 반식민지 상태로 전락하기 시작했다. 바로 이러한 시점, 한반도에서 민족 부흥을 위한 반일독립운동인 3 · 1운동이 일어났다. 이전까지 중국에서는 민중이 중심이 되어 열강의 침략에 반대하는 대규모의 시위가 벌어진 적이 없었기에 중국 작

---

10) 하나는 당(唐)나라 문인 두목(杜牧)이 「아방궁부(阿房宮賦)」에서 말한 전통적 기준, 즉 "육국을 멸한 것은 육국이지 진나라가 아니다. 진나라를 멸한 것은 진나라이지 천하가 아니다(滅六國者六國也, 非秦也; 族秦者秦也, 非天下也)"이고, 다른 하나는 옌푸(嚴復)의 역서 『천연론(天演論)』(1897)을 통해 당시 중국에 널리 퍼진 우승열패(優勝劣敗) · 적자생존(適者生存) 등의 개념에 근거한 기준이다.

11) 소설의 경우도 크게 다르지 않다. 1910년을 전후하여 발표된 안중근 의거를 반영한 장편소설 黃世仲의 『朝鮮血』(1909~1910, 일명 『伊藤傳』)과 鷄林冷血生의 『英雄淚』(1910~1911?)는 이토 히로부미에 의해 멸망하는 조선에 대한 기술을 통해 중국인의 각성을 촉구한 작품으로 실질적인 작품의 주인공은 안중근이 아니라 이토 히로부미이다. 현재 중국 학계에서는 1910년 전후 중국문학사에 나타난 안중근 서사의 긍정적인 면만을 조명하는데 이것은 중국문학 연구의 주류 담론인 '항일'과 '중한우의'에 초점을 맞춘 해석이다. 1910년 전후 안중근 의거 관련 중국문학 작품의 문학사적 위치는 金宰旭, 「"新韓國人"的反日活動與中國作家的對韓敍事－觀察中國現代韓人題材文學創作的視角之一」, 86~87쪽 참조.

가들－특히 문학혁명을 지지하는 신시대의 문인－은 3·1운동에 크게 반응하였다. 이렇게 해서 중국문학사에 한국·한국인을 긍정적으로 묘사한 작품이 본격적으로 등장하게 된다. 한마디로 3·1운동 이후 '중국 작가의 한국인식과 그 서사'가 근본적으로 바뀐 것이다. 중국 현대 작가의 한국인 제재 시가 창작은 이와 같은 '중국 현대 한국인 제재 작품 창작사'의 큰 흐름에서 벗어나지 않는다. 작품의 주제만을 놓고 보면 오히려 한국인 제재 시가 창작이 이러한 흐름을 주도했다.

궈모뤄(郭沫若)의 「양치기의 노래(牧羊曲)」(1919)는 현재를 기준으로 중국 현대 최초 한국인을 묘사한 시가이다. 「양치기의 노래」의 문학사적 의의는 크게 2가지로 정리된다. 하나는 한국인 제재 시가 창작이 바로 이전 한국의 '역사 사건·인물에 과도하게 주목하던 시풍'에서 벗어나 한국인의 일상적인 삶에도 주목하고 망국과 관련이 없는 이미지·언어로 한국인의 모습을 묘사하기 시작하였다는 점이고,[12] 다른 하나는 작품에서 일본의 야만성과 폭력성을 적극적으로 묘사함으로써 한일 양국을 바라보는 중국 작가의 태도를 분명히 보여주었다는 점이다. 「양치기의 노래」 마지막 연은 다음과 같이 끝난다. "양아! 양아!/너는 슬퍼 말아라./내가 있는 한/호랑이와 표범은 감히 오지 못한단다./호랑이와 표범 설령 온다 해도/그것들에게 물려갈지언정/우리 목숨 걸고 싸

---

12) "양의 목에 달린 방울은/목동이 하나 하나 손수 달아주었네./방울 달아준 이는 떠나서 돌아오지 않는데/방울줄 끊어질 듯 방울이 위태하구나./양의 울음소리/너무나도 구슬퍼./양은 목동이 그리운데, 목동은 알까?" 郭沫若, 「牧羊曲」, 金柄珉·李存光 主編, 『"中國現代文學與韓國"資料叢書(5)』, 3쪽.
「양치기의 노래」는 단편소설 「목양애화(牧羊哀話)」에 삽입된 시가로 소설의 서사적 특징을 빌려 '양', '방울', '청실' 등 망국과 관련이 없는 이미지를 사용하여 한 한국인 소녀가 현실 생활에서 느낀 비애와 민족적 위기감 등을 비교적 성공적으로 표현하였다. 앞의 인용된 시가에서 '양'은 한국의 상징이자 한국인 소녀 '민패이(閔佩荑)'를 가리키고, '목동'은 '민패이'의 연인 한국인 청년 '윤자영(尹子英)'을 가리키고 또한 한국인 애국지사를 상징한다.

울 테니!/양아! 양아!/너는 슬퍼 말아라!"[13] 여기서 '양'은 한국을 '호랑이와 표범'은 일본을 각각 가리킨다.

1920년 10월, 궈모뤄는 한국인을 묘사한 또 다른 시가 「이리떼 속 양 한 마리(狼群中一隻白羊)」를 발표하였다. 이 시가는 1년 전 발표한 「양치기의 노래」에서 시인이 보여준 대한서정(對韓抒情)의 소극성-즉 한국인의 비애와 민족적 위기감 묘사-을 극복하고 대일저항(對日抵抗)의 구체적인 방법을 제시했다는 점, 또 한국인의 각성을 요구하였다는 점에서 파격적이라 할 수 있다. 안중근 의거와 '조선'의 멸망 과정을 각각 묘사한 「추풍단등곡」과 「조선애사오율이십사수」를 읽는 한국인이 불편한 감정을 느끼는 것은 과거 한국인의 주권 회복을 위한 노력을 부질없는 것으로 보았던 량치차오의 대한인식(對韓認識)과 관련이 있다. 이러한 측면에서 보면 「이리떼 속 양 한 마리」에 나타난 궈모뤄의 대한인식과 그 묘사에는 확실한 차별점이 보인다. 궈모뤄는 진심으로 한국인의 저항이 성공하기를 기원했다.

1920년 10월 백씨 성을 가진 한 한국인 목사가 도쿄에서 열린 제5차 세계주일학교대회에서 비장한 연설을 하다 주최 측에 의해 저지당했다. 「이리떼 속 양 한 마리」는 당시 일본에 있던 궈모뤄가 1920년 10월 8일 『오사카마이니치신문(大阪每日新聞)』에서 이와 관련된 기사를 보고 창작한 시가이다.[14] 이 시가의 앞에는 당시 그가 본 기사 내용을 참고하여 작성한 500자가 넘는 서문이 수록되어 있다. 전문을 인용하면 아래와 같다.

---

13) 郭沫若, 「牧羊曲」, 金柄珉 · 李存光 主編, 『"中國現代文學與韓國"資料叢書(5)』, 4쪽.

14) 관련 기사는 궈모뤄의 외손녀인 일본 학자 藤田梨那가 발견하였다. 藤田梨那, 「論郭沫若『女神』時期反殖民統治的詩歌－「勝利的死」與「狼群中一只白羊」」, 『郭沫若學刊』, 2007年 第4期, 24~25쪽.

1920년 10월 5일 제5차 세계주일학교대회가 일본 도쿄에서 개최되었다. 대회 참석을 위해 세계 각국 종교인 2천여 명이 모였는데, 우리 중국은 한 명도 참가하지 않았다. 정치인 오쿠마(大隈) 후작, 자본가 시부사와(澀澤)씨 등 평소 야심가로 불렸던 일본인들의 적극적인 찬조로 총 20만 원의 경비가 투입되어 임시 회의장이 세워졌다. 그러나 공교롭게도 개회 당일 전기로 인한 화재로 회의장이 전소되고 말았다.

화재 이튿날 밤, 일본청년회관에서 대회가 다시 열렸다. 마지막 연사는 조선의 노목사 백씨였다. 백씨는 백발에 흰 수염을 한 채 흰 옷을 입고 흰 신을 신고서 단상에 올랐다. 한 영국인 선교사가 그의 통역을 맡아 천천히 말했다.

"조선은 기독교가 가장 최근에 전파된 곳이자 선교의 효과가 가장 두드러진 지역입니다. 하나님의 막내아들로서 특별한 하나님의 총애를 받고 있다고 할 수 있습니다. 지금 조선에는 동양 선교의 사명을 자각한 40만 기독교인이 있습니다. 중국 만주에는 조선이 보낸 선교사가 벌써부터 가 있었지요. 그러나 정말 가슴 아픈 사실이 있습니다. 이 대회가 6개월 전에만 개최되었더라도 조선에서 회원 250명은 왔을 것입니다. 그런데 이제 정세가 변해버려 올 수 있는 사람이 한 사람밖에 없었습니다. 오지 못한 이유는 실로 세계의 슬픔입니다. 지금 약 천 명의 조선인이 고난 속에서 신음하고 있는 동안, 저 혼자 온갖 반대와 위험으로부터 간신히 빠져나와 이곳에 왔는데……"

이때 사회자 브라운 박사가 종을 흔들어 폐회를 선언했다. 백목사는 원고를 쥔 손을 번쩍 들고 한 손으로 눈물을 닦으며 비장한 목소리로 외쳤다. "아아! 여기 계신 형제자매님들! 저를 위해, 제 동포를 위해 기도해 주십시오!" 그리고 초연히 자리에 앉았다.[15]

「이리떼 속 양 한 마리」는 위의 서문에서 확인되는 백 목사의 '외침'[16]과 그에 대한 시인 '반응'[17]으로 시작하여, "어서 당신의 바이블

15) 郭沫若, 「狼群中一隻白羊」, 金柄珉 · 李存光 主編, 『"中國現代文學與韓國"資料叢書(5)』, 8쪽.

16) "아아!/여기 계신 형제자매님들!/저를 위해, 제 동포를 위해 기도해주십시오!" 郭沫

(Bible)을 버리시게!/어서 라이플(Rifle)들을 만드시게!"로 마무리된다. 궈모뤄가 이 시가를 통해 말하고자 하는 내용은 명확하다. 혁명은 과감한 행동을 필요로 한다는 것이다.

3·1운동 이후 변화된 모습을 보이는 한국인 제재 시가 창작은 캉바이칭(康白情)을 통해 좀 더 획기적이고 세련된 모습으로 나타났다. 1920년 4월 28일, 캉바이칭은 동학 몇 명과 함께 베이징대학(北京大學) 학생여행단을 조직한 후 베이징을 출발하여 한반도를 거쳐 일본을 가는 여행을 계획하고 떠났다. 「압록강 동편(鴨綠江以東)」(1920)은 바로 그가 압록강을 건너 한반도에 오기 전 중국 동북지방을 지나는 기차에서 지은 시이다. 「압록강 동편」은 생동감 있고 명쾌한 시구로 압록강을 경계로 나뉜 한중 양국의 대지의 아름다움을 묘사하면서 시인의 고향 쓰촨(四川)의 토지와 사람들에 대한 그리움을 간절하게 표현한 시가로 예술성과 사상성이 적절한 조화를 이룬 작품이다.

「압록강 동편」은 "압록강 동편은 은가(殷家)의 옛 땅이 아니다!"라는 시인의 외침으로 시작한다. 이것은 구체제·구문화 아래에서 형성된 한국·한국인에 대한 중국인의 인식을 완전히 부정하는 시인의 대담한 외침이다. 명청(明淸) 시기 중국인들은 한반도를 중국의 이웃이자 번속국(藩屬國)이라 생각했다. 청말민국초 중국 문인들이 '조선 멸망 과정'을 논한 저서를 지속적으로 발표한 가장 큰 이유이다.[18] 하지만 캉바이이

若, 「狼群中一隻白羊」, 金柄珉·李存光 主編, 『"中國現代文學與韓國"資料叢書(5)』, 9쪽.

17) "아아! 이 얼마나 비장한 외침인가!/얼마나 성결한 눈물인가!/백목사! 성결한 노인이여!/내 솟구치는 눈물을 금할 수가 없네!/내 혼과 골수의 떨림을 금할 수가 없네!/백목사! 성결한 노인이여!/당신은 왜 그들을 향해 울부짖는가?/당신은 왜 그들에게 기도하라 하는가?/그들은 양가죽을 쓴 이리떼가 아닌가?/그들은 날카로운 발톱을 숨긴 맹금(猛禽)이 아닌가?/그들은 당신의 목을 잡아 조르지 않았는가?/그들은 당신의 심장과 뇌를 모두 삼켜버리지 않았는가?" 郭沫若, 「狼群中一隻白羊」, 金柄珉·李存光 主編, 『"中國現代文學與韓國"資料叢書(5)』, 9쪽.

칭은 「압록강 동편」에서 반복적으로 한반도가 중국의 옛 땅이 아니라 선포하면서 이전 중국 작가가 보인 대한서사(對韓敍事)의 한계－즉 '중국의 한 속방(屬邦)의 멸망'이 가져온 중국 문인의 위기감과 상실감의 표현－를 정면으로 극복하려는 노력을 보여주었다. 그는 이 시가의 마지막 연에서 역사 이래 중국과 운명을 같이해 온 한민족의 자립과 부활을 외친다. "오, 형제들이여, 자매들이여,/압록강 동편은 은가(殷家)의 옛 땅이 아니다!/나도 그곳이 그들의 옛 땅이기를 바라지 않으니./일어나라! 일어나라!"[19]

1922년 3월 1일, 캉바이칭은 「올림픽 극장의 비극」이라는 시가를 발표했다. 이 시가는 당시 상하이 올림픽 극장[20]에서 공연되었던 한국인의 독립운동을 반영한 가극 『자유의 꽃(自由花)』, 이어서 열렸던 대한민국임시정부의 3·1운동 3주년 기념행사를 본 시인의 격정적인 감정을 표현한 시가로 『자유의 꽃』 공연 상황, 3·1운동 기념식 현장의 모습, 그리고 한국인의 조국독립에 대한 의지 등이 생동감 있게 묘사되었다. 그중 기념식 현장의 모습은 아래와 같다.

> 오늘 올림픽극장에 신사숙녀 삼사백 명이 왔다.
> (애초에 공부국(工部局)[21]의 허가를 받지 못했다가, 우여곡절 끝에 겨우 열게 된 행사였다!)
> 얼마나 비장한가!
> '건(乾)' '곤(坤)' '감(坎)' '리(離)'가 현황(玄黃)이 어우러진 '태극도(太極圖)'

---

18) '조선 멸망 과정'을 논한 저작은 徐丹, 「清末民國時期的"朝鮮亡國史"著述」, 『近代史研究』, 2020年 第1期, 134~135쪽 참조.

19) 康白情, 「鴨綠江以東」, 金柄珉 · 李存光 主編, 『"中國現代文學與韓國"資料叢書(5)』, 7쪽.

20) 올림픽극장은 상하이 징안스루(靜安寺路), 현 난징시루(南京西路) 742호에 위치한 상하이 최초의 극장이다.

21) 상하이에 설치된 공동조계의 행정기관이다.

를 에워싸고 있는 국기가 온 극장의 공기를 출렁이게 했다.
대한민국임시정부가 먼저 엄숙한 선언을 하고
일제히 국기의 게양을 바라보며 경례했다.
4천 년을 이어온 문명을 가득 품은 어젯밤 그 아리따운 여가수들이
그들의 처연하고 한 맺힌 노래를 또 한 번 부르고
청수(淸秀)한 대한민국 국가(國歌)가 이어지면서
청중 모두는 얼굴을 감싼 채 흐느낄 수밖에 없었다.
얼마나 비장한가![22]

'중국 현대 한국인 제재 작품 창작사'적 측면에서 볼 때 앞에서 살펴본 4수-「양치기의 노래」·「이리떼 속 양 한 마리」·「압록강 동편」·「올림픽 극장의 비극」-시가 중 최소한 2수-「이리떼 속 양 한 마리」·「올림픽 극장의 비극」-는 한국인이 일본의 식민지 정책에 순응하였으면 나타나지 못했을 작품들이다. 한국인의 항일투쟁이 중국현대문학사에 미친 영향은 바로 이러한 관련 작품 탄생의 직접적인 인과관계를 통해 확인된다. 잉시우런(應修人)의 「현인근 여사의 가야금 연주를 들으며(聽玄仁槿女士奏伽耶琴)」(1922), 친쉬안(琴軒)의 「한국인 박치의를 애도함(悼韓人朴治毅)」(1923), 그리고 주쯔칭(朱自清)의 「조선의 야곡(朝鮮的夜哭)」(1926)도 같은 문학적 인과관계가 발견되는 작품으로 이들 작품은 3·1운동 이후 한중에서 전개된 한국인의 항일독립투쟁의 직접적인 영향을 받아 창작되었다. 「현인근 여사의 가야금 연주를 들으며」는 시인이 1921년 12월 19일 밤 상하이 에스페란토 학회 가무대회에서 현인근 여사의 가야금 연주를 듣고 처량하고 쓸쓸한 가야금의 소리의 의인화를 통해 한국인의 망국의 아픔을 애절하게 표현한 시가이고, 「한국인 박치의를 애도함」은 1920년 9월 선천경찰서에 폭탄을 던지다 체포

22) 康白情 著, 「阿令配克戲院的悲劇」, 『草兒(再版)』, 65~66쪽.

되어 1921년 9월 30일 평양 감옥에서 처형된 박치의를 애도하는 시가이다. 그리고 「조선의 야곡」은 1926년 6월 10일, 순종의 장례일을 기해 일어난 6·10 만세 운동이 배경이 된 작품으로, 순종의 죽음을 맞이한 한국인의 슬픔·분노·저항·좌절 등이 격정적 시어로 표현된 예술성이 아주 뛰어난 작품이다.[23)]

전체적으로 보았을 때 3·1운동 이후 한국인 제재 시가 창작에서 나타난 가장 큰 변화는 제3자적 입장에서 '조선멸망'과 망국인 '조선인'을 반면교사의 예로 묘사하던 청말민국초 한국인 제재 시가 창작의 시풍에서 벗어나 한국인을 서정적 자아로 인식하고 한국인에게 감정을 이입하기 시작하였다는 점인데, 여기서 주목할 점은 이러한 변화가 한국인의 눈에서만 발견되는 중국문학사의 한 구석에서 일어난 아주 작은 것이 아니라는 사실이다. 명실상부한 중국현대문학의 대가 궈모뤄, 5·4시기 가장 많은 신시를 창작하여 문단에 많은 영향을 끼친 캉바이칭, 시인·산문가·학자로 명성을 날렸던 주쯔칭 등 모두 중국현대문학을 대표하는 주류 작가들이다.

Ⅲ. 윤봉길 의거 이후 한국인 제재 시가 창작과 그 특징

'중국 현대 한국인 제재 시가'를 중국문학사가 아닌 한국인의 관점에

---

23) 「조선의 야곡」은 현재까지 발견된 한국인 제재 시가 중 가장 긴 내용을 담고 있는 시가로 총 3절 134행으로 이루어져 있다. 제1절에는 '해'로 상징되는 순종의 죽음을 맞이한 슬픔에 잠겨있는 조선인의 모습이, 제2절에서는 통곡 뒤 찾아온 순종에 대한 그리움과 일제에 대한 분노가, 제3절에서는 시위대를 향해 다가오는 말을 탄 일본 경찰, 짓밟히는 조선인의 애처로운 모습, 그리고 이를 바라보는 시인의 분노가 각각 순차적으로 묘사되었다.

서 살펴보아야 하는 이유는 윤봉길 의거 이후 한국인 제재 시가 창작이 보인 특징을 논할 때도 잘 드러난다. 중국 측 학자는 1931년 만주사변 발생 후 나타난 중국 작가의 한국인 제재 작품 창작의 특징을 아래와 같이 파악한다.

> 일본 침략자들이 전쟁을 한반도에서 중국 동북지역으로 밀고 나가고, 더 나아가 중국의 중심부까지 확대한 후 중국문학은 자연스럽게 한반도에서 온 의사와 민중을 운명공동체로 묶었다. '조국'이라는 단어가 망국인이 된 조선인과 곧 망국인이 될 중국인에게 무겁게 다가와 두 나라 사람 사이에 끊을 수 없는 정신적인 연대를 만들었다.[24]

이와 같은 내용은 중국현대문학의 주류 담론인 '항일'과 '중한우의'에 충실한 해석으로 크게 틀렸다고 말할 수 없다. 하지만 당시 구체적인 역사 상황을 살펴보면 이러한 해석이 전적으로 타당한지 의문이 든다. 왜냐하면 김구는 만주사변 발발 후 상하이에 거주하는 중국인의 한국인에 대한 인식과 관련하여 아래와 같이 말했기 때문이다.

> 중류 이상의 중국인들은 만보산 사건이 왜구의 간계임을 간파하였지만, 하류 계급 사이에서는 "고려인이 중국인을 때려죽인다"는 악감정이 동경 사건(이봉창 의거) 이후에도 좀체 사그라지지 않았다. 게다가 1·28 상해전쟁으로 왜병이 민가에 함부로 불을 지를 때 최영택(崔英澤) 같은 악한을 사주하여 중국인 집에 들어가 많은 사람들이 지켜보는 가운데 재물을 약탈하게 하는 일들이 허다하게 일어났다. 이로 인해 주로 자동차와 전차의 한인 검

---

24) 常彬·楊義, 「百年中國文學的朝鮮敘事」, 『中國社會科學』, 2010年 第2期, 190쪽. 이 논문은 중국의 한국인 제재 작품 연구에서 가장 많이 인용된 논문으로 현재까지 총 18편의 논문(학술지 논문 11편, 석사 논문 7편)이 이 논문을 인용하였다(www.cnki.net 기준).

> 표원들이 중국인 노동자들에게 아무 이유 없이 구타당하는 일이 종종 발생하였다. 그러나 4·29 사건으로 인하여 중국인들의 한인들에 대한 감정은 놀랄 만큼 호전되었다.[25)]

만보산 사건의 여파는 생각보다 컸다. 그리고 그 여파는 당시 중국 작가의 한국인 제재 작품 창작에도 적지 않은 영향을 미쳐 만보산 사건 이후 중국문학사에는 1920년대 거의 출현하지 않았던 한국인의 부정적인 면을 묘사한 작품이 등장했다.[26)] 하지만 이러한 흐름은 중국문학사의 주류가 되지는 못했다. 그 이유를 찾자면 여러 가지가 있겠지만 그 중 빼놓을 수 없는 것이 윤봉길 의거이다.[27)] 윤봉길의 희생 없이 중국문학사에서 "'조국'이라는 단어가 망국인이 된 조선인과 곧 망국인이 될 중국인에게 무겁게 다가" 갈 수는 없었다. 결과적으로 보았을 때 윤봉길 의거는 한중 농민의 모순이 폭발한 만보산 사건의 여파를 상당 부분 흡수하며 중국 작가의 한국인 제재 작품 창작의 큰 흐름이 계속해서 긍정적인 한국인 형상 창조로 나아갈 수 있게 해주었다.

그러면 왜 당시 중국인들은 윤봉길 의거에 열광적으로 반응했을까? 윤봉길 의거 발생 전인 1932년 1월 15일, 당시 언론인이자 영화인이었던 수펑(蘇鳳)은 상하이(上海) 『민국일보(民國日報)』에 「의사 형가를 아파

25) 김구, 도진순 주해, 『백범일지』, 돌베개, 2014, 340쪽.

26) 자오웨이룽(趙爲容)의 극본 「한국인의 중국 배척(韓人排華)」(1931)과 「만보산 앞에서(萬寶山前)」(1931) 등이 대표적인 작품이다. 만보산 사건과 관련이 깊은 이 2편의 극본에서 한국인은 모두 일본인의 앞잡이로 나오는데 전자에서는 중국인의 교육에 의해 한국인이 각성하여 중국인과 함께 일본 제국주의 타도에 나서고, 후자에서는 한 중국인 소년이 일본에 부화뇌동하여 사람을 해치는 도구가 된 한국인의 우매함을 탓한다.

27) 윤봉길 의거 관련 중국문학 작품은 김재욱, 「尹奉吉 의거를 제재로 한 중국현대문학 작품과 그 특징」, 『한국독립운동사연구』 55, 한국독립운동사연구소, 2016, 228~244쪽 참조.

하며－이웃나라 영웅에게 바침(傷義士荊軻－獻給隣國的一位英雄)」(이하 「의사 형가를 아파하며」)이라는 시가를 발표하였다. 「의사 형가를 아파하며」는 한국인이 주인공으로 묘사된 시가는 아니다. 하지만 이 시가는 3·1운동 이후 본격화된 초기 한국인 제재 시가 창작과 또 다른 모습을 보이는 1930년대 한국인 제재 시가 창작의 사상적 근원에 대해 생각해볼 수 있다는 점에서 중요하다. 이 시가를 통해 당시 중국인들이 왜 윤봉길 의거에 뜨거운 반응을 보이며 바로 이전 한국인에 가졌던 불편한 감정을 마음속에서 지워버린 이유를 알 수 있다.

형가는 사마천(司馬遷)의 『사기(史記)』 「자객열전(刺客列傳)」에 나오는 자객 5명 중 한 명이다. 「의사 형가를 아파하며」의 전반부는 바로 이 형가가 진나라로 떠나기 위해 역수(易水)를 건너기 전에 부른 노래와 관련된 것이다. "'바람은 소슬하고 역수(易水)는 차가운데,/장사(壯士)는 한 번 가서 다시 오지 아니하네.'/약자(弱者)의 비수가/진왕(秦王)의 간담을 서늘하게 하였다."[28] 시인은 이 시가의 마지막에서 "의사 형가여!/나는 왜 그대를 위해 눈물 흘리는가!/두고 보아라!/어느 날, 비수 하나로 바다처럼 깊은 원한을 끝내 갚고 말 것이니"[29]라 하며 형가를 위해 복수할 것을 다짐했다. 사실 1930년대에 시인이 형가를 위해 복수할 일은 없다. 형가는 하나의 상징이다. 이 시가의 부제－'이웃나라 영웅에게 바침'－와 발표 시기를 참고할 때 시인이 말하는 형가는 바로

---

28) 蘇鳳 「傷義士荊軻－獻給隣國的一位英雄」, 金柄珉 · 李存光 主編, 『"中國現代文學與韓國"資料叢書(5)』, 31쪽.
형가는 모국에서 등용되지 못하고 제후국을 떠돌다가 연(燕)나라 전광(田光)의 눈에 들어 연나라 태자 단(丹)의 복수를 위해 훗날 시황제가 될 진왕(秦王) 암살 청탁을 받게 된다. "바람은 소슬하고 역수는 차가운데, 장사는 한 번 가서 다시 오지 아니하네"는 형가가 진나라로 떠나기 위해 역수를 건너기 전에 부른 노래이다.

29) 蘇鳳 「傷義士荊軻－獻給隣國的一位英雄」, 金柄珉 · 李存光 主編, 『"中國現代文學與韓國"資料叢書(5)』, 31쪽.

이봉창이다. 시인은 열병식을 마치고 돌아가던 일왕의 마차 행렬에 폭탄을 던진 이봉창에게서 형가의 모습을 발견하고 이봉창의 의거를 기리는 의미에서 이 시가를 창작한 것이다.

그런데 여기서 주의해서 살펴볼 부분이 있다. 그것은 바로 시인이 형가와 이봉창을 일체화시킨 정서적 요인이다. 형가와 이봉창은 모두 의기(義氣)는 높았지만 거사에는 '실패'한 영웅이다. 「의사 형가를 아파하며」는 사실 '실패'한 영웅 이봉창의 의기에 초점이 맞추어져 있는 시가이다. "그 의로운 일은…… 이루어지지 않기도 했다./그러나 그 목적은 분명했고,/그 뜻을 기만하지 않았다."[30] 이러한 측면에서 보았을 때 결국 시인이 결심한 이봉창을 위한 복수라는 것은 실제로는 실행이 어려운 시인의 막연한 희망이다. 이처럼 중국 시인이 소극적인 역사관에서 헤어나오지 못했을 때 돌연 거사에 성공한 '형가'가 나타났다. 바로 윤봉길이다. 윤봉길은 홍커우(虹口)공원의 의거로 당시 적지 않은 중국인들에게 성공한 영웅이자 '구원자'의 모습으로 다가갔다. 전체적으로 보았을 때 당시 중국의 시인들은 성공한 윤봉길 의거에서 항일투쟁의 희망, 한중의 역사·문화적 동질감을 다시 한 번 확인하였고, 이를 토대로 한국인 제재 시가 창작에서 양국이 운명공동체라는 사실을 적극적으로 표현하고자 노력하였다.

구체적인 예를 살펴보겠다. 아래 시가는 당시 유명한 군벌이었던 펑위샹(馮玉祥)이 창작한 「윤봉길」의 전문이다.

윤봉길, 윤봉길,
국면(局面)을 알고 대의(大義)를 밝혀,

---

30) 蘇鳳「傷義士荊軻－獻給隣國的一位英雄」, 金柄珉·李存光 主編, 『"中國現代文學與韓國"資料叢書(5)』, 31쪽.

민족을 위해 영광을 쟁취하고,
조국을 위해 울분을 토했네.
참으로 천고에 비할 데 없는 대인(大仁) 대의(大義)로다!
우리 민족은, 능욕을 당하여
배상금 없이, 땅까지 떼어주며
수치스럽기가 비할 데 없으니,
이 치욕은 언제나 끝이 날까?
왜 우리나라에는 윤봉길이 보이지 않는가?
윤봉길, 어디에 있는가?
윤봉길, 나는 당신을 기다리네.
등뼈를 곧추세워 우리가 윤봉길이 되자![31)]

펑위샹은 무인이다. 예술적인 측면에서 보았을 때 「윤봉길」에서 사용된 언어는 그다지 정교하고 세밀하지 못하다. 즉 앞 장에서 살펴본 궈모뤄 · 캉바이칭 · 주쯔칭 등 중국현대문학을 대표하는 시인이 그랬듯이 비유 · 상징 · 대구 등의 예술적 기교를 사용하여 시가의 예술적 완성도를 높이지는 못했다. 하지만 중국현대사에서 펑위샹이 차지하는 위치를 통해 「윤봉길」의 문학사적 의미는 새롭게 해석된다. "윤봉길, 나는 당신을 기다리네./등뼈를 곧추세워 우리가 윤봉길이 되자!"라는 시구를 통해 알 수 있듯이 펑위샹이 느끼는 중한 양국인은 서로 감정이 연결되어 있는 운명공동체인 것이다. 다른 윤봉길의 희생을 묘사한 시가 선웨룽(沈月溶)의 「한국의 지사에게 바침(獻給韓國的志士)」(1932), 중학생 시인 창파쑤(常法素)의 「윤봉길」(1932) 등도 크게 다르지 않다. 선웨룽의 경우는 「한국의 지사에게 바침」에서 윤봉길이 느꼈던 '한국의 위기'[32)]

31) 馮玉祥, 「尹奉吉」, 金柄珉 · 李存光 主編, 『"中國現代文學與韓國"資料叢書(5)』, 40쪽.

32) "그대는 자기 동포가 맹호에 잡아먹히는 것을 보았고/자기 조국의 몰락을 보았습니다./그대는 승냥이와 범이 나라를 휘젓고 다니는 것을 차마 볼 수 없었고/자기 동

를 '중국의 위기'[33]로 인식하였다. 이로 인해 한국의 원수는 곧 중국의 원수가 되고, 또한 일제에 저항하기 위해 자신을 희생한 윤봉길도 중국 민중의 영웅 형가와 동격이 된다.[34]

윤봉길 의거 이후 한국인 제재 시가 창작을 논할 때 빼놓을 수 없는 시인으로 리양(力揚)·황야오멘(黃藥眠)·후밍수(胡明樹)·왕핑링(王平陵) 등이 있다. 앞의 3인은 좌익계열 시인이고 뒤의 1인은 우익계열 시인이다. 1930년대 들어서면서 중국 문단의 주도권은 국민당과 우익계열 작가의 노력에도 불구하고 결국 좌익계열 작가에게로 넘어간다. 그 이유는 한국인 제재 시가 창작을 통해서도 확인된다. 좌익계열 시인의 한국인 제재 시가 창작은 구체적 현실적 미래 지향적이었지만 우익계열 시인은 그렇지 못했다. 전체적으로 보았을 때 우익계열 시인은 좌익계열 시인만큼 한국인의 항일투쟁에서 문학적인 영감을 받지 못했다. 이는 당시 국민당이 보인 힘의 우위 외에도 문학을 대하는 우익계열 작가의 태도와 어느 정도 관련이 있다. 우익계열 작가는 대체로 문학을 목적으로 대하며 예술의 영역에 묶어두려고 경향이 강했던 반면 좌익

포가 애통하며 부르짖는 소리를 차마 들을 수 없었습니다." 沈月溶, 「獻給韓國的志士」, 金柄珉·李存光 主編, 『"中國現代文學與韓國"資料叢書(5)』, 32쪽.

33) "지금 중국은 그대의 원수로부터 이미 유린당했습니다./보십시오!/번화한 춘선강(春申江)/스산한 압록강변/보이는 것이라고는 사방으로 튀는 포탄과 하늘을 뒤덮은 독연(毒煙) 뿐입니다./그 많던 아름다운 가옥과 진귀한 산물은/모두 무정한 포탄에 내어주고/그 많던 중국의 선량한 백성들은/모두 포화 속의 원혼이 되고 말았습니다./이 고국(古國)의 앞날도/그대들의 전철을 밟게 될까 두렵기만 합니다." 沈月溶, 「獻給韓國的志士」, 金柄珉·李存光 主編, 『"中國現代文學與韓國"資料叢書(5)』, 32~33쪽.

34) "그대는 위대한 사명을 완수함으로/전 세계의 억압받은 민중을 놀라게 하였습니다./그대 이름은 장차 일월(日月)과 같이 만고에 길이 남을 것입니다! (…중략…) 만약 어느 날 그대가 그들의 독수(毒手)에 당한다면/내 다시 그대 위해 애도의 노래 부를 것입니다./언젠가 내 그대 묻힌 곳에 가게 된다면/화환을 들고 그대의 비장한 황원(荒原)에 참배할 것입니다!" 沈月溶, 「獻給韓國的志士」, 金柄珉·李存光 主編, 『"中國現代文學與韓國"資料叢書(5)』, 33쪽.

계열 작가는 문학을 하나의 도구로도 인식하며 현실 변화를 위한 하나의 수단으로도 사용하였다. 결국 좌익계열 작가의 선택이 중국의 미래를 결정하였다.

리양(力揚)은 만주사변 발발 후인 1932년 동북의용군을 위한 모금 활동을 하다 상하이에서 체포되어 감옥에 갇혔다. 「조선의 M군에게(給高麗M君)」(1934)와 「노래를 들으며－다시 M군에게(聽歌－再給M君)」(1938)는 당시 리양이 감옥에서 만난 한 한국인 지사를 생각하며 만든 시가이다. 시인은 이 2수의 시가에서 일제를 향한 중한 양국인의 적개심과 양국인이 힘을 합쳐 앞으로 나아갈 것을 중점적으로 표현하였는데 주목할 부분은 이 시가에 묘사된 한국인을 동정하고 지지하는 마음이 시인의 현실 상황에 대한 인식 외에 한중의 전통사상에 대한 새로운 해석을 통해 나타났다는 점이다. 리양은 「조선의 M군에게」에서 중국인을 향해 중한 양국인의 공통된 적개심과 투쟁을 말하기에 앞서 반드시 구사상과 구체제에서 벗어날 것을 외쳤고,[35] 「노래를 들으며－다시 M군에게」는 반대로 한국인 'M군'을 향해 앞으로 전진하기 위해 한국인에게 잠재

[35] 「조선의 M군에게」는 내용적으로 크게 두 부분으로 나뉜다. 전반부에는 시인이 느낀 과거 대한서정의 사상적 근원이다. "사람들은 네가 기자(箕子)의 후예이고/태백(太伯)이 나의 선조라 하네./나는 옌당산(雁蕩山) 아래에서 온 농민,/너는 압록강변의 생존자./저 어리석은 자들은/너와 나 사이에 많고 많은/간극－요원한 역사와/요원한 산천, 요원한 바다가 남아 있다 여기리라." 그리고 후반부는 시인은 생각한 새로운 대한서정이 갈 길이다. "그러나/형제여! 우리 아직도/혈통이니, 종족이니 하는 것들을 따져야겠는가,/서로의 이름도 물을 필요 없는 것을./같은 태양,/하나뿐인 태양을 좇는다면,/우리 손을 굳게 잡아야 하네./자, 형제여!/우리 손을 굳게 잡자./우리의 피를 흘려/기쁨과 사랑의 깊은 입맞춤을 하자,/우리 다시 발걸음을 떼어/전진하자,/보라!/바로 저기에 태양이 있으니!" 力揚, 「給高麗M君」, 金柄珉 · 李存光 主編, 『"中國現代文學與韓國"資料叢書(5)』, 47~48쪽. 시인은 중한 양국인이 함께 '태양'으로 전진하기 전에 역사 이래 이어져 온 중한관계의 허상과 실체에 대해 명확한 판단을 내리었다. 시인이 생각하기에 '그러나' 이전 인식되어 온 중한관계는 과거 '어리석은 자들'이 생각하는 허상이라고 생각했다. 따라서 새로운 중한관계는 반드시 과거의 사상적 편견을 극복하고 일치단결하여 두 민족의 공통된 활로를 찾아야 한다고 했다.

되어있는 구시대의 그림자를 지울 것을 호소하였다.[36] 황야오멘(黃藥眠)의 「조선의 소년에게(給朝鮮的少年)」(1939)는 구체적인 시간적 배경이 나타나는 산문시로 부분적으로 비교적 긴 시구로 이루어져 있다. 이 시가에서 시인은 5년 전과 현재 만난 서로 다른 한국인 소년과의 대화를 통해 한중 양국인이 현재의 고난을 극복하고 일치단결하여 일본과 싸울 것을 외쳤다.

중일전쟁 발발 후 중화전국문예계항적협회(中華全國文藝界抗敵協會)를 창립하고, 좌·우익 문인들의 결집에 큰 역할을 한 우익 문단의 중요 작가 왕핑링도 한국인의 항일투지를 고취하는 시가 2수를 창작하였다. 하나는 「조선을 슬퍼함(哀朝鮮)」(1932)이고 다른 하나는 차오라이(草萊)라는 필명으로 발표한 「조선인(朝鮮人)」(1938)이다. 「조선을 슬퍼함」에서는 '잠들어 있는' '조선의 지사들'을 깨우며 '운명을 함께 하는 형제들'에게 '쇠발굽 밑에서 울부짖는 형제들을 보고만 있어서는' 안된다고 하며 '어서 선혈로 민족의 찬란한 빛을 드러내라' 외쳤고, 「조선인」에서는 한중 양국인을 '떠돌고, 떠돌고, 가난하게 떠도는' '국적 없는 사람들' '집시, 보헤미안'에 비유하며 한국인들에게 "죽어가는 비명과 비참한 울음소리는,/그들의 귀를 가장 즐겁게 하는,/그들의 귀에, 어쩌면,/베토벤의 '월광곡'보다도 좋을 음악이다."[37]고 하며 어서 일어나 독립을 쟁취할 것을 호소했다.

---

36) 시인은 'M군'의 원한이 가득 찬 노랫소리를 듣고 "네 민족의 우울한 자태를 보았다" 하며 이 노래는 '네 할아버지'와 '네 아버지 시대'에 속하는 노래라 말하고 다음과 같은 희망을 말했다. "장래에, 너 고국으로 돌아가거든,/오늘 저녁 우리에게 들려준 것처럼/가장 젊은 노래를/네 형제자매 속에서 불러/네 민족의 우울을 치료해주거라." 力揚, 「聽歌－再給M君」, 金柄珉 · 李存光 主編, 『"中國現代文學與韓國"資料叢書(5)』, 49쪽.

37) 草萊(王平陵), 「朝鮮人」, 金柄珉 · 李存光 主編, 『"中國現代文學與韓國"資料叢書(5)』, 65쪽.

「조선을 슬퍼함」과 「조선인」은 시어의 예술성만을 따지자면 비교적 우수한 작품에 속한다고 말할 수 있다. 하지만 시인의 한국인의 항일투쟁에 대한 이해와 묘사라는 측면을 살펴보면 동시대 좌익계열 작가의 작품과 비교할 때 상대적으로 추상적이고 감상적이라는 평가를 피하기 힘들다. 「조선을 슬퍼함」은 제목을 통해 알 수 있듯이 왕핑링은 한국인의 항일투쟁에 적극적인 의미를 부여하지 못했다. 그리고 「조선인」에서는 '보헤미안', '베토벤' 등과 같은 비교적 감성적인 시어를 사용하여 한국인의 나라 잃은 비애와 항일을 묘사하려고 하였다. 그는 「조선인」에서 '부산(釜山)'을 지명이 아닌 하나의 산으로 착각하기도 하였다.

사실 앞에서 살펴본 중국 측 학자의 글에서는 언급되지 않았지만 고대 문학의 봉건성을 타파하기 위해 서구의 인도주의·국제주의 등의 정신을 적극적으로 받아들인 중국현대문학의 힘은 다른 방향으로 분출되었다. 바로 한국인 여성 혁명가를 묘사한 시가의 창작이다.

고대 이래로 한중 문인의 시가 교류는 주로 남성 문인 사이에서 이루어졌기에 국가흥망에 대한 묘사와 관련하여 상대국 여성을 주인공으로 하는 시가는 근본적으로 출현하기 힘들었다. 하지만 1920년대 후반에 이르러 새로운 사상을 받아들인 중국 시인들은 마침내 투쟁하는 한국인 소녀 형상에 대한 묘사를 통해 한국인의 비참한 운명에 동정을 표현하고, 일제의 한국 침략이 한국인에게 준 고통을 폭로하며 모든 한국인이 광명을 위해 싸울 것을 외쳤다. 시화(西華)의 「조선의 아가씨여, 노래하라(高麗女郎呀, 你唱罷)」(1929), 인푸(殷夫)의 「조선 아가씨에게 바침(贈朝鮮女郎)」(1929), 웨펑가오(岳鳳高)의 「이름 모를 한국 아가씨에게(給不相識的韓國姑娘)」(1931) 등이 대표적 작품들이다.[38] 이러한 중

38) 한국인 여성 혁명가를 묘사한 시가는 중국현대문학의 개방성과 개혁성을 알 수 있는 작품들로 특히 당시 좌익 시단을 대표했던 인푸의 「조선 아가씨에게 바침」은

국 시인의 한국인 여성 혁명가를 묘사한 시가 창작은 1930년대 후반 후밍수(胡明樹)에 의해 한 단계 발전된 모습을 보인다.

후밍수는 1937년 중일전쟁이 일어나던 해 일본 호세이대학(法政大學) 문학과를 졸업하고, 1938년 광저우(廣州)를 거쳐 구이린(桂林)에 도착하였다. 후밍수는 중일전쟁이 발발하기 전부터 일본에서 한국인 학생들과 활발하게 교류[39]한 것으로 보이는데 1937년 그는 자신의 거처 근처에 거주하던 '조선' 부녀자들의 강인함에 감동하여 「조선 아낙(朝鮮婦)(1936)」이라는 시가를 창작하였다. 후밍수는 바로 이전 '아리따운 모습을 한 한국인 소녀 혁명가 형상'을 넘어선 현실 속에서 발견되는 한국인의 항일투쟁을 뒤에서 바친 구체적이고 생동감 있는 한국인 부녀자 형상의 창조하였다.[40] 총 5연으로 이루어진 「조선 아낙」의 마지막 연은 아래와 같이 끝난다.

예술적 사상적으로 흠잡을 곳이 없는 아주 훌륭한 작품이다. 하지만 한국인의 입장에서 이들 시가를 보면 한 가지 부족한 점이 발견된다. 바로 창작 배경이 명확하지 않다는 점이다. 이들 시가에서 묘사된 한국인 여성 혁명가 형상이 실제 한국인을 모델로 한 것인지 아니면 당시 중국현대문학 작품에 등장하는 신시대 중국인 여성 형상의 변형인지 구별하기가 쉽지 않다.

39) "나는 7·7 사변 전 도쿄에 있었다. 호세이대학에서 몇몇 조선의 친구들을 알고 지냈는데 이들에게는 하나의 공통된 성격이 있었다. '침착함'과 '타협하지 않으려는 것'이 바로 그것인데 나는 이들의 이러한 정신에 깊은 존경을 표시하였다. 胡明樹, 「一封信」, 金柄珉 · 李存光 主編, 『"中國現代文學與韓國"資料叢書(4)』, 延邊大學出版社, 2014, 200쪽.

40) 후일 후밍수는 「조선 아낙」에 나오는 한국인 부녀자 형상의 원형과 관련하여 아래와 같이 회고하였다.
"도쿄에 살 때, 나의 거처 부근에 '조선'의 부인들이 살고 있었다. 그녀들은 무거운 압박 아래 어렵게 생활하며 분투하였다 ! 그녀들은 고달프고 분투하는 중에 인내하며 자신의 자식들을 교육시켰다－신세계의 자식으로, 세계의 전사로, 신세기의 영웅으로! 나는 그 시기 동일한 운명의 중국인으로서 그녀들의 인내, 고생, 침착함, 분투에 극도로 동정하여, 거의 눈물이 나올 뻔했다. 그래서 나는 나 자신의 노래보다는 그녀들을 노래했다." 胡明樹, 「一封信」, 金柄珉 · 李存光 主編, 『"中國現代文學與韓國"資料叢書(4)』, 200쪽.

그대 그 눈가의 주름에
치욕과 분투의 흔적이 남아 있고
그대 그 그늘진 두 눈에
희망의 빛이 깊이 숨겨져 있네
치욕 속에서
분투 속에서
그대는 미래의 젖먹이를 길러내고 있네
분투 속에서
희망 속에서
그대는 다가오는
새로운 세기의 전사(戰士)를 길러내고 있네![41]

Ⅳ. 조선의용대와 한국광복군 관련 시가 창작에 대하여

1937년 7월 중일전쟁이 발발하면서 중국문학사에 일찍이 나타나지 않았던 문학현상이 일어났다. 바로 무장한 한국인 독립군 부대를 찬양한 시가의 출현이다. 중국 중심적 사상이 강하게 반영된 중국문학사에 외국인 무장 부대를 찬양한 작품이 등장하였다는 사실은 극히 이례적인 일이다. 게다가 50년 전 중국의 문인들은 조선과 조선인을 멸시했었다. 임오군란(1882) 당시 청에서 조선에 파견된 우창칭(吳長慶)의 막료 저우자루(周家祿)·주밍판(朱銘盤)이 남긴 시집 「조선악부(朝鮮樂府)」·「조선잡시(朝鮮雜詩)」 등에는 조선에 대한 청의 노골적인 우월의식－청군의 용맹함·조선인의 나약함·조선 조정의 무능 등－만 묘사되었다.[42]

41) 胡明樹, 「朝鮮婦」, 金柄珉·李存光 主編, 『"中國現代文學與韓國"資料叢書(5)』, 52쪽.
42) 이등연·양귀숙, 「중국 근대 시기 詩歌에 나타난 조선 문제 인식」, 『중국인문과학』 29, 2004, 316~329쪽.

한국인 독립군 부대에 대한 중국 시인의 관심과 관련 작품 창작은 한국 독립운동사 연구의 측면에서 보면 무척 고무적인 일이다. 하지만 여기에는 하나의 '함정'이 있다. 이 '함정'은 전체 한국인 제재 시가 창작에도 해당되는 사항이기도 하다.[43]

중국문학사에 나타난 한국인 독립군 부대를 묘사한 시가는 크게 3가지 유형으로 나뉜다. 하나는 조선의용대 관련 작품, 다른 하나는 한국광복군(이하 광복군) 관련 작품, 그리고 나머지 하나는 기타 작품으로 여기에는 1930년대 만주 지역에서 활동하던 독립군 부대원을 묘사한 작품, 일본군에 소속되었다 후일 일본군에 대항하거나 일본군을 탈영한 한국인 병사 등을 묘사한 작품이 포함된다. 1번째, 3번째 유형에 속하는 작품을 발표한 시인은 대부분 좌익계열이고, 2번째 유형에 속하는 작품을 발표한 시인은 정치 성향이 확인되지 않는 아마추어 작가 신분인 경우가 많다. 1930년대 한국인 제제 시가 창작에서 보여준 좌익계열 시인의 성과는 1940년대에도 지속되었다. 시기적으로 볼 때 먼저 나타난 3번째 유형에 속하는 작품을 먼저 살펴보겠다.

현재를 기준으로 중국현대문학사에서 최초로 한국인 독립군 부대원 형상을 묘사한 시가는 무무텐(穆木天)이 발표한 「하라바령에서(在哈拉巴嶺上)」(1934)이다. 「하라바령에서」는 200행이 넘는 서사시로 일본군의 옌볜(延邊) 하라바령을 통과하는 지둔(吉敦) 철로 건설에 맞서 싸운 중국 민중의 반항을 묘사한 작품이다. 이 작품에서 한국인 독립군은 중국 민중이 일본군과 싸우려는 찰라 투항한 2명의 일본군을 데리고 항일투쟁의 대오에 합류한다.

그날 하라바령을 넘어온 일군의 인마(人馬)는, 이른바 "간도(間島)"에서

43) 이에 대해서는 맺음말에서 상술하겠다.

온 조선사람들이었다.

조선의 의용군이자, 억압당한 민중으로서, 가족들이 학살을 당한 비슷한 처지였던 그들은,

재래식 포(砲)와 소총을 들고, 일부는 몽둥이를 들고, 고개를 넘어와 지둔(吉敦) 철도를 파괴하고자 했다.

일본의 동북(東北) 점령이, 그들 조선인에게도 족쇄를 하나 더 채우게 된 일임을, 그들은 뼈저리게 느끼고 있었다.

그들은 중국의용군과 손잡고, 억압당한 민중을 함께 일으키고자 했다.[44]

작품에서 시인은 중국의용군에 합류한 한국인 독립군 부대원에게 아래와 같은 답을 주었다.

당신들은 여기서 학살당했지요. 우리도 마찬가지입니다. 어떤 참상이었는지 여러분은 상상도 못할 겁니다.

얼마나 많은 사람이 살해되고, 얼마나 많은 사람이 불에 타 죽었는지, 당신들에게 말해주어도 믿지 못할 거예요.

말을 한들 무슨 소용 있겠습니까. 필요한 것은 모두의 저항이고, 제국주의를 쳐부수는 것입니다.

우리는 한 가족입니다. 우리는 모두 나라를 잃었고, 지금 우리 모두는 강해져야만 합니다.[45]

1939년 2월 12일, 중국 광저우에 주둔하던 일본군 내 한국인 병사들이 폭동을 일으켰는데 폭동이 진압된 후 주모자는 사형을 당하고 나머지 병사들은 처벌받았다.[46] 팡싱(方行)의 「800명의 전우를 보내며(送八

---

44) 穆木天,「在哈拉巴嶺上」, 金柄珉 · 李存光 主編,『"中國現代文學與韓國"資料叢書(5)』, 45쪽.

45) 穆木天,「在哈拉巴嶺上」, 金柄珉 · 李存光 主編,『"中國現代文學與韓國"資料叢書(5)』, 45쪽.

百戰友)」는 바로 이 사건을 기리기 위해 창작되었다.[47] “누가 적이고/누가 벗인지/오늘/너희는 똑똑히 보아라./그토록 잔학하고 악독했던/30년 긴 세월/너희 삼천만 동포는/끝없는 원한과 분노를 참아내었다!” 이 시가에서 시인은 당시 일본군을 향해 폭동을 일으킨 한국인 병사의 행위를 찬양하고 이들 800여 명 전사의 평안을 기원하였다. 이외에 일본군영을 탈영한 한국인 병사를 묘사한 시가도 출현하였다. 바로 펑메이(逢美)의 「한 조선 동지의 담화를 기록하다(記一位朝鮮同志的談話)」(1939)이다. 시인은 이 시가에서 ‘아주, 아주 오래 전부터’ ‘어떻게 도망칠지를 계획’한 현희빈(玄熙彬)이라는 한국인 병사의 형상을 ‘형제의 친숙한 얼굴’로 묘사하며 “조국의 아이들은/들으라,/결연히 손을 뻗어./우리의 형제를 굳게 붙들어라.”[48] 외쳤다.

「하라바령에서」를 발표한 무무톈은 지린성(吉林省) 출신의 시인으로 1923년 일본 도쿄대학에 진학하여 프랑스 문학을 접하면서 상징주의 시가를 다수 발표하였고, 1926년 귀국한 후 1931년 중국좌익작가연맹에도 참여하였다. 그는 중일전쟁 발발 후 우한(武漢) · 구이린 등지에서 문예활동에 종사하며 한국 측 독립운동인사들과 교류했던 것으로 보인

---

46) 이 시가의 앞에 편집인이 붙인 서문이 수록되어 있는데 인용하면 아래와 같다. “2월 12일, 광저우(廣州) 일본군 중의 조선 사병이 저들의 압박을 견디다 못해 대거 폭동을 일으켰다. 그들이 격살한 일본인 장교의 수는 헤아릴 수 없었고, 일제는 곧 대군을 파견하여 이들을 포위 진압하였다. 이때 체포된 자는 최장귀(崔長貴), 이영길(李永吉), 김진한(金振韓) 등 8백 명이었는데, 지도자는 극형에 처해졌고, 나머지는 조선으로 압송하여 취조 처벌하였다. 폭압에 반항한 이 의거는 진실로 우리를 감동시키고 흥분시켰다! 이 지면을 빌어, 우리의 8백 전사에게 삼가 경의를 표한다!” 方行, 「送八百戰友」, 金柄珉 · 李存光 主編, 『“中國現代文學與韓國”資料叢書(5)』, 74쪽.

47) 「800명의 전우를 보내며」는 한국인 독립군 부대와 직접적인 관련이 있다고 보기 힘들지만 『东方战友』 제7기(1939년 4월 15일)에 발표되어 한국인 독립군 부대를 묘사한 작품에 포함시켰다.

48) 逢美, 「記一位朝鮮同志的談話」, 金柄珉 · 李存光 主編, 『“中國現代文學與韓國”資料叢書(5)』, 84~85쪽.

다. 「조선 전우들에게 바침(獻給朝鮮的戰友們)」(1938)과 「조선의 전우 이두산 선생에게 드림(贈朝鮮戰友李鬥山先生)」(1940)은 바로 이 당시 그와 한국인 독립운동가와의 교류를 반영한 시가이다.

「조선 전우들에게 바침」에서 시인은 후일 조선의용대 대원이 된 중국중앙군관학교 특별훈련반에서 군사훈련을 받던 한국 청년들을 묘사하였는데, 고향을 떠나온 동북지방 출신인 자신과 나라 잃은 한국 청년의 비애를 서로 비교하며 슬픔을 나누고, 더 나아가 일치단결하여 일본 제국주의와 투쟁할 것을 외쳤다.[49] 「조선의 전우 이두산 선생에게 드림」은 『동방전우(東方戰友)』의 발간인이자 『조선의용대통신』의 편집위원회 주임으로 당시 구이린에서 활동한 이두산에게 보내는 시가이다. 시인은 작품에서 이두산에 대한 개인적인 우정과 한중 양국민족의 우의를 서정과 서사를 효과적으로 배합하여 묘사하였다.

현재까지 확보된 작품을 기준으로 조선의용대를 전면적으로 묘사한 최초의 시가는 리양의 「조선의용대」(1939)이다. 전체 9연 69행으로 이루어진 이 시가는 특히 간결한 시구와 뛰어난 리듬감으로 강한 대중적 흡인력을 지니고 있다. 시인의 부기(附記)에 의하면 이 시가는 1938년 12월 25일 구이린의 문예종사자가 거행한 한 문예연회에서 조선의용대 여성대원 김위(金煒)에 의해 낭송되어 군중의 뜨거운 박수를 받았다.[50]

---

49) "6년의 유랑은/우리를 강철로 단련시켰다!/그러나, 너희는 우리보다 더 강인해져야 한다!/조국이 없는 전우들이여!/너희는 핏구덩이 속에서 건실하게/생장(生長)하였다!/조국이 없고/또/고향이 없는/사람들은/앞으로/더욱 강인해져야 한다!/앞으로/더욱 건실해져야 한다!/우리의 같은 목표를 향해/더욱 힘차게/싸워나가자!" 穆木天, 「獻給朝鮮的戰友們」, 金柄珉 · 李存光 主編, 『"中國現代文學與韓國"資料叢書(5)』, 63쪽.

50) 부기의 내용은 아래와 같다.
"작년 12월 25일 구이린 문예 종사자들은 성대한 문학예술의 밤 행사를 개최하였다. 이 시는 그날 밤 조선의용대 동지 김위 여사가 무대에 올라 낭송한 것으로, 군중의 뜨거운 박수를 받았다. 특별히 여기에 발표하여 중국과 한국 두 민족의 독립과 자유와 해방을 기원하는 바이다." 力揚, 「朝鮮義勇隊」, 金柄珉 · 李存光 主編, 『"中

내용적으로 살펴보면 「조선의용대」는 "조선의용대의 드높은 투지, 항일전쟁 승리에 확고한 믿음을 보였고, 일본 제국주의와의 투쟁이 한중 양국 민족의 문제일 뿐 아니라 전 세계 반파시스트 전선과 연결되었음을 밝히며 항일전쟁의 승리가 세계평화에 기여하는 길임을 밝혔다."[51)]

> 파시스트의 피비린내로 칠갑된
> 동방에서,
> 우리와 중국의 형제들은
> 승리의 혈전을 준비 중이다.
> 우리는 핏구덩이 속에서
> 새로운 조선
> 새로운 중국
> 새로운 세상을
> 건설해야 한다.
> 우리는 조선의용대다![52)]

조선의용대를 묘사한 시가는 앞에서 살펴본 무무톈의 2수, 리양의 1수를 합하여 현재까지 총 8수가 발견되었는데 이들 작품은 내용상 대략 3가지로 나눌 수 있다. 하나는 조선의용대 대원의 항일역량을 찬양하거나 격려하는 내용을 담은 시가로 여기에는 무무톈의 「조선 전우들에게 바침」·리양의 「조선의용대」 외에 선징즈(沉茳靜) 등의 「우리 영원히 손잡자－조선의용대 동지들에게 바침(我們永恒地攜起手－獻給朝鮮義勇軍的同志們」(1939)·왕먼(王門)의 「악수하자, 조선의용대 형제여

國現代文學與韓國"資料叢書(5)』, 69쪽.

51) 김재욱, 「조선의용대 관련 중국현대문학 작품 초탐」, 『중국어문학지』 32, 2010, 124쪽.

52) 力揚, 「朝鮮義勇隊」, 金柄珉·李存光 主編, 『"中國現代文學與韓國"資料叢書(5)』, 69쪽.

(握手, 朝鮮義勇隊的弟兄)(1942)」 등이 있다. 다른 하나는 무무텐의 「조선의 전우 이두산 선생에게 드림」과 같이 한중 시가교류의 전통을 이어받은 동지나 전우에게 보내는 증답시로 레이스위(雷石榆)의 「친구여, 가시게－조선의용대 오민성 동지와 헤어지며(朋友, 你去吧－贈別朝鮮義勇隊吳民聲同志)」(1939) · 완중(萬衆)의 「그대의 조국을 생각하노라－조선의 김창만 동지에게(我懷念着你的祖國－給朝鮮金昌滿同志)」(1940) 등이 있다. 그리고 나머지 하나는 전장에서 전사한 조선의용대 대원을 추모하는 시가인데 대표적인 작품으로 아이칭(艾青)의 「애도사－조선독립동맹이 추도하는 순국 조선 열사들을 위해 쓰다(悼詞－爲朝鮮獨立同盟追悼殉難的朝鮮烈士們而作」(1942, 이하 「애도사」) 등이 바로 여기에 속한다.

한국독립운동사에서 보면 조선의용대는 후일 광복군에 편입되었기 때문에 조선의용대도 광복군의 일부로 생각한다. 하지만 좌익이 중심이 되었던 중국 문단의 조선의용대에 대한 인식은 조금 달랐다. 창설 당시 한국 좌익계열 독립운동가의 활약, 화북으로 건너간 조선의용대 대원과 팔로군과의 밀접한 관계 등으로 인해 중국 작가들은 조선의용대를 다른 독립군 부대보다 친근하게 생각하였다. 물론 개인적인 교류도 있었다. 조선의용대 관련 시가에 오민성 · 김창만 등과 같은 조선의용대 대원의 실명이 등장하는 이유는 바로 여기에 있다.[53] 특히 1930~40년대 중국 항일시단(抗日詩壇)을 이끌었던 현대 중국의 저명한 시인 아이칭이 「애도사」라는 시가에서 순국한 조선의용대 대원들에 대해 깊이 애도하는 마음을 표현한 것은 유명하다.[54] 총 9연으로 이루어진 「애도사」

---

53) 이 글에서 다루고 있지 않지만 구체시 작품으로 『朝鮮義勇隊』 제41기(1942년 3월 1일)에 발표된 조선의용대 간부 葉鴻德을 추모하는 王菲의 「哀悼我們親密的戰友葉鴻德同志」도 있다.

54) 1942년 '반소탕전'이 잠잠해진 후 延安 『解放日報』는 1942년 9월 20일 일본군과의

의 마지막 연은 다음과 같이 끝난다. "그날, 오래지 않을 그 날이 와/마지막 한 명의 적이 조선에서 도망치고 나면/우리 다시 그대들을 기념하리라./조국 조선 해방의 역사에/그대들의 용감한 투쟁을 기록하리라./조국 조선의 땅에/기념탑을 세우리라./삼각산(三角山)처럼 하늘로 우뚝 솟은/장엄한 탑, 승리의 탑에/조국의 자유로운 자자손손/날마다 경의를 표하며 우러러보리라."[55]

조선의용대를 묘사한 작품과 달리 중국현대문학사에는 광복군의 항일투쟁을 직접적으로 묘사한 작품은 자주 등장하지 않는다. 시가도 마찬가지이다. 이는 국민당과 연합하며 주로 대외 군사협력사업에 치중한 광복군의 특성과 직접적인 관련이 있다. 현재 광복군 관련 시가는 광복군과 한국청년전지공작대의 기관지 『광복』과 『한국청년』에 발표된 한국인의 항일의지를 격려한 시가 총 5수를 통해 확인된다. 『광복』에 발표된 작품으로 천궈즈(陳國治)의 「일어나라 대한의 국민이여－우리는 같은 전선에 서 있다(起來大韓的國民－咱們站在同一條戰線)」(1941, 이하 「일어나라 대한의 국민이여」)가 있고, 『한국청년』에 발표된 작품으로 쉐위안(雪原)의 「북쪽으로 가는 자(北行者)」(1940), 위화(毓華)의 「아우 소명에게 바침(獻給小明弟弟)」(1940), 징샤(靜霞)의 「한국의 젊은이에게 바침(獻給韓國青年)」(1941), 천지우(陳舊)의 「광복의 노래(光復之歌)」(1942)가 있다.

광복군 관련 시가의 주요 내용은 앞에서 살펴본 조선의용대 관련 시가와 대체로 비슷하다. 대부분의 작품이 한중 연대의식을 바탕으로 한국인 혹은 광복군으로 생각되는 한국 청년의 항일투지를 격려하였다.

전투로 숨진 조선의용군 대원을 추모하고자 '追悼朝鮮義勇軍犧牲同志特刊'을 기획했다. 「애도사」는 바로 여기에 발표되었다.

55) 艾青, 「悼詞－爲朝鮮獨立同盟追悼殉難的朝鮮烈士們而作」, 金柄珉 · 李存光 主編, 『"中國現代文學與韓國"資料叢書(5)』, 105쪽.

천궈즈는 「일어나라 대한의 국민이여」에서 반복해서 '대한의 국민'에게 "일어나라, 대한의 국민이여!/마음 모아 단결하여,/오늘, 저 공동의 적, 왜노에 함께 맞서라,"[56]고 외쳤고, 쉐위안은 「북쪽으로 가는 자」에서 "슬픈 국토를 수복하여,/장엄한 복수전을 전개하기 위해,/인류의 진리를 위해."[57] '광활한 북방을 향해' 떠난 한국의 청년들에게 경의를 표하였다. 그리고 징샤는 「한국의 젊은이에게 바침」에서 '가슴 가득 한국의 부흥을 품고' '소리 높여 국가(國歌)를' 부르는 '대한의 지사들'에게 "너희의 큰 손을/들어 올려,/저 압록강 거대한 물결을 일으켜라./이곳에서 - 너희를 향해/진심으로 경의를 표하니,/우리 함께 노력하여 - 일본을 타도하자."[58]고 하였고, 천지우는 「광복의 노래」에서 "중국인과 조선인/우리는 본래 한 집안사람인데"라 하며 "우리는/망국의 치욕을 씻어내고/동아시아의 평화를 지키며/인류의 정의를 쟁취하고/민족의 독립과 생존을 얻기 위하여/우리 앞의 공적(公敵) 일본을 타도할 것이다./청천백일기(青天白日旗) 압록강변에 꽂고/창바이산 꼭대기에 태극기 휘날리게 할 것이다!"[59] 외쳤다.

위화의 「아우 소명에게 바침」은 한중 연대의식을 바탕으로 한국인의 항일투지 고취가 주요 내용이 되었던 한국인 제재 시가 창작의 특징을 생각할 때 조금 특이한 작품이다. 위화는 리위화(李毓華)로 그는 류자명(柳子明)이 입달학원에 재직했을 당시 학생으로 류자명과는 평생토록 사제지간의 연을 이어갔다. 작품 속의 소명은 류자명의 아들로 푸젠

---

56) 陳國治, 「起來大韓的國民 - 咱們站在同一條戰線」, 『光復』 제1권 제4기, 1941년 6월 20일, 86쪽.

57) 雪原, 「北行者」, 李存光 · 金宰旭 編, 『"中國現代文學與韓國"文獻補編』(上), 301쪽.

58) 靜霞, 「獻給韓國青年」, 金柄珉 · 李存光 主編, 『"中國現代文學與韓國"資料叢書(5)』, 96~98쪽.

59) 陳舊, 「光復之歌」, 李存光 · 金宰旭 編, 『"中國現代文學與韓國"文獻補編』(上), 304~305쪽.

(福建)에서 병사했다. 「아우 소명에게 바침」은 일찍 세상을 떠난 소명에 대한 시인의 슬퍼하는 마음을 진솔한 언어로 표현한 시가로 한중의 연대의식을 강조하거나 한국인의 항일투지를 고취하는 내용이 직접적으로 묘사되지 않았다. 하지만 한국인의 입장에서 볼 때 1940년대 전후 나타난 그 어떤 시가보다 한중이 운명공동체라는 사실을 감명 깊게 전달하였다. 문학을 목적으로 대했던 중국 우익계열 시인이 찾지 못했던 한국인 제재 시가 창작의 모델은 사실상 위화의 「아우 소명에게 바침」 창작으로 구체화되었다. 「아우 소명에게 바침」의 전문은 아래와 같다.

　소명아,
6년 전 중화민국 난징(南京)에서 태어난 너는
가없는 기쁨을 가져와
백발인 아빠와 엄마를 위로해주었지.
친구들 모두 얼마나 좋아했는지 모른단다.
왜냐하면 네가 정말
　듬직하고
　총명하고
　착하고
　차분했거든.
동방의 약소민족이 연합하여 공동의 적을 향해 전면적인 반격을 시작하면서
중화민국의 장수(江蘇), 안후이(安徽), 장시(江西), 후베이(湖北), 후난(湖南), 쓰촨(四川), 구이저우(貴州), 푸젠(福建) 등지를 두루 다녔던 네가,
인생의 여정을 이리 끝내고
네 미래의 모든 책임을 저버리게 될 줄은 생각도 못했구나!
우리 가진 열정을 모두 동원해도
네 가녀린 심령 하나 따뜻하게 해줄 수가 없구나.

그래! 너는 우리의 선봉자가 된 것이니,
잠깐의 이별이 슬프다고
울먹일 필요 없단다.
　가거라!
사랑하는 아우 소명아,
평안히 가거라![60]

V. 맺음말

이상으로 '3 · 1운동', '윤봉길 의거', '조선의용대와 광복군의 항일투쟁'을 중심으로 한국인의 항일투쟁과 중국 시인의 한국인 제재 시가 창작과의 관계에 대하여 살펴보았다. 현재까지 발견된 한국인을 묘사한 백화시는 총 47수이다. 이들 시가의 주제는 중국문학사적 관점에서 크게 4가지－'망국의 아픔 애탄' · '한민족의 부활 호소' · '희생된 애국지사 애도' · '전우의 항일투지 격려'－로 정리된다. 이 글은 뒤의 3가지를 한국인의 시선에서 살펴본 것이다.

'중국 현대 한국인 제재 시가'를 분석할 때 한국인의 항일투쟁이 일어나지 않았으면 한국인의 항일투쟁에 대한 찬양과 격려를 담은 한국인의 항일투쟁을 묘사한 시가가 중국문학사에서 사라진다는 기본적인 사실을 인식하는 것은 중요하다. 한국인을 묘사한 중국 현대 시가에 일찍이 중국문학사에 나타나지 않았던 중국 작가의 한국인에 대한 극도의 우호적인 감정이 표현된 것은 한중 상호작용의 결과이다. 따라서 '중국 현대 한국인 제재 시가'가 중국현대문학의 일부라는 이유로 '한중항일

60) 毓華, 「獻給小明弟弟」, 李存光 · 金宰旭 編, 『"中國現代文學與韓國"文獻補編』(上), 302~303쪽.

공동전선', '중한우의', '약소민족', '국제주의' 등 정치적 색채가 비교적 강한 담론으로만 해석하면 어떤 오류가 발생한다. "일본 침략자들이 전쟁을 한반도에서 중국 동북지역으로 밀고 나가고, 더 나아가 중국의 중심부까지 확대한 후 중국문학은 자연스럽게 한반도에서 온 의사와 민중을 운명공동체로 묶었다."는 중국 측 주류학자의 말도 한국인의 입장에서 보면 설득력이 약하다. 결코 자연스러운 일이 아니었다.

필자는 앞에서 한국인 제재 시가 창작에 하나의 '함정'이 있다고 말했다. 이 '함정'은 '중국 시인의 희망과 설계'에 관한 것이다. 마지막으로 이 부분에 대해 간략하게 논하여 보겠다.

3·1운동 이후 중국 작가가 보인 한국인의 독립운동에 대한 인식 변화를 다른 각도에서 살펴보자. 얼핏 보면 20세기 전반기 서구 문예사조를 적극적으로 받아들인 신시대 작가들이 동병상련의 처지에서 한국인의 독립운동을 긍정하고 지지하는 것은 당연한 것으로 보인다. 하지만 각 작가의 구체적인 상황을 관찰해보면 이러한 신문학 문단이 보인 한국인에 대한 인식 변화가 생각보다 그렇게 자연스러운 것은 아니다. 구시대의 문인에 속하는 저우자루와 주밍판, 량치차오는 논외로 치더라도 문학혁명의 지도자 천두슈(陳獨秀)가 3·1운동 발생 4년 전에 보였던 한국인에 대한 인식은 상상하지 못할 만큼 구시대적이었다.

> 조선은 땅이 작고 백성이 나태하며 예로부터 남의 속국이었다. 군신이 탐욕스럽고 잔학하기는 비교할 수 없는 나라이다. 일본에 합병된 이래 정치가 흥하고 도둑이 종적을 감추었으며 송사가 없어졌으니 확실히 백성에게 큰 복이라 할 수 있다. 그러나 옛 주인의 부흥을 꾀하며 강한 이웃에게 항거하고 있으니 이는 큰 손해이다.[61]

---

61) 陳獨秀, 「愛國心與自覺心」, 任建樹 主編, 『陳獨秀著作作品編』, 上海人民出版社, 2009, 148쪽.

한국인의 독립운동을 보는 중국 시인의 인식 변화에는 시간이 지나면서 미래가 불확실해진 중국의 '필요와 선택'이 상당 부분 영향을 미쳤다. 그래서 중국 작가의 안중근 서사가 3·1운동 이후 그 이전과 달리 안중근 의거의 긍정적인 면을 전면적으로 부각시키는 방향으로 흐른 것이다.[62] 이 말은 예외 없이 찬양으로 흐른 1930년대 초 윤봉길 의거에 대한 중국 작가의 반응도 윤봉길 의거가 20년 전에 일어났으면 달랐을 것이라는 추측을 가능하게 만든다.

이와 같은 측면에서 볼 때 중국 시인의 한국인 독립군 부대에 대한 찬양도 마냥 기뻐할 일은 아니다. 고대와 현대를 통틀어 중국문학사에 나타난 한국인 형상 중 중국 시인의 가장 큰 관심을 받고 또 가장 우호적으로 묘사된 한국인 형상은 조선의용대 대원이다. 필자는 조선의용대 관련 시가에 나타난 조선의용대 대원을 격려하거나 추모하는 중국 시인의 마음이 진실되지 못하다고는 생각하지 않는다. 하지만 이들 시가의 가장 큰 창작 동력이 대부분 한중의 중국현대문학 연구자들이 말하는 중국현대문학의 주요 담론에서 파악된다고도 생각하지 않는다. 조선의용대 대원의 항일투쟁을 묘사한 시가 창작의 가장 큰 동력은 중국의 미래를 걱정하는 중국 시인의 애국심이었다. 주지하듯 화북으로 건너간 조선의용대 대원의 활약은 중국인의 입장에서 보면 성공적이었지만 한국인의 입장에서는 꼭 그렇게 볼 수 없는 부분이 존재한다. 특히 조선의용대 출신 병사의 한국 전쟁 참전이 그렇다. 결국 중국 작가

62) 구체시로 林景澍의 「悼大韓義士安重根示汕廬」(『震壇』 周報, 第14期, 1921년 1월 9일), 周霽光의 「挽韓義士安重根先生」(『震壇』 周報, 第14期, 1921년 9월 1일), 张磊의 「读朝鲜烈士安重根传」(河南 『矿大学生』, 第1期, 1931.6) 등이, 산문으로 同人의 「吊安重根義士並告兩國人民」(『震壇』 周報, 第9期, 1920년 12월 5일), 自哀의 「從安重根說到尹奉吉」(北平 『九一八周報』, 第1卷 第10期, 1932년 9월 15일), 文浩의 「爲國犧牲的安重根」(無錫 『新民眾』, 第2卷 第19期, 1933) 등이 있다. 李存光·金宰旭 編, 『"中國現代文學與韓國"文獻補編(上)』, 321~452쪽 참조.

의 어떤 의도가 성공한 것이다. "서로 다른 민족·국가 간의 문화·문학교류는 결핍에서 시작되지만 결국은 자국의 문화·문학적 이해관계가 반영된다."[63] 이와 같은 이유에서 중국현대문학사에 광복군을 직접적으로 묘사한 시가가 등장하지 않는다는 것은 결코 아쉬워할 일이 아니다. 정체성이 확실했던 광복군에게는 좌익계열 문인의 어떤 문학적 혹은 정치적 설계가 개입될 수 있는 여지가 거의 없었다.

63) 김재욱, 「한국광복군의 항일투쟁과 중국현대문학(1917~1949) – 이범석의 항일투쟁을 반영한 작품에 대한 논의를 중심으로」, 『한국독립운동사연구』 79, 2021, 6쪽.

참고문헌

김구, 도진순 주해, 『백범일지』, 돌베개, 2014.

김재욱 엮음 · 김자은 편역, 『중국 현대 한국인 제재 시가 선집』, 미출판.

『光復』 제1권 제4기, 1941년 6월 20일.

『朝鮮義勇隊』 제41기, 1942년 3월 1일.

康白情 著, 『草兒(再版)』, 亞東圖書館, 1923.

金柄珉 · 李存光 主編, 『"中國現代文學與韓國"資料叢書(1~10)』, 延邊大學出版社, 2014.

金宰旭, 『值得珍視和銘記的一頁－中國現代文學中的韓國人和韓國』, 知識產權出版社, 2012.

蕭三 主編, 『紅旗飄飄叢書-革命烈士詩抄』, 中國青年出版社, 1959.

李存光 · 金宰旭 編, 『"中國現代文學與韓國"文獻補編』(上,下), 社會科學文獻出版社, 2020.

任建樹 主編, 『陳獨秀著作作品編』, 上海人民出版社, 2009.

焦菊隱 著, 『焦菊隱文集 4 作品』, 文化藝術出版社, 2005.

卓昕 著, 『抗日民族英雄楊靖宇傳奇』, 解放軍出版社, 2002.

김재욱, 「조선의용대 관련 중국현대문학 작품 초탐」, 『중국어문학지』 32, 2010.

김재욱, 「尹奉吉 의거를 제재로 한 중국현대문학 작품과 그 특징」, 『한국독립운동사연구』 55, 2016.

김재욱, 「역사성과 정치성의 복원과 극복－ 韓中日의 중국 현대 한인제재시가 연구 고찰」, 『중국어문학지』 63, 2018.

김재욱, 「"新韓國人"的反日活動與中國作家的對韓敍事－觀察中國現代韓人題材文學創作的視角之一」, 『중국문학』 94, 2018.

김재욱, 「한국광복군의 항일투쟁과 중국현대문학(1917~1949)－이범석의 항일투쟁을 반영한 작품에 대한 논의를 중심으로」, 『한국독립운동사연구』 79, 2021.

이등연 · 양귀숙, 「중국 근대 시기 시가에 나타난 조선 문제 인식」, 『중국인문과학』 29, 2004.
최형욱, 「梁啓超의 「秋風斷藤曲」 탐구－안중근 의거를 찬미한 중국 근대 대표 지식인의 노래와 그 속내」, 『동아시아문화연구』 49, 2011.
藤田梨那, 「論郭沫若『女神』時期反殖民統治的詩歌－「勝利的死」與「狼群中一只白羊」」, 『郭沫若學刊』, 2007年 第4期.
常彬 · 楊義, 「百年中國文學的朝鮮敘事」, 『中國社會科學』, 2010年 第2期.
徐丹, 「清末民國時期的"朝鮮亡國史"著述」, 『近代史研究』, 2020年 第1期.

한국광복군의 항일투쟁과 중국현대문학(1917~1949)

이범석의 항일투쟁을 반영한 작품에 대한 논의를 중심으로

김재욱

Ⅰ. 머리말

한국인의 어떤 역할이 발견된다는 점에서 20세기 전반기 중국문학은 그 이전 그 이후와 다르다. 20세기 전반기는 천년이 넘는 한중문학교류사에서 보면 아주 특별한 시기이다. 망국노(亡國奴)라 생각했던 한국인의 지속적인 항일투쟁은 구체제의 붕괴, 민족 소멸에 대한 공포감 등으로 혼란에 빠져 있는 중국인들에게 많은 영감을 주었다. 한국인이 중국문화·문학에 직접적으로 영향을 미칠 수 있는 기회가 처음으로 생겼다. 중국현대문학사(1917~1949)[1]에 한국인의 반일투쟁을 묘사한 작품이 적지 않게 등장하는 이유는 바로 여기에 있다. 현재를 기준으로 발견된 직간접적으로 한국인의 반일투쟁을 묘사한 중국현대문학 작품은 500여 편(부, 수)이 넘는다.[2] 산문과 시(백화시, 문언시)의 경우 독립운

---

1) 중국문학 연구에서 '현대'는 일반적으로 문학혁명이 시작된 1917년에서 중화인민공화국이 성립한 1949년까지를 말한다.

동가의 실명이 등장하는 경우가 많고, 극본의 경우는 역사적 사건이 중심이 된다. 소설 대부분은 독립운동가의 실명이 등장하지 않고 당시 중국 작가가 상상하는 여러 독립운동가의 형상이 묘사되었다. 문학 장르에 따라 한국인의 독립운동을 표현하는 중국 작가의 욕구는 서로 다르게 반영된다.

1919년 이래로 한국인 재중 독립운동의 중심이 된 대한민국 임시정부(이하 임시정부)는 1940년 9월 한국광복군(이하 광복군)이라는 무장부대를 가지게 된다. 중국현대문학사에서 임시정부나 광복군을 직접적으로 묘사한 작품은 자주 등장하지 않는다. 하지만 크게 의미를 부여할 필요는 없다. 서로 다른 민족·국가 간의 문화·문학교류는 결핍에서 시작되지만 결국은 자국의 문화·문학적 이해관계가 반영된다.

중국 작가에게 한국인의 항일투쟁을 묘사한 작품 창작은 어떤 문화적 결핍의 보충이다. 3·1운동이 발생하기 전까지 중국에서는 민중이 중심이 된 대규모의 반일투쟁이 거의 일어난 적이 없었다. 윤봉길의거는 당시 일본군의 침략으로 무기력해진 중국인들에게 민중의 영웅이었던 협객 형가(荊軻)의 존재를 일깨워 주었다. 어떤 영감을 받았기에 중국 작가들이 뜨겁게 반응한 것이다. 중국인의 어떤 결핍을 채워주었다는 점에서 광복군의 항일투쟁은 어떤 역할을 했다. 하지만 그에 못지않게 대한민국의 정체성(국민당과의 관계 포함)을 중시하여 좌익계열 문인이 중심이 된 당시 중국 문단에 어떤 이질감도 선사했다. 광복군 관련 중국현대문학 작품 연구는 이러한 인식을 토대로 시작되어야 한다.

현재까지 발굴된 자료에 의하면 중국현대문학사에 나타난 광복군의

---

2) "중국현대문학과 한국" 연구 자료집 金宰旭,『值得珍視和銘記的一頁－中國現代文學中的韓國人和韓國』, 知識產權出版社, 2012; 金柄珉·李存光 主編,『"中國現代文學與韓國"資料叢書 1~5』, 延邊大學出版社, 2014; 李存光·金宰旭 編,『"中國現代文學與韓國"文獻補編(上,下)』, 社會科學文獻出版社, 2020 기준.

항일투쟁은 광복군 참모장 이범석의 항일투쟁을 묘사한 작품, 한국청년전지공작대의 문예활동을 반영한 작품, 한국청년전지공작대 기관지 『한국청년』에 투고한 중국 작가의 글 등을 통해 주로 확인된다. 이 글에서는 이범석의 항일투쟁을 묘사한 작품과 그 한국어 번역본을 주로 살펴보겠다. 다른 작품들은 부록에서 목록을 제시하는 것으로 대신하겠다. 이범석의 항일투쟁을 묘사한 작품은 다른 독립운동가를 묘사한 작품과 달리 이범석의 기획에 의한 것으로 중국은 물론 광복 후 한국의 사회·문화에도 직접적인 영향을 미쳤다. 또한 이범석의 개인적인 욕망도 반영되었다. 무엇보다 이들 작품을 보는 한중 양국 역사·문학 연구자의 시선이 서로 일치하지 않는다.[3] 다른 작품들과 비교할 때 작품 성격과 문학사적 의의가 달라 서로 분리해서 살펴볼 필요가 있었다.

II. 이범석의 항일투쟁을 묘사한 중국현대문학 작품에 대하여

이범석은 특별한 항일독립투사이다. 최소한 문학사적 측면에서 바라

---

3) 가장 대표적인 것이 『韓國的憤怒:靑山裏喋血實記』(1941)의 저자를 누구로 볼 것인가이다. 중국문학 연구자의 의견은 연구자의 국적에 상관없이 크게 2가지－즉 이범석·부나이푸(卜乃夫) 공저 혹은 부나이푸 저－로 나뉜다. 한국인의 독립운동을 반영한 중국현대문학 작품 대부분을 발굴·정리한 중국사회과학원연구생원 리춘광(李存光) 교수는 이 책을 공저로 본다. 필자도 문학적인 측면에서 이 책을 최종적으로 마무리한 부나이푸의 역할을 배제할 수 없어 공저로 본다. 하지만 부나이푸 저로 보는 중국 측 연구자도 적지 않다. 1999년 백산서당에서 출판된 번역작품집 『용의 굴』(無名氏 저, 김영옥 역)은 한국에서 출판된 책이지만 번역본 「한국의 분노－청산리혈전실기」를 부나이푸 저로 표기하였다. 그리고 『톰스크의 하늘아래서』(1972), 『내사랑 오레랴』(1988), 『방랑의 정열』(1950) 등 이범석의 항일투쟁을 반영한 문학 작품은 그동안 한국에서 이범석 저로 알려졌는데 한중의 중국문학 연구자 대부분은 부나이푸 저로 본다. 이외에 중국 측 중국문학 연구자는 이범석을 항일투사로만 본다. 하지만 한국에서는 광복 후부터 이범석을 작가로도 보는 움직임이 있었다.

보면 그렇다. 중국현대문학사에서 한국인의 항일투쟁을 묘사한 장편소설 2부가 탄생하게 된 가장 큰 요인은 이범석의 특별함에 있다. 이범석은 자신의 예술적 재능과 집필에 전념할 수 없는 현실적인 한계를 동시에 알았다. 광복 전 군인, 광복 후 정치가의 직업을 가졌던 그는 중국과 한국에서 자신이 선택한 작가를 통해 자신의 세계관을 담은 텍스트를 대중에게 공개하였는데, 이러한 행위는 군지휘관이 부하를 지휘하듯 주변의 재능 있는 작가들을 이용하여 상당히 전략적으로 이루어졌다.

중국에는 부나이푸(卜乃夫)라는 작가가 있다.[4] 이범석보다 17년 정도 늦게 태어났다. 부나이푸는 중국현대문학사에서 보면 조금 특이한 경력—친국민당 작가로 공산화된 중국에 남았다가 노년(66세)에 타이완으로 이주하였다—과 작품세계를 보이는 작가로 1990년대 들어 중국 대륙 학계의 특별한 관심을 받으며 본격적인 연구가 이루어졌다.[5] 현재 부나이푸는 중국 대륙은 물론, 타이완, 홍콩, 구미 등지에서 활동하는

---

4) 1917~2002, 필명 無名氏 · 卜寧 · 濮寧 등, 중국 난징(南京) 출생.

5) 중국현대문학(특히 1930~40년대)은 좌익 혹은 좌익 성향을 보이는 문인들이 주도하였기 때문에 타이완에서는 중국현대문학 연구가 비교적 소홀히 취급되고 있다. 따라서 중국현대문학 연구의 성과 대부분은 대륙에서 나온다. 현재 중국학계의 부나이푸에 대한 연구는 상당한 성과를 이루었다고 말할 수 있다. 한 가지 예외가 있다면 바로 부나이푸와 한국인(특히 이범석)과의 관계에 대한 연구이다. 이 부분은 그동안 중국공산당이 중국을 통일한 후 은둔해있던 부나이푸가 중국을 떠나 타이완에 정착한 1983년 이후 그가 발표한 자료와 이를 정리한 중국 측 연구자가 출판한 자료를 중심으로 이루어졌는데, 2000대 이후 한국 및 재중 교포 연구자의 참여로 한 단계 발전된 모습을 보이고 있다. 부나이푸와 이범석의 관계를 언급한 한국어권 학자의 연구 성과로 박재우, 「卜乃夫와 그 韓人題材小說考－작가 생애 및 창작 경위와 작품들에 대한 내외적 조망을 중심으로」, 『중국학보』 41, 2000; 한재은, 「중국문인 卜乃夫와 한국독립운동」, 『한국근현대사연구』 77, 2016; 최창륵, 「서사와 재서사 사이－『황야의 사나이』와 『우둥불』의 대비적 읽기」, 『대동문화연구』 98, 2017; 김재욱, 「李範奭을 모델로 한 백화문 작품의 한국어 번역본」, 『중국어문학지』 48, 2014; 김재욱, 「중국 현대 한인제재 작품 연구에서 한국적 관점 확립의 필요성 고찰－무명씨(無名氏)와 이범석(李範奭)의 문학적 관계 연구를 중심으로」, 『중국어문학지』 73, 2020 등이 있다.

중국어권 학자들에게도 중국현대문학의 '대가'로 인정받고 있다. 바로 이 부나이푸의 창작 활동은 이범석의 항일투쟁 경력을 각색한 소설 창작에서 시작되었다－부나이푸의 전기 창작(주로 한국인이 주인공으로 나오는 작품을 창작한 시기) 대부분은 이범석이 제공한 자료(구술, 문자)를 바탕으로 탄생하였다.

이범석과 부나이푸의 만남은 부나이푸의 문학적 재능을 알아본 이범석의 요청에 의해 1941년 여름 당시 충칭(重慶)에 있던 임시정부 청사에서 이루어졌다.[6] 첫 만남 이후 부나이푸가 임시정부 청사에 있던 이범석의 숙소로 거처를 옮기게 되었고, 대략 5개월간 이 둘은 같이 살면서 교류의 시간을 갖는다. 이때 부나이푸는 이범석이 들려주는 항일투쟁 이야기를 듣고 기록하며 한국인 독립투사를 묘사한 작품 발표를 준비하였다. 1942년 5월 김원봉이 이끄는 조선의용대의 광복군 편입과 나월환 암살사건을 계기로 광복군 조직이 개편되어 이범석은 광복군 제2지대장에 취임하였는데, 이때도 부나이푸는 이범석을 따라 시안으로 가 1944년 말경까지 문학 작품 창작을 포함한 광복군의 대중국 선전사업을 도운 것으로 알려진다.[7]

이범석과 부나이푸의 관계는 하나의 미스터리이다. 이 둘은 비교적 오랜 기간 왕래가 있었던 것으로 보이는데 이범석의 부나이푸에 대한 기록은 『우둥불』[8]에 나와 있는 몇 줄이 전부이다. 평소 신문·잡지에 재중 독립운동을 회고하는 글을 기고하고, 중국 측 인사를 추억하는 내

---

6) 부나이푸는 이범석을 만나기 전부터 임시정부 인사들과 교류하고 있었다. 부나이푸가 임시정부 인사들과 접촉한 정확한 이유는 아직 밝혀지지 않았다. 중국 측의 기록에 의하면 부나이푸는 이봉창을 소재로 한 소설을 쓰기 위해 관련 자료를 얻고자 임시정부를 찾았다고 하였다. 趙江濱·汪應果, 『無名氏傳奇』, 上海文藝出版社, 1998, 48~50쪽.

7) 趙江濱·汪應果, 『無名氏傳奇』, 57~59쪽.

8) 이범석, 『우둥불』, 思想社, 1971.

용을 담은 책도 출판한 이범석이지만 유독 부나이푸에 대한 글은 남기지 않았다. 반면 부나이푸는 이범석에 대한 글을 비교적 많이 남겼다. 부나이푸가 이범석에게 중요한 사람이 아니었을 수도 있고, 어떤 갈등이 있었을 수도 있다. 하지만 처음 이 두 사람이 서로에게 호감을 가졌다는 것은 분명한 사실이다. 문학적 이해관계가 너무나 잘 맞았다. 이범석은 자신의 항일투쟁 이야기를 중국에서 발표하고 싶어 했고, 부나이푸는 한국인 독립운동가의 실제 경험에 근거한 작품을 쓰고 싶어 했다.[9)]

어쨌든 부나이푸는 광복군과 밀접한 관계를 맺으며 1941년 12월부터 1943년 11월까지 한국인을 주인공으로 한 소설 11편(부)을 창작하였다 –부나이푸는 중국문학사에서 한국인이 주인공으로 나오는 소설을 가장 많이 발표한 작가이다. 11편(부)의 소설에는 장편소설 2부–『북극풍정화(北極風情畵)』·『황야의 사람(荒漠裏的人)』–와 단편소설 9편–「러시아의 사랑(露西亞之戀)」·「기사의 애원(騎士的哀怨)」·「가야(伽倻)」·「사냥(狩)」·「분류(奔流)」·「환(幻)」·「서정(抒情)」·「홍마(紅魔)」·「용의 굴(龍窟)」–편이 있다. 이 중 장편소설 2부가 의외의 성과를 내었다. 광복군의 대중국 선전활동의 범위를 넘어 중국현대문학사와 한중문학교류사에서 계속해서 언급되는 중요한 작품이 되었다.

1931년 만주사변 발발 후 이범석은 마잔산(馬占山)이 이끄는 중국군에 소속되어 일본군과 싸우다 패해 중국군과 같이 러시아 경내로 들어가 톰스크(Tomsk)라는 곳에서 억류생활을 하였다.[10)] 1943년 중국에서

9) 부나이푸는 이범석을 만나기 전인 1939년에 한국인의 반일투쟁을 반영한 단편소설 「韓國的憂鬱」(홍콩 『大公報·文藝』 707, 1939.9.25)을 발표했다. 구성과 인물형상 묘사에서 상당한 취약함을 보이는「韓國的憂鬱」을 읽어보면 부나이푸가 왜 이범석의 항일투쟁 이야기에 심취했는지 알 수 있다.

10) 김민호, 「李範奭의 생애와 독립운동」, 『한국독립운동사연구』 44, 2013, 266~268쪽.

발표된 『북극풍정화』는 바로 그가 억류생활을 할 당시 한 폴란드 처녀와의 만남을 당시 26세였던 부나이푸가 소설화한 것이다. 『북극풍정화』는 처음 시안(西安) 『화북신문(華北新聞)』에 연재(1943년 12월 1일~1944년 4월 27일)되었고 이후 중국 대륙은 물론 중국어권 지역에서도 여러 차례 출판되었다. 이 작품은 당시 무명에 가까웠던 부나이푸에게 작가적 성공을 가져다 준 작품으로 중국문학사에서도 걸작으로 인정받고 있다.[11)]

『황야의 사람』은 1942년 8월 29일부터 1943년 7월 24일까지 구이양(貴陽) 『중앙일보(中央日報)』에 150회(2회는 서문)에 걸쳐 연재되었다. 『황야의 사람』은 한동안 중국 학계에서는 전쟁 중 소실된 작품으로 알려졌었다. 그러다 중국사회과학원연구생원 리춘광(李存光) 교수에 의해 발굴되어 2014년 대략적인 모습이 대중에게 공개되었다.[12)] 대략적인 모습이라고 말하는 이유는 미완결 상태에서 연재가 중단되었기 때문이다. 『황야의 사람』은 1929년에서 1931년 사이 일본군의 추적을 피해 중국 동북의 오지 할라수(哈拉蘇)에 은거해 있으면서 재기를 꿈꾸던 이범석의 생활을 반영한 소설로 주인공은 한국인 김요동(金耀東)이다. 『황야의 사람』은 중국현대문학사에서 유일한 외국인의 중국 생활을 제재로 한 장편소설이다.[13)]

---

11) 문학사적 측면에서 보면 『북극풍정화』는 2012년 노벨문학상 수상작이 된 모옌(莫言)의 『붉은 수수밭 (紅高粱家族)』과 어깨를 나란히 하는 작품이다. 2006년 홍콩 『아주주간(亞洲周刊)』은 중국 · 타이완 · 북미 등지에서 활동하는 저명한 중국문학 연구자들의 의견을 토대로 '20세기 100대 중문소설(二十世紀華文小說一百強)'을 선정하여 발표한 적이 있다. 여기에는 루쉰(魯迅), 라오서(老舍) 바진(巴金), 진용(金庸), 모옌(莫言) 위화(余華) 등 우리가 알만한 작가의 작품이 선정되었는데 그중의 하나가 『북극풍정화』이다. '20세기 100대 중문소설'과 관련된 자세한 사항은 중국 BAIDU 백과사전 참고.

12) 『황야의 사람』은 金柄珉 · 李存光 主編, 『"中國現代文學與韓國"資料叢書(3)』, 延邊大學出版社, 2014에 수록된 후 타이완에서 단행본(李存光 編注, 『荒漠裏的人』, 釀出版, 2015)으로 출판되었다.

13) 李存光 · 金宰旭, 「解開無名氏的長篇小說『荒漠裏的人』之謎」, 『中國現代文學研究叢

이외에도 부나이푸는 1942년 단편소설 2편－「기사의 애원」·「러시아의 사랑」－이 들어있는 단편소설집 『러시아의 사랑』[14]을, 1947년 단편소설 6편－「가야」·「사냥」·「분류」·「서정」·「홍마」·「용의 굴」－이 들어있는 작품집 『용의 굴』[15]과 「환」이 들어있는 작품집 『불타는 도성의 문(火燒的都門)』[16]을 각각 발표하였다. 「기사의 애원」은 1925년경 러시아에서의 군사 활동이 실패한 후 만주 영고탑에 머물던 이범석의 곤궁한 처지를 반영한 작품이고, 「러시아의 사랑」은 러시아 톰스크에서의 억류생활을 마치고 중국 국민정부 군사위원회에 소속되어 유럽시찰을 떠난 당시 이범석의 경력을 소설화한 것이다. 그리고 「가야」·「사냥」·「분류」는 장편소설 『황야의 사람』의 부분 내용으로 후일 발췌되어 단편소설로 발표된 것이고, 「서정」은 구이양 『중앙일보』에 미처 연재하지 못한 『황야의 사람』의 뒷부분이다. 참고로 「홍마」·「용의 굴」·「환」도 한국인의 항일투쟁이 반영된 작품이나 이범석의 경력과 직접적인 관련은 없다.[17]

문학사적 흐름에서 볼 때 1940년대 전반기 이범석이 부나이푸를 통

刊』 2012年 第7期, 2012, 114쪽.

14) 無名氏, 『露西亞之戀』, 中國編譯出版社, 1942.

15) 無名氏, 『龍窟』, 眞善美圖書出版公司, 1947.

16) 無名氏, 『火燒的都門』, 真善美圖書出版公司, 1947.

17) 「가야」에는 김요동이 눈보라가 치는 영하 20도의 날씨에 중동철도노선을 따라 걸어가다 할라수에 도착하여 고국에서 보던 홍토(紅土)를 발견하고 머물기를 결심하는 장면이, 「사냥」에는 김요동이 음력 정월 말 개와 함께 산으로 들어가 '사슴'을 사냥하면서 자신의 삶과 비슷한 러시아 한 장군의 망명이야기를 생각해내며 일제를 향한 복수심을 불태우는 장면이, 「분류」에는 김요동이 말을 타고 타오얼(洮兒)하(河)를 건너려다 급류에 휩쓸리다 구조되는 장면이, 「서정」에는 은거 중인 김요동이 러시아인 모이찌 부부가 소개해준 한국인 여성 예리나(葉蓮娜)와 사랑에 빠지는 장면이 각각 묘사되었다. 그리고 「홍마」에는 대한제국 군대해산 후 해산된 군인이 일본군과 전투를 벌이는 장면이, 「용의 굴」에는 대한제국 황족의 부패와 무능이, 「환」에는 한일강제합병 후 순종이 느끼는 고뇌가 각각 묘사되었다. 李存光·金宰旭, 「解開無名氏的長篇小說『荒漠裏的人』之謎」, 114~115쪽.

해 한국인의 항일투쟁을 반영한 작품을 발표하게 된 이유는 조선의용대의 성공적인 대중국 선전 활동과도 어느 정도 관련이 있다. 1938년 10월 이후 본격적으로 이루어진 조선의용대의 대중국 선전 활동과 그 성공은 평소 좌익 독립운동 세력을 경계해 온 이범석에게 광복군의 대중국 선전 활동과 관련하여 어떤 영향을 미쳤을 것이라고 생각된다. 이범석의 입장에서 볼 때 분명히 일본군과 치열하게 싸워 많은 희생을 치루고 눈부신 성과를 낸 것은 과거 자신을 포함한 만주독립군부대인데 당시 한국인의 독립운동에 관심을 보였던 중국의 문인들은 조선의용대의 항일투쟁을 더 중요하게 다루었다.[18] 주지하듯 중국의 문인들은 기본적으로 한국인의 독립운동을 우호적으로 바라보았다. 하지만 자신들과 특별한 연결고리가 없고 국민당 지도부와 가까웠던 광복군을 바라보는 시선은 별개의 것이었다.

1930년대 중국을 장악했다고 착각한 국민당 지도부의 오만과 경험부족이 낳은 실정은 익히 알려진 바와 같다. 중국 문단과의 관계 설정도 예외가 아니었다. 1931년 2월 7일 상하이(上海) 룽화(龍華)에서 20여 명의 공산당원이 국민당 송후(淞滬) 경비사령부(警備司令部)에 의해 비밀리에 살해당했는데 그중에 당시 중국 문단을 이끌었던 '중국좌익작가연맹(中國左翼作家聯盟)' 소속 문인 5명이 있었다. 이 5명은 모두 30살이 채 안된 청년들로 1명은 여성이었다.[19] 국민당 지도부는 자신들이

18) 당시 신문 · 잡지에 보도된 조선의용대 관련 기사 외에 중국 작가가 발표한 조선의용대의 항일투쟁을 묘사한 작품(시, 수필, 보고문학 등)은 현재 30편 이상이 발견되었다. 김재욱, 「조선의용대 관련 중국현대문학 작품 초탐」, 『중국어문학지』 32, 2010, 122~129쪽; 金宰旭, 『值得珍視和銘記的一頁－中國現代文學中的韓國人和韓國』, 65~77쪽. 이범석은 부나이푸를 처음 만났을 때 한국국민당 기관지 『韓民』에 발표된 부나이푸의 단편소설 「復讐」를 칭찬했다. 한재은, 「중국문인 卜乃夫와 한국독립운동」, 163쪽. 평소 재중독립운동단체가 발행한 기관지를 가까이했던 이범석이 『조선의용대통신』과 『동방전우』에 발표된 조선의용대 관련 중국문학 작품의 대중국 영향력과 그 의미를 몰랐다고는 생각되지 않는다.

언론·출판의 자유를 억압하는 법안을 잇달아 공포하는 상황에서 발생한 이 사건의 중요성을 몰랐다. 공산당 내부투쟁의 결과물로 누군가의 밀고로 시작된 된 이 사건의 결과는 너무나 명확했다. 좌우를 떠나 전도가 유망한 청년들이 살해된 것에 대해 문인들은 경악했다. 이런 종류의 실정이 계속되어 1940년대 초 문인들은 국민당을 편드는 것은 고사하고 중립을 지키는 것도 어려웠다.

이범석은 중국이나 광복 후 한국에서 주로 『韓國的憤怒:青山裏喋血實記』(이하 『청산리첩혈실기』)[20]와 그 번역본 출판에 집중하였고, 부나이푸는 이범석 사후 학계의 조명을 받았기 때문에 이범석은 살아생전에 부나이푸를 통해 진행한 자신을 원형으로 한 작품 발표의 효과를 제대로 파악하지 못했다. 결과를 놓고 보면 부나이푸는 이범석의 기대에 부응했다. 비록 확인하는 데 시간이 오래 걸렸지만 부나이푸는 결국 당시 광복군이 국민당과 연합하면서 자연스럽게 형성된 좌익계열 문인의 눈에 보이지 않는 문화적 포위망을 성공적으로 뚫었다. 이것이 가능했던 요인은 크게 3가지로 정리된다.

첫째, 부나이푸는 이범석의 추측대로 뛰어난 문학적 자질을 가지고 있었고, 한국인의 독립운동에 지속적인 관심을 보여 비교적 오랜 시간 한국인을 묘사한 작품 창작에 집중할 수 있었다. 중국현대문학사에서 부나이푸와 같이 오랜 시간 한국인을 주인공으로 묘사한 작품 창작에 종사한 한 작가는 없다. 성과가 남다른 것은 당연하다.

둘째, 이범석이 부나이푸에게 전달한 문자와 구술로 된 텍스트가 양

---

19) 후일 이 5명(李求實, 柔石, 胡也頻, 馮鏗, 殷夫)에게는 "左聯五烈士"라는 칭호가 붙었다. 이 중 殷夫(1910~1931)는 1929년 한국인 여성 혁명투사를 찬양한 시 「조선 아가씨에게 바침(贈朝鮮女郎)」을 발표한 좌익 문단의 중요 시인으로 피살 당시 나이는 22살이었다.

20) 李範奭 著, 『韓國的憤怒: 青山裏喋血實記』, 西安光復社, 1941.

적 · 질적으로 모두 우수했다.[21] 이범석이 부나이푸에게 전달한 항일투쟁 이야기는 그의 구체적인 경험에 독특한 상상력이 보태진 것으로 기존 한국 측에서 중국 작가에게 넘어간 안중근 · 이봉창 · 윤봉길 등 전형적인 한국인 독립투사의 이야기와 달랐다.[22] 이범석의 항일투쟁 이야기는 '이국'을 배경으로 '남녀 간의 사랑(특히 이국 여인과의 사랑)'을 동반한 채 '자연' · '동식물' 등과 교감하는 한 고독한 인간에 의해 진행되었다. 이범석을 원형으로 한 문학 작품이 나타나기 전 중국문학사에 나타난 중국인과 한국인의 항일투쟁은 동지애를 바탕으로 한 투쟁만 나오거나 한때 유행하였던 지식인의 연애담(혹은 가족애)이 추가되는 정도였다.[23]

셋째, 비록 국민당은 좌익이 중심이 된 문단에 대한 장악력이 떨어졌지만 여전히 안정된 문화 · 경제적 기반을 가지고 있었다. 그리고 부나이푸에게는 이 모든 것을 직접 연결시켜 줄 수 있는 당시 신문계의 저명인사인 둘째 형 부사오푸(卜少夫)가 있었다. 사실 무명에 가까웠던

21) 이범석이 부나이푸에게 전달한 텍스트의 역할은 1942년 부나이푸 자신이 발표한 『황야의 사람』 서문에서도 확인된다. 卜寧, 「關於『荒漠裏的人』」, 『中央日報 · 前路』(貴陽版) 제608기, 1942년 8월 19일 · 24일.

22) 한국인 독립투사를 묘사한 중국문학 작품 창작은 크게 보면 3가지 경로를 통해 이루어졌다. 즉 한국 측에서 만든 자료(『安重根傳』, 『屠倭實記』 등)와 중국 신문 · 잡지 기사에 근거한 작품 창작, 한국인 독립투사를 직접 취재한 후의 작품 창작, 중국현대문학의 성과를 토대로 한 작가의 상상력에 의한 창작이다. 창작 경로가 중복되는 경우가 대부분이지만 이범석을 원형으로 한 작품처럼 구체적인 줄거리와 인물 성격, 일정한 구성을 갖춘 상태에서 중국 측으로 넘어간 경우는 거의 없다.

23) 이외에 주의해서 살펴볼 부분은 이범석의 항일투쟁 이야기는 단순한 경험담이 아니라 어느 정도 구성을 갖춘 '작품'의 형태로 이범석의 사상과 예술관이 반영된 상태에서 부나이푸에게 넘어갔다는 사실이다. 그리고 부나이푸는 각색과정에서 이러한 이범석의 흔적을 완전히 지우지 못했다. 따라서 이범석의 항일투쟁을 묘사한 작품은 다른 독립운동가를 묘사한 작품과 달리 한국인 독립투사의 인식과 중국인 작가의 인식이 혼재되어 있다. 부나이푸가 문학작품 창작에서 이범석의 그늘을 완전히 벗어난 것은 후기 창작-부나이푸 자신을 투영한 중국인이 주인공으로 나오는 6부작 장편소설 『무명서(無名書)』 창작-을 통해서이다.

부나이푸가 일간지에 장편소설을 연재한다는 것은 쉬운 일이 아니다. 여러 가지 배경이 동시에 작동했음이 틀림없다. 『황야의 사람』은 11개월 동안 구이양『중앙일보』에 150회에 걸쳐 연재되었는데 이 시기 부사오푸는 이 신문 자료실 주임으로 4개 문예란의 편집 책임을 맡고 있었다. 1983년 부나이푸가 홍콩을 통해 몰래 타이완으로 탈출할 때도 먼저 국민당과 함께 타이완으로 건너온 부사오푸가 도왔다.

Ⅲ. 광복 후 이범석의 문예활동 : 『青山裏喋血實記』 번역본과 『우둥불』 출판을 중심으로

앞에서 언급했지만 중국에서 이루어진 이범석을 원형으로 한 작품의 출현에는 자신의 항일투쟁 이야기를 중국인에게 알리고자 한 이범석의 개인적인 욕망이 어느 정도 작동했다. 당시에는 광복군의 대중국 선전 사업과 그 궤도를 같이했기에 크게 문제 되지 않았다. 어쨌든 신문에 연재된 부나이푸의 작품은 독자의 관심을 끌었고, 단행본으로 출판한 책은 많이 팔렸다. 독립군의 업적을 기술한 『청산리첩혈실기』도 중판까지 인쇄가 이루어졌다.[24] '중국의 지원'을 얻고자 한 이범석의 계획은 어느 정도 성공했다고 말할 수 있는데 그 성공은 광복군의 성공이기도 했다. 하지만 『청산리첩혈실기』의 한국어 번역본, 『우둥불』출판으로 대표되는 한국에서의 문예활동은 달랐다. 성공의 결과물은 주로 이범석 개인에게 돌아갔다. 한국독립운동사 연구의 관점에서 보면 그다지

24) 그동안 우리는 『青山裏喋血實記』 초판본의 존재만 알고 있었는데 이 책의 중판 서문인 「我的話－「韓國的憤怒」重版小記」도 발견되었다. 李存光, 「文獻的發掘整理與研究的開拓深化－關於"中國現代文學中的韓國人和韓國"研究」, 『現代中國文化與文學』, 2012年 第1期, 41~42쪽 참조.

바람직하지 못한 결과를 가져왔지만 문학사적 측면에서 보면 상당한 의의가 발견되는 행동도 있었다.

『청산리첩혈실기』의 최초 한국어 번역본은 1946년 4월 20일 광창각에서 나온『한국의 분노 : 청산리혈전실기』(이하『한국의 분노』)이다. 이범석은 1946년 6월 초에 귀국했다.[25] 결국『한국의 분노』는 이범석이 귀국하기 전 번역과 출판이 완료된 책이다. 이 책의 번역은 후일 한국의 저명한 번역가 · 문학가로 성장한 김광주(1910~1973)가 맡았는데, 사실 청년 김광주가 광복군 참모장이었던 이범석의 책을 마음대로 번역하여 한국에서 출판했을 리가 없다. 이범석의 어떤 '부탁'을 받았을 것이라 생각된다. 군인과 문학가의 눈을 동시에 가지고 있었던 이범석은 이처럼 문인들을 잘 다루었다. 결과는 이범석의 입장에서 보면 대성공이었다. 광복 후 한국에서 이범석은 독립운동가로서 확고한 위치를 다졌다. 1948년 8월 15일,『한국의 분노』의 재판본으로 볼 수 있는『血戰 : 青山裏血戰實記』(이하『혈전』)이라는 책이 나왔다.『혈전』은 원래 책 앞에 있었던 엄항섭(嚴恒燮)과 김광주의 서문이 책 뒤로 편집된 것을 제외하면 모든 내용이『한국의 분노』와 일치한다.『혈전』의 발행일은 대한민국 초대정부의 출범식이 있던 날이자 이범석의 국무총리 업무가 공식적으로 시작된 날이다. 이범석을 '특별한 항일독립투사'라 부르는 이유는 바로 여기에 있다.

전체적으로 보았을 때 이범석은 일반적인 항일투사와 비교할 때 확실히 틀린 부분이 하나 있었는데 그것은 그가 문학—자신의 항일투쟁 이야기—과 문인을 현실 정치에 효과적으로 이용할 수 있다는 능력이 있었다는 사실에 있다. 광복 후 한국에서『청산리첩혈실기』의 번역본만 나온 게 아니다. 앞장에서 살펴본 이범석의 항일투쟁을 묘사한 작품

25)『조선일보』1946년 6월 5일,「이범석장군과 같이 광복군 5백 귀국」.

의 번역본도 출판되었다. 이들 작품 대부분은 한국에서 이범석 저로 출판되었는데 어떤 책은 베스트셀러 목록에도 이름을 올렸다. 번역에는 김광주 외에도 송지영이 동원되었다. 『북극풍정화』는 『톰스크의 하늘 아래서』(1972)[26] · 『내사랑 오레랴』(1988)[27] 등으로, 단편소설집 『러시아의 사랑』은 『방랑의 정열』(1950)[28] 등으로 각각 초판이 출판되었다. 이 중 『톰스크의 하늘아래서』는 3판[29]까지 출판되었고 한동안 일간지의 베스트셀러 목록[30]에 이름을 올렸다. 아무리 소설이지만 이범석이 주인공으로 나오는 작품이 시중에서 유통되면 그 영향력이 문학의 영역에만 머무를 수 없다는 것은 너무나 당연한 일이다. 그리고 이 책들은 이범석이 인정하지 않았지만 사실 부나이푸의 작품이다. 이범석이 만약 『우둥불』을 출판하지 않았으면 중국현대문학사 · 한중문학교류사에서 이범석이 설자리는 없었다.

이범석의 『우둥불』은 1971년 12월 사상사에서 초판, 1994년 삼육출판사에서 12판이 나온 후 한동안 출판되지 않다가 2016년 백산서당에서 복간되었다. 그런데 이 복간본에는 원래 있던 「원야의 낭만」이라는 글이 빠졌다. 사실 「원야의 낭만」은 '이범석의 명예를 회복'시켜준 중요한 작품으로 한중문학교류사적 측면에서 그 의의가 작지 않은 작품이다.[31] 한국에서 『우둥불』을 바라보는 시선에 어떤 오해가 있음을 알 수 있다. 대부분 한국인은 『우둥불』을 자서전으로 본다. 이범석을 독립운

26) 이범석 저, 김광주 역, 『톰스크의 하늘 아래서』, 신현실사, 1972.

27) 이범석 저, 『내사랑 오레랴』, 문학출판공사, 1988.

28) 이범석 저, 송지영 역, 『放浪의 情熱』, 정음사, 1950.

29) 신현실사, 1972; 신현실사, 1973; 삼육출판사, 1992.

30) 『톰스크의 하늘아래서』는 1972년 11월 7일 · 1973년 2월 13일 · 1973년 2월 27일 · 1973년 3월 14일 발행된 『동아일보』 베스트셀러 목록에 이름을 올렸다.

31) 김재욱, 「중국 현대 한인제재 작품 연구에서 한국적 관점 확립의 필요성 고찰－무명씨(無名氏)와 이범석(李範奭)의 문학적 관계 연구를 중심으로」, 166~173쪽.

동가 출신의 정치가로만 알고 있기에 『우둥불』을 전형적인 항일투사의 자서전인 김구의 『백범일지』, 장준하의 『돌베게』, 김준엽의 『장정』 등과 같은 선상에 놓고 바라본다. 그러다 보니 결국에는 무엇인가 어색해 보이는 「원야의 낭만」이 빠진 것이다.

『우둥불』은 재중, 광복 후 이범석의 문예활동의 본질을 알려주는 책이다. 문학연구자의 시각에서 보면 『우둥불』은 자서전이 아니라 문학작품집이다.[32] 애초부터 『우둥불』은 자서전으로 보기에는 어색한 점이 적지 않았다. 일반적인 자서전에서 많이 쓰이는 편년체 형식을 따르지도 않았고, 각 장의 제목과 내용에서 어떤 유기적인 모습을 발견하기도 쉽지 않다. 무엇보다 『우둥불』 각 장은 제각각의 문체적인 특징이 있다. 구체적으로 어떤 과정을 거쳐 출판되었는지 모르겠지만 오히려 1991년 출판된 『철기이범석자전(우둥불 후편)』[33]이 전형적인 자서전의 모습을 하고 있다. 그러나 글의 문학사적인 의의와 가치는 후자가 전자를 따라갈 수 없다. 결국 반세기 동안 문학작품집을 자서전으로 읽게 만든 것도 이범석의 남다른 재능인데, 광복 후 이범석 자신이 쌓아 올린 독립군(광복군) 지휘관 이범석이라는 이미지가 있어 가능했다.

『우둥불』 총 9장 중 총 3장은 중국문학 작품의 각색본이다. 제3장 「애마'무전'」과 제6장 「볼가의 향수」는 앞에서 살펴본 부나이푸의 단편소설 「러시아의 사랑」과「기사의 애원」의 번역본을 각색한 것이다. 그리고 제2장 「청산리의 혈전」은 부나이푸가 최종적으로 마무리한 『청산리첩혈실기』의 번역본 『한국의 분노』를 보완·수정한 것이다. 결국 「청산리 혈전」을 비판한 소설가 송우혜도 인정한 '감각적이고 화려한 문

---

32) 문학작품집으로서 『우둥불』이 보이는 특징과 관련하여 김재욱의 「중국 현대 한인제재 작품 연구에서 한국적 관점 확립의 필요성 고찰-무명씨(無名氏)와 이범석(李範奭)의 문학적 관계 연구를 중심으로」, 174~176쪽 참고.

33) 이범석 저, 『鐵驥李範奭自傳(우둥불 후편)』, 외길사, 1991.

체', 뛰어난 '문장력'은 원래 부나이푸의 것이다.[34] 이처럼 『우둥불』이 보이는 가장 큰 특징인 각 장이 갖는 '제각각의 문체적인 특징'은 서로 다른 장르에 속하는 중국문학 작품의 한국어 번역본을 각색하는 과정, 「원야의 낭만」과 같이 다른 작가(송상옥)가 이범석의 구술을 문자화한 과정,[35] 제4장 「정회록」으로 파악되는 자서전적 소설 형식으로 과거를 회고하는 이범석의 문학적 습관 등을 통해 나타난 것이다.

1940년대 초 이범석은 중국에서 청산리전투를 문학화한 작품 『청산리첩혈실기』를 출판했지만 당시 문단에 대한 통제력을 상당 부분 상실한 국민당의 지지만으로 조선의용대로 기울어진 중국 문인의 관심을 돌리기는 힘들었다. 결과적으로 청산리전투로 대표되는 이범석의 항일투쟁은 조선의용대의 호가장전투(胡家莊戰鬪)와 같이 전국적인 주목을 받지는 못했다. 하지만 광복 후 한국에서는 달랐다. 앞에서 언급한 바와 같이 이범석은 중국에서 실패를 교훈 삼아 발 빠르게 움직였고 중국에서와 정반대의 결과를 얻었다.[36]

이범석의 한국에서의 『청산리첩혈실기』 번역본 출판과 그 결과, 「청산리의 혈전」의 『우둥불』 수록과 그 결과로 판단할 때 이범석의 광복 후 한국에서의 문예활동은 우파 세력과 치열한 투쟁을 전개하였던 "문예는 정치를 위해 복무한다"로 대표되는 중국공산당의 문예관과 그 치열한 투쟁방식을 따랐다. 중국 대륙에서 국민당이 군사적으로 공산당에 밀리기 전에 지식인과 민중에게 차례로 인심을 잃었는데 그 과정은

34) 송우혜, 「이범석의 『우둥불』 – 유명인사 회고록 왜곡 심하다」, 『역사비평』 통권15호, 1991, 396쪽.

35) 김재욱, 「李範奭을 모델로 한 백화문 작품의 한국어 번역본」, 216~217쪽.

36) 주지하듯 광복 후 한국에서 홍범도 부대와 조선의용대로 대표되는 좌익 독립투사의 항일투쟁이 역사에서 한동안 사라진 것은 『한국의 분노』에 기반을 둔 이범석의 적극적인 대한국인 선전활동과도 밀접한 관련이 있다.

이범석이 광복 후 한국에서 좌익계 독립운동가를 다루었던 방식과 비슷하게 진행되었다. 당시 국민당군도 그 나름대로 일본군과 치열하게 싸웠는데 이상하게 사람들의 기억 속에는 공산당만 싸운 것으로 남았다. 이범석이 중국에서 습득한 것은 군사적 능력만이 아니었다.

결국 그동안 역사학자가 『우둥불』 제2장 「청산리의 혈전」에 혼란을 느꼈던 이유는 문학작품을 항일투사가 기록한 사료로 보았기 때문이다. 애초에 『청산리첩혈실기』는 이범석의 청산리전투에 대한 주관적인 서사에 부나이푸의 문학적인 재능이 보태진 문학작품이다. 역사학자들이 쉽게 생각하지 못했던 서로 융합하기 힘든 요소들이 내포되어 있다. 즉 악연으로만 다가온 좌익에 대한 이범석의 분노 외에도, 좌익 독립운동가에 대한 반격으로 태어난 『청산리첩혈실기』의 태생적 한계, 부나이푸가 만든 전투 현장에 있는 것처럼 느껴지는 '감각적이고 화려한 문체'가 주는 착시, 「애마 '무전'」와 「볼가의 향수」로 통해 파악된 문학적(주관적) 사실에서 역사적(객관적) 사실을 뽑아내도 거부감을 느끼지 않는 이범석의 세계관과 집필 습관, 공산당의 문예관마저 흡수한 군지휘관 출신 정치인이 가지는 승리에 대한 집착 등이 혼재되어 있다. 문학사적 측면에서 보면 「청산리의 혈전」은 한중 문학교류의 산물로 광복 후 한국인에게 가장 큰 영향을 미친 중국현대문학 작품 번역본의 각색본이다.

Ⅳ. 맺음말

중국현대문학사에 광복군의 항일투쟁을 직접적으로 묘사한 작품은 자주 등장하지 않는다. 당시 조선의용대를 묘사한 작품이 빈번하게 등장한 것을 생각하면 비교되는 현상인데,[37] 국민당과 연합하며 주로 대외 군사협력사업에 치중한 광복군의 특성, 그리고 당시 상대적으로 저조했던 친국민당 문인의 활동[38]을 생각하면 당연한 결과로 생각된다. 그래도 당시 광복군에는 이범석과 한국청년전지공작대가 있었다.

이범석은 앞에서 살펴보았듯이 광복 후 한국에서 적지 않은 부작용을 낳았지만 자신의 항일투쟁을 묘사한 작품 발표를 기획·실행하여 결과적으로 광복군의 대중국 선전활동에 적지 않은 공헌을 하였고, 더 나아가 중국현대문학사·한중문화교류사에 전무후무한 업적을 남겼다. 그리고 이 글에서 미처 논하지 못했지만 한국청년전지공작대는 나월환·한유한이라는 걸출한 인물과 부대원의 헌신적인 노력, 그리고 기관지『한국청년』발간으로 많은 중국인들에게 광복군의 항일투쟁을 알렸다. 또한 광복군에 편입된 조선의용대, 충칭·시안 등 임시정부와 광복군의 주요 활동지역에서 활동하던 독립운동단체·독립운동가가 조국의 독립과 항일을 위해 분투한 모습도 중국 작가의 눈에 포착되어 관련 작품이 발표되었다. 이들 작품 대부분은 한국인의 항일투쟁에 대한 의지와 성과, 희생정신과 조국애 등을 긍정적으로 묘사한 작품으로, 그 중 특히『아리랑』공연으로 대표되는 한국청년전지공작대 문예선전활동과 관련된 내용이 많다. 이 부분은 후속 연구에서 살펴보기로 하겠다.

마지막으로 '광복군 관련 중국현대문학 작품' 연구의 특수성과 관련

37) 1942년 5월 국민당 지구에 머물러 있던 조선의용대 대원이 광복군에 편입하여 한국인의 입장에서 크게 보면 조선의용대도 광복군에 포함되나, 중국 작가들은 대체로 보면 광복군에 편입한 조선의용대 대원과 화북으로 건너가 팔로군 소속이 된 조선의용대 대원을 구별하고 관련 작품을 발표하였다. 이 글에서는 중국 문단의 실제 상황에 근거하여 양자를 구별하였다.

38) 국민당 계열 문인도 1930년대 초 좌익계열 작가에 맞서 '민족주의 문예운동'을 전개하며 작가들의 상상력에 근거한 우익계로 보이는 한국인 독립투사의 항일투쟁을 묘사한 소설을 활발하게 발표했으나 오래가지 못했다. 金宰旭,『值得珍視和銘記的一頁－中國現代文學中的韓國人和韓國』, 29~31쪽.

하여 생각해 볼 부분이 있다. 하나는 상대적으로 많지만 '전적으로 신뢰할 수 없는 자료에 근거한 연구'와 '연구자가 선택한 일부 자료에 근거한 추론이 동반된 연구' 사이에서의 연구자의 선택이고, 다른 하나는 '한국인의 독립운동을 반영한 중국문학 작품' 연구에 따라오는 이데올로기 문제이다.

기존 중한(특히 중국) 문학 연구자에 의해 진행된 '부나이푸와 임시정부 요인과의 관계' 서술에는 하나의 문제점이 존재한다. 그것은 관련 서술 대부분이 중국 측의 기록에 의존하여 진행되었다는 사실이다. 그런데 중국 측의 기록 대부분은 부나이푸의 기억에 근거한 것이다.[39] 부나이푸는 '자기 서사'에 남다른 재능을 보인 작가로 자신이 경험한 사건, 사실을 주관적으로 해석 · 기억하는 경향이 있었다.[40] 이 부분은 『청산리첩혈실기』로 확인되듯 이범석도 크게 다르지 않다. '광복군 관련 중국현대문학 작품' 연구의 한 부분인 '이범석의 항일투쟁을 반영한 작품' 연구의 어려움도 바로 여기에 있다. 부나이푸를 통해 나온 이범석 관련 기록은 상대적으로 많지만 전적으로 신뢰할 수 없고, 부나이푸의 것과 같은 경향성을 보이는 이범석의 기록은 아직 체계적인 발굴 · 정리 작업도 이루어지지 못하고 있다. 따라서 연구자는 비교적 풍부한 '기록'과 정황에 근거한 '추론' 사이에서 어떤 고민과 선택을 해야 된다. 이 글은 이러한 고민과 선택을 담았다.

한국인의 독립운동을 반영한 작품 창작과 그 연구에는 민족 이데올

39) 부나이푸의 기억에 의하면 그는 임시정부와 광복군의 대중국 선전 활동에 지대한 공헌을 하였는데 광복 전후 이범석을 포함한 임시정부 요인은 부나이푸의 활동에 대해 공식적 구체적으로 언급하지 않았다. 필자는 단순한 누락이라고 생각하지 않는다.

40) 김재욱, 「중국 현대 한인제재 작품 연구에서 한국적 관점 확립의 필요성 고찰－무명씨(無名氏)와 이범석(李範奭)의 문학적 관계 연구를 중심으로」, 170~173쪽.

로기 외에도 정치 이데올로기가 내재되어 있다. 중국에서 이 유형 작품 연구는 중국공산당의 한국전 참전의 연장선에서 중조우의(中朝友誼)를 부각시키기 위해 시작되어,[41] 냉전 시기를 거치면서 한중수교(1992) 이전에 이미 그 연구 목적과 방향이 결정되었다. 임시정부의 정통성을 이어받은 대한민국은 처음 이 유형 작품에 대한 논의에서 배제되어 있었다. 1985년 퍄오롱산(朴龍山)은 한국인 여성 항일투사를 찬양한 시 인푸(殷夫)의 「조선아가씨에게 바침(贈朝鮮女郞)」(1929)을 분석하며 이 시가 "조선 애국자의 망국의 한, 애국의 정, 구국의 마음을 진실로 표현한, 민족해방을 위해 '신생의 횃불'을 켠 각성한 조선 애국자에 대한 중국현대작가의 열정적인 송가"[42]라 하였고, 1988년 양자오취안(楊昭全)은 같은 시를 "극도의 분노한 마음으로 일제의 조선에 대한 야만적인 통치를 폭로하고, 조선인의 비참한 처지를 십분 동정하며, 조선인의 반일독립투쟁을 열렬하게 노래"한 시로 평가하였다.[43] 여기서 당시 중국측 학자가 말했던 '애국자', '반일독립투쟁'의 주체는 엄격히 따지면 조선민주주의인민공화국이라 부르는 북한이다.

광복군이 중국을 떠난 후 중국 문단은 공산당의 중국통일과 함께 자연스럽게 공산당의 지도를 받아들였다. 그래서 한국전쟁 발발과 동시에 중국문학사에서 항일은 항미(抗美)로 치환되어 적지 않은 국군을 미군의 괴뢰로 묘사한 작품들이 출현하였고, 적지 않은 학자들이 항미원조(抗美援朝) 를 찬양하는 글을 발표했다. 모른 척하고 넘어가기에는 작지 않은 문제이다. 미중이 대립하고, 한반도가 분단되어있는 상태에

---

41) 王瑤, 「眞實的鏡子－從幾篇新文學作品看中朝人民的友誼」, 『光明日報』 1951.1.28.

42) 朴龍山, 「試談中國現代作家筆下的朝鮮愛國者形象」, 『延邊大學學報』 1985年 第4期, 74쪽.

43) 楊昭全, 「現代中朝文學友誼與交流(1919－1945年)」, 『社會科學戰線』 1988年 第2期, 339쪽.

서 소위 '중한우의'라고 불리는 것은 단층적 개념으로 작동하지 않는다. 따라서 '광복군 관련 중국현대문학 작품' 연구에서는 이데올로기에 대한 논의를 배제하려는 시도가 하나의 이데올로기가 된다. 문학적인 측면에서 볼 때 동북아에서 중국 체재가 확고해지면 재중 한국독립운동사에 또 다른 균열이 생길 수도 있다.

참고문헌

무명씨 저, 홍순도 역, 『톰스크의 연인들: 이범석 장군 실화 소설』, 문화일보, 1996.
무명씨 저, 김영옥 역, 『용의 굴』, 백산서당, 1999.
이범석 저, 『韓國의 憤怒 : 青山裏血戰實記』, 光昌閣, 1946.
이범석 저, 송지영 역, 『放浪의 情熱』, 정음사, 1950.
이범석 저, 『우둥불』, 思想社, 1971.
이범석 저, 김광주 역, 『톰스크의 하늘 아래서』, 신현실사, 1972.
이범석 저, 『내사랑 오레랴』, 문학출판공사, 1988.
이범석 저, 『鐵驥李範奭自傳(우둥불 후편)』, 외길사, 1991.
이범석 저, 김광주 역, 『톰스크의 하늘 아래서』(제3판), 삼육출판사, 1992.

金宰旭, 『值得珍視和銘記的一頁－中國現代文學中的韓國人和韓國』, 知識產權出版社, 2012.
金柄珉 · 李存光 主編, 『"中國現代文學與韓國"資料叢書(1~5』, 延邊大學出版社, 2014.
李存光 · 金宰旭 編, 『"中國現代文學與韓國"文獻補編』(上,下), 社會科學文獻出版社, 2020.
趙江濱, 『從邊緣到超越－現代文學史"零餘者"無名氏學術肖像』, 學林出版社, 2005.
趙江濱 · 汪應果, 『無名氏傳奇』, 上海文藝出版社, 1998.

김민호, 「李範奭의 생애와 독립운동」, 『한국독립운동사연구』 44, 2013.
김재욱, 「조선의용대 관련 중국현대문학 작품 초탐」, 『중국어문학지』 32, 2010.
김재욱, 「李範奭을 모델로 한 백화문 작품의 한국어 번역본」, 『중국어문학지』 48, 2014.
김재욱, 「중국 현대 한인제재 작품 연구에서 한국적 관점 확립의 필요성 고찰－무명씨(無名氏)와 이범석(李範奭)의 문학적 관계 연구를 중심으로」, 『중국어문학지』 73, 2020.

공임순, 「'청산리전투'를 둘러싼 기억과 망각술-'청산리전투'에 대한 이범석의 자기서사와 항(반)일=반공의 회로」, 『국제어문』 76, 2018.
송우혜, 「이범석의 『우둥불』-유명인사 회고록 왜곡 심하다」, 『역사비평』 15호, 1991.
辛珠柏, 「한국현대사에서 청산리전투에 관한 기억의 流動-회고록 · 전기와 역사 교과서를 중심으로」, 『한국근현대사연구』 57, 2011.
한재은, 「중국문인 卜乃夫와 한국독립운동」, 『한국근현대사연구』 77, 2016.

金宰旭, 「"新韓國人"的反日活動與中國作家的對韓敍事-觀察中國現代韓人題材文學創作的視角之一」, 『중국문학』 94, 2018.
朴龍山, 「試談中國現代作家筆下的朝鮮愛國者形象」, 『延邊大學學報』 1985年 第4期.
李存光, 「文獻的發掘整理與研究的開拓深化: 關於"中國現代文學中的韓國人和韓國"研究」, 『現代中國文化與文學』, 2012年 第1期.
李存光 · 金宰旭, 「解開無名氏的長篇小說『荒漠裏的人』之謎」, 『中國現代文學研究叢刊』, 2012年 第7期.
楊昭全, 「現代中朝文學友誼與交流(1919-1945年)」, 『社會科學戰線』 1988年 第2期.
王瑤, 「真實的鏡子-從幾篇新文學作品看中朝人民的友誼」, 『光明日報』 1951.1.28.

【부록】

한국광복군 관련 중국현대문학 작품 목록

(1917~1949, 이범석 관련 작품 제외)*

❙ 수필

1. 卜少夫, 「抗日的朝鮮人－關於中韓的聯合戰線」, 『汗血戰時特刊』 제6기, 1937.9.
2. 鄭澄清, 「懷朝鮮革命志士金澈」, 重慶 『血路』 제28기, 1938.9.3.
3. 陳澄之, 「至韓國友人」, 西安 『讀者導報』 제26기, 1943.9.11.
4. 卜寧(卜乃夫), 「"檀君子孫"在西北－記韓國光復軍第二支隊」, 重慶 『聯合畫報』 제22기, 1944.4.9.
5. 鄒魯, 「祝朝鮮復國的回顧」, 重慶 『中央日報』 1945.10.25.
6. 陳宏緒, 「阿裏郎－抗戰回憶之一」, 西安 『雍化』 第2期, 1947.1.1.
7. 無名氏, 「水之戀－擬戀歌斷片之二」, 『火燒的都門』, 上海真善美圖書出版公司, 1947.9.
8. 紓胤(劉亞盛), 「金九」, 重慶 『新民報日刊 · 新民附頁』 제421기, 1949.8.17. 실제로는 金奎植과 관련된 글이다.

❙ 평론

1. 松江, 「啊哩朗」, 西安 『工商日報』 1940.5.23 · 24 · 25.
2. 誠, 「看了『啊哩朗』後的印象」, 西安 『西北文化日報』 1940.5.25.
3. 雁, 「『啊哩朗』觀後感」, 西安 『西京日報』 1940.6.3.
4. 渝客, 「太陽！太陽！太陽！－介紹韓國歌劇『啊哩朗』」, 西安 『華北新聞』 1944.3.1.
5. 卜乃夫(無名氏), 「記韓國歌劇『阿裏朗』」, 重慶 『聯合畫報』 제76기, 1944.4.21.

---

* 이 목록은 金柄珉 · 李存光 主編, 『"中國現代文學與韓國"資料叢書(4~5)』, 李存光 · 金宰旭 編, 『"中國現代文學與韓國"文獻補編(上,下)』에 근거해 작성되었고, 필자가 최근 발굴한 작품도 일부 포함되었다.

시가

1. 雪原, 「北行者」, 『韓國青年』 제1권 제2기, 1940.10.15.
2. 毓華, 「獻給小明弟弟」, 『韓國青年』 제1권 제2기, 1940.10.15.
3. 陳國治, 「起來大韓的國民－咱們站在同一條戰線」, 『光復』 제1권 제4기, 1941.6.20.
4. 靜霞, 「獻給韓國青年」, 『韓國青年』 제1권 제4기, 1941.9.1.
5. 陳舊, 「光復之歌」, 『韓國青年』 제1권 제4기, 1942.9.1.
6. 吳景洲, 「送韓國臨時政府金九主席一行赴國」, 『中韓會訊』 제5기, 1946.1.

보고문학

1. 元立, 「歡迎韓國青年大會」, 西安 『黃河』 제2기, 1940.3.25.
2. 建民, 「滿懷興奮看『阿裏朗』」, 西北 『文化日報』, 1940.5.23.
3. 火花, 「中韓青年聯歡會」, 『韓國青年』 제1권 제2기, 1940.7.15.
4. 白潔, 「朝鮮的兒女們在西安－記婦慰會難童保育募捐遊藝大會」, 西安 『戰時婦女』 제1권 제10기, 1941.3.8.
5. 陳舊, 「韓青班巡禮」, 『韓國青年』 제1권 제3기, 1941.6.1.
6. 張東化, 「幹四團歡迎韓國革命青年同學入團受訓大會記」, 西安軍委會戰幹第四團政治部編輯室, 『戰幹』 제141기, 1941.
7. 「在更生的太極旗下－韓國"三一"獨立運動二十三周年紀念大會記」, 『新華日報』, 1942.3.2.
8. 馮儀, 「馳騁華北戰場的朝鮮民族兒女－記韓光復軍第三區隊的戰績」, 『新華日報』, 1943.1.10.

단편소설

1. 濮寧(卜乃夫), 「復讐－獻給從仇恨中成長的韓國子民」, 『韓民』 제1권 제5기, 1941.6.15. 『방랑의 정열』(이범석 저, 송지영 역, 서울: 정음사, 1950)에 수록된 「雪恨」과 동일한 작품.

번역 작품

1. 裏, 凡, 西, 「韓國進行曲(弱小民族進行曲)－『啊哩朗』歌劇插曲」, 『韓國靑年』 제1권 제2기, 1940.1.

신문 기사

1. 卜寧(卜乃夫), 「金九在渝對本報記者談」, 香港 『立報』 1940.6.23 · 24.
2. 卜寧(卜乃夫), 「李靑天將軍對本報談」, 香港 『立報』 1940.9.29.

논문출처

본 학술연구총서 제3집에 수록된 논문들은 독립기념관이 2020년 개최한 〈한국광복군의 일상과 기억〉(2020.8.13) 학술심포지엄의 결과물을 수정·보완한 것입니다.

- **일본군의 중국 공습과 대한민국임시정부 방공 항전의 일상사**
  조건, 「중일전쟁기 일본군의 중국 공습과 대한민국임시정부의 苦鬪」, 『한국근현대사연구』 95, 2020.

- **임시정부 피란기 여성의 독립운동과 광복군 참여**
  이명화, 신고(新稿)

- **한국광복군 군복 연구**
  김정민, 「한국광복군의 군복」(『한국광복군의 일상과 기억』, 독립기념관, 2020.8.13).

- **한유한의 중국 서북지역에서의 예술 활동과 그 영향**
  왕메이, 「한유한의 중국 서부지역에서의 예술활동과 영향」(『한국광복군의 일상과 기억』, 독립기념관, 2020.8.13).

■ 사회적 기억 매체의 한국광복군

정호기, 「사회적 기억매체에 담긴 한국광복군」, 『한국독립운동사 연구』 74, 2021.

■ 한국인의 항일투쟁과 현대 중국의 한국인 제재 시가 창작

김재욱, 「한국인의 항일투쟁과 현대 중국의 한국인 제재 시가 창작」, 『한국독립운동사연구』 76, 2021.

■ 한국광복군의 항일투쟁과 중국현대문학(1917~1949)

김재욱, 「한국광복군의 1중국현대문학(1917~1949)」, 『한국독립운동사 연구』 74, 2021.

찾아보기

| ㄴ |

| ㄷ |

ㅅ

ㅇ

ㅈ

| 기타 |

| 필자 소개 |

신주백 | 독립기념관 한국독립운동사연구소 소장

김정민 | 인하대학교 의류디자인학과 초빙교수

김재욱 | 중국광시사범대학 한국어과 부교수

이명화 | 국가보훈처 연구원

정호기 | 우석대학교 교양대학 초빙교수

조　건 | 동북아역사재단 연구위원

왕메이 | 중국 시안박물원 부원장

푸위안 | 중국 무경공정대학 강사, 상교(上校)